JN273157

夢みるスケール

スケール・寸法・サイズの博物誌

彦坂 裕

彰国社

装丁
P8、Ⅱ編イラストレーション（P22-86）、Ⅲ編地図図版（P94-99）　　　彦坂　裕

Cover design, Drawing (P8, P22-86, 94-99) © 2013 Yutaka Hikosaka

Copyright © 2013 Yutaka Hikosaka

All rights reserved. Printed in Japan.

No part of this book may be used or reproduced in any manner whatsoever without written permission except in the case of brief quotations embodied in critical article or reviews.

はじめに

　寸法やサイズはごく日常的な概念である。誰でも身長やスリーサイズ、クルマやお気に入りの道具などのスペック、歩行や走行距離などに無関心ではないし、それを数字として知っていれば、いろいろな場面で有益になることも多い。また、IDやインテリアデザイン、舞台・展示・映像の演出、建築・造園・都市・土木の設計や環境開発などに職業的関わりをもつ人にとっては、寸法やサイズ、さらにそれを基盤とするスケール感などに対する知見は、ある意味必須のものでもあろう。

　そればかりではない。旅のガイドにはこの大聖堂がどのくらいの高さで、この橋の長さはいくつ、どこそこの広場までは中央駅から何メートルある、といった案内が溢れ、新しい施設や場所が生まれれば、マスメディアはその規模などのスペックを必ず報道する。それが日本一とか世界一とかなればなおさらだ。

　2010年に上海で万国博覧会があった。いささか個人的な体験をいえば、私はその日本館製作にたずさわっていたが、いろいろな機会にさまざまな人たちを相手に日本館の建物をプレゼンテーションしなければならなかった。そのとき、最初に必ずこう言った覚えがある。「長手が100m、短手が50m、高さが24m、突起のような3本のタワーが27mくらいのドーム型膜建築です」。

　これで寸法がどのくらいか、数字としてはそのようなものか、ということを相手は理解する。これでわかる人もいるが、さらに「長手は新幹線4両分、短手は2両分、高さは1両よりやや短い」、あるいは「ポンピドゥーセンターの幅はそのままに長さを2／3、高さを半分近く縮めたくらい」、または「クィーンエリザベス号の1／3の長さ」「パリの凱旋門とほぼ同じ幅」などを付け加えると、大多数の人はそのスケール感を掴み始める。比較しているのだから、基本的にお互い知っているものでないとわけがわからなくなる。だから、プレゼン相手によって比較事例は変える。そしてそこから具体的な内容の説明に入る。

　建物の場合にはとくにまずサイズ、そしてそれがもつスケール感を語らないと

わかりにくいし、それは重要なことだと私は考える。模型や透視図ではスケール感は伝わらない。具体的な寸法と他事例との比較が、そんな場面では有効だ。伝える相手が素人の場合にはますますそうである。そのためには比較事例をどれだけ情報として、そして体験としてもっているか、ということに命運がかかる。これはプレゼンだけではなく、実際の計画や設計においても当てはまることがらだろう。同じ寸法がもつ共通の特質や、同サイズでもスケール感が異なって感じる理由、その場所においてこのスケールがもつ意味、そして寸法がよって立つ合理的な背景といったものも必然的に考えるからだ。

　しかしそのようなことを別にしても、世の中にある物品、生き物、乗り物、芸術作品、建物などの寸法、広場の大きさ、塔の高さ、道の長さ、移動距離、世界遺産の規模などを知ることは、それ自体で大変面白いし発見もある。世界の七不思議の構造物のサイズは一体どの程度だったのか、映画や小説に登場する乗り物や建物は、実際にはどれくらいの大きさなのだろうか、と果てしなく広がる。
　こうした好奇心をベースに、ジャンルに関係なく同サイズのものを並べたらどうなるのか、現実では絶対に共存しないものが隣接して同じ場所にあったらスケール的にどんな情景になるのか、といった想像力上の快楽にはまることもできる。そして、それを画布上で試行していると、そこにまた新たな別の発見がある。ソリッドでもヴォイドでも、実体のあるものはすべて寸法、サイズをもつ。そこでは、宗教も文化もイデオロギーも関係がない。実体の比較対照や置かれる環境の変換によって、その実体が潜在的にもつ意味性を顕在化するさまざまな実験ができる。
　かつてシュルレアリスムでは異化作用の実験として、側溝の中に彫像が登場したり、真昼の空の下に夜景の街が広がる情景が表現された。現実では見えない別の現実性や意味を発掘しようという欲求が充ちていた。それが本来置かれる文脈から切り離され、別の世界で新たな生が芽生え始める。
　そんな志向性は、万物万象の見える化を欲する情熱とどこかで密やかに通じ合うものがある。数字として寸法をおさえる、サイズを比較・対照する、それらの未知の組み合わせを夢想する、そしてスケールの記憶劇場をつくる、ひたすらその角度からだけで万物万象を見ようと試みるプロジェクトだ。

本書はそのような趣旨から制作されている。

　Ⅰ編では、スケールに対する基本的な考え方を提示する。Ⅱ編は、前述した実験を編んだものだが、一言でいえば、スケールをめぐる空想旅行である。項目ごとの場面内の図はすべて同じスケールで描かれている。
　Ⅲ編は主として都市や地域、そして大陸間規模で存在する見えにくいスケールに関するガイド、Ⅳ編はスケールの基盤となる寸法やサイズの一覧である。

　実はスケールを考えるに当たって採り上げる事例というものは、いくらそれが周知されているものであったとしても、個人的な偏向は免れない。また当然のことながら、漏れなく採り上げようと思えばきりがなくなる。したがってここに登場する実体は、私の趣向と関心の結果でもあり、私以外の他者が同じ趣旨の本をつくったとしたら、全く別のものになっていくはずである。
　しかし、全編を通し、スケールというものを考えるに当たっては有効な素材を厳選したつもりであり、また、現在失われたものやいくつかの未踏の地にある実体、軍用物、架空の事例、そして地球外に関するもの以外は、ほとんど私自身が実体験し、またなじんでいるものである、ということも記しておこう。企画プランナーやデザイナー、ものづくりにたずさわる方々のみならず、歴史や旅のマニア、リベラルアーツ愛好者、そして好奇心の強い一般の読者諸氏にも役立ってくれればと願う。

　最後に、情報兵站において協力してくれたばかりか、このような動機や趣旨を常に理解し支えてくれた愛猫（測量対象にもなった！）を含む私の家族に、この場を借りて心より感謝したい。基礎資料整理の労をとってもらった事務所スタッフの平川由美子氏、そして本の現実化に尽力していただいた彰国社の富重隆昭氏、前田智成氏にも併せて謝意を表するものである。

2013年2月　　彦坂　裕

夢みるスケール　スケール・寸法・サイズの博物誌　**目次**

はじめに　3

I スケール序論　9

スケールの孵化／スケールと寸法、サイズ／抽象的な単位と身体的な単位／超大単位／2つのモデル／スケールの錯覚／スケールのレトリック／モデュール／ヒューマンスケール

II スケール千一夜　21

01　手の中のスケール　22
02　ナマコのピアニスト　23
03　身近な定規　24
04　趣味の生活　25
05　ロートレアモン的サイズ実験　26
06　変身の観察　27
07　思索するダチョウ　28
08　モデュロールをめぐって　29
09　旅立ちの受胎告知　30
10　ワニはいつも人を驚かせる　30
11　森の中のコング　32
12　ゴールを守る神々　33
13　覚醒するオフの渚　34
14　ピットには芳香が漂う　35
15　幼稚園の前での記念撮影　36
16　伝承モニュメントの廃園　37
17　風を切り裂く　38
18　建物と兵器が横並ぶ　39
19　10m 後半の標本箱　40
20　神殿を横切るヴィークルの群れ　42
21　スポーツ尺度の周回　43
22　キーサイズとしての 25m　44
23　課外授業　45
24　建築・芸術・軍事の射程距離　46
25　正倉院と救助隊　47
26　童話世界の門へ　48
27　架橋の喜び　49
28　ドームの中の神秘　50
29　魔性と畏怖が共存する　51
30　湖の楼閣と百尺寸法　52
31　シーラカンスオデッセイ　53
32　身体を超えた巨大スケールが誘うもの　54
33　神へ向かう　55
34　海の劇場　56
35　特異な作業現場　57
36　シャンゼリゼの見慣れぬ風景　58

37	ウルトラ神話のアリバイ	59
38	円環は宇宙とつながる近道か？	60
39	邂逅する灯台	61
40	浮遊世界	62
41	建築と都市のあいだ	64
42	芸術と技術は新しいスケールを生み出す	65
43	文化交通の培養所	66
44	ジャンプ台の回りのランドマーク	67
45	抗広場恐怖症	68
46	野心的建築群にラドンが飛来	69
47	球体系列	70
48	単一機能空間の絨毯	71
49	ジグザグとその幻影	72
50	歴史に封印されたメガロマニア	73
51	過密の島々	74
52	見慣れた330mの驚異	75
53	400mを讃える庭で	76
54	地形と競演する煙突	78
55	光と塔	79
56	セントラルパークは人工と自然のスケールを仲介する	80
57	この巨大エリアで何が起こったのか？	82
58	歪な輪	83
59	月の象嵌	84
60	光跡の尾が通過する	85

III 見えないスケール　87

街区	88
街路・道路［幅員］	89
街路・道路［長さ］	90
航続距離	91
軌道系長さ	92
射程距離	93
主要2点間距離	94
都市比較	96

IV 寸法・サイズの記憶リスト　101

著者略歴・出典　112

I スケール序論
Observations on Scale

　《ロシェ・ペルセ、舳では高さ二八〇ピエ、一番広いところは二五〇ピエ、長さ一四二ピエ》と宣伝用ちらしは簡潔に述べる、そしてわたしがこれらの数字をそれほど不快な思いもせずに書き写すとすれば、それはこのような諸次元の関係の中に金数があらわれてもわたしはさしておどろかないだろうからであって、それほどまでにそのプロポーションにおいてロシェ・ペルセは自然の正しさのモデルと考えうるのだ。

アンドレ・ブルトン『秘法十七番』（宮川淳訳）

　敷物と都市というように、これほど相異なる二つのもののこの神秘な関係について、神託に問うたことがございます。この二つのもののうちの一方は、星座きらめく空と、またもろもろの天体の廻転するその軌道とに、神々が与え給うた形を備えている——これがその答でございました。

イタロ・カルヴィーノ『見えない都市』（米川良夫訳）

スケールの孵化

　何もない空虚な空間には、「拠りどころ」がない。しかしその空間に階段が登場したとたんに、われわれは「拠りどころ」をもった気分になる。当たり前のことだが、階段は人間が空間を上下する建築的装置であり、太古の昔から存在した。階段があるだけで場が生成され、その空間と人間の関わりを、たとえ人間が不在であったとしても、いや不在であることによって逆に象徴的に暗示することができる。

　アドルフ・アッピア（1862-1928）は、前世紀の初頭に演劇やオペラの舞台デザインを手がけたが、彼の舞台創造の中には階段のある風景が数多く見出せる。抽象化された遺跡のような形而上的感覚を漂わせつつ、そこでの出来事の気配を、そしてその空間がどれくらいの大きさをもち、どのような人の流れが生まれ得るのか、そしてその空間の特性が何であるのかを語りかける。舞台に尺度が与えられた、と言いかえてもよい。（＊1）

　スケールというものが世界に対して提供するものは、本質的にそのようなものである。

　だから階段は「スカラ」、スケールとも呼ばれる。

A. アッピアによる舞台（＊1）

スケールと寸法、サイズ

　階段で具体的な大きさを想像させるのは、その蹴上げである。例外は多くあるものの、だいたい15cm〜25cmが蹴上げ寸法で、野外の方が概して小さい。段が2つ3つ重なると座面の高さになる。椅子となった段と人が歩く階段が共存するシーンは、ギリシャやローマの野外劇場の客席でよく見かける。

　実際、スケールの意味範囲はかなり広い。単に規模を表すこともあれば、等級や度合い、縮尺、音階、天秤など定量的な測量や定性的な階層化に関与的なことがらが並ぶ。ここではその中でも、物差しとか目盛り、尺度といった側面を重視したい。したがって、寸法とかサイズとスケールは、同じ意味ではない。が、使用場面によっては似たような概念として見える場合もある。

　未知の物品や建物の写真を撮るとき、そばにタバコを置いたり人を立たせたりする。そこではタバコや人がスケール＝物差しとなる。そしてわれわれは未知の物品や建物がどれくらいの大きさ

か、つまりそのスケール感を把握するのである。

　スケール感は、したがって相対的な枠組みの中でないと獲得できない。具体的な寸法やサイズは、あらゆる物理的な実体物がもっている。しかしスケール感となると何かとの比較や対照があって初めて獲得できる。この「何か」の基本は人間の、すなわち人体の寸法やサイズである。そして次にわれわれが共通に知っているもの、あるいは社会的記憶になっているもの、たとえばクルマとか航空機、あるいはその街の広場やシンボルの建物などの寸法やサイズである。だから、体格差や生活圏や普段見ているものが異なる人の間では、当然スケールに対する感覚はちがったものになってくる。

　寸法やサイズがある意味「単語」であるならば、スケールはその単語の意味を規定する「文脈」の概念に近い。

抽象的な単位と身体的な単位
　寸法やサイズは定量的にスケールを考える重要な要素である。それらを表現するとき、われわれはメートル法という尺度を使う。これは現在、普遍的な寸法単位として、国際的に流通しているものだ。地域差、文化差のある度量衡を、18世紀末に十進法の単位にそろえようとしたわけだ。この時代、普遍性と正確さを希求する情熱が世を席巻した。百科全書もそうだし、エスペラントの創設もそんな動機に裏付けられている。

　精密な測量をベースに、パリを通る子午線の1象限の1000万分の1の長さを1mとしたが、正確な定義は、「1秒の1／2億9979万2458の時間に光が真空中を進む距離」が1mである。この複雑な数字の逆数が光の速度で、よくわれわれが毎秒約30万kmの絶対速度と言っているものだ。

　このような寸法の規定は、身体的な感覚を超えた抽象的なものである。メートル法はわれわれの日常や身体から導かれたものではない。逆にメートル法によってわれわれの日常や身体が測られ、寸法やサイズが顕在化する。日本は1886年にメートル条約に加入したが、しばらくの間、度量衡法や尺貫法との併用が続いた。計量方法がメートル法専用になったのは1959年からであるが、たとえば建築の世界ではいまだに何寸とか何間、坪当たりど

れくらい、といったものが流通している。なぜなら身体を原器とする合理性がそこにあるからだ。

古典世界で流通していた「クビトゥス」という単位がある。これは古代メソポタミアで生まれた最古の長さ原器であるが、人間の肘から中指の先までの長さに相当する「身体尺」である。ラテン語の肘を表すcubitumから由来し、英語ではキュービットと言う。しかし地域差もあり、古代ローマでは約44.46cm、ペルシャでは約52〜64cm、古代ギリシャでは「ペーキュス」と呼ばれ47.4cmくらいになる。同じく掌の寸法である「パルムス」は7.4cm、足の寸法を基本にした「ペース」は29.6cmといった体系で、それぞれが整数比の数字関係になっている。180m強に相当する「スタディオン」（スタジアムの語源）はバビロニア起源で、「砂漠で太陽の上端が地平線に現れてから下端が地平線を離れるまでに人間が太陽に向かって歩く距離」として標準化された。この時間は約2分なので、1日に歩ける距離は720スタディオン（130km前後）となる。

1フィートは12インチであり、3フィートが1ヤードになるが、このフィートは靴を履いたヘンリーⅠ世の足の長さから由来すると言われ、国際基準では0.3048m、およそ1フィート＝2／3クビトゥス程度だ。インチも元々は男性の親指の幅からきている。

ひるがえって我が国で考えてみると、古代中国が起源の尺貫法では指を広げた長さが尺であったが、変遷の結果、現在では1尺＝30.3cm（1mは3.3尺）、6尺が1間（1.818m）、10尺が1丈（3.03m）、0.1尺が1寸（3.03cm）となっている。1町は60間（109.08m）、1里は36町（3927m）である。1間は建物の柱間でもあり、手を広げた人間の幅だ。

メートル法のような抽象的な普遍尺はコミュニケーションや規格には向くが、尺貫法や度量衡のような身体尺は実用的かつ場所固有の特性を反映する。

超大単位

人間を超える完結的な有機体は地球である。寸法やサイズが超大化した場合には、地球が基準となり、角度を使った単位がつくられる。1海里は、緯度1分に相当する地球の円周距離（1852m）

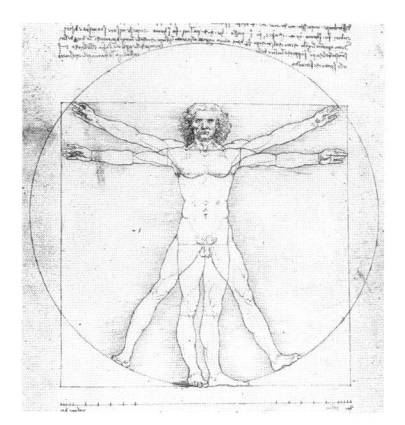

ダ・ヴィンチ：円に従う人体（＊2）

であるし、超大長さの単位であるパーセクは、地球の公転軌道の長半径（1AU＝1天文単位）を視差1秒で角度を張ったときの距離（30兆8570億km）だ。

ちなみに、当初人や馬が1時間で歩く距離であったイギリスのリーグ（league）は3マイルで約4.828kmだが、それに対応するフランスのリュー（lieue）は4kmで、ジュール・ヴェルヌの『海底二万哩』（"Vignt Mille Lieues sous les Mers"）は日本の2万里（約8万km）にほぼ近いと考えられる。

2つのモデル

空間的尺度を主として対象とするスケールは、建築的世界を中心に多様な規範領域で考察され、また展開してきた。

ここでその考え方を特徴的に示す2つのモデルを例として挙げたい。ひとつは人文主義スケール概念、もうひとつは抽象的スケール概念である。前者は有名なレオナルド・ダ・ヴィンチによる人体円の素描、後者はチャールズ＆レイ・イームズによって制作された「パワーズ・オブ・テン」という短編映画（書籍公刊化1982年）である。（＊2）（＊3）

ダ・ヴィンチの円と正方形に内接する人体の理念は、古典古代からのアンソロポモルフィズム——人間を万物の中心にすえた創造形態、ギリシャ神殿の柱などさまざまに適用された——に基盤を置きながら、人体プロポーションを自然（マクロコスモス）と人造物（ミクロコスモス）、世界（ムンドゥス）と人間（ホモ）の架橋媒体にすることである。ここにはミクロコスモスからマクロコスモスへ階層的に秩序立てられる錬金術的な世界観も先取りされている。いわば、調和と完全性への、そして自然と人造の野合への情熱とヴィトルヴィウス的人間像がそこに垣間見れる。

この手を広げた人体の長さ、すなわち正方形の1辺が6フィートとなり、半分が1ヤードに相当する。古代身体尺での1クビトゥスの2倍がほぼヤードの基本になっているため、1辺は約4クビトゥスになる、といった感じで身体の部位間の関係が精緻に整合したモデルともなっている。この人体部位の諸関係のプロポーションが建築の調和を生み出す源となるわけだ。

こうしたいわば世界秩序の図式化は、空間のみならず時間を扱

10^6

10^5

10^4

10^3

10^2

10^1

10^0

10^{-1}

「パワーズ・オブ・テン」より（＊3）

う技芸、とりわけ音楽の領域でも起こった。ケプラーと論戦した神秘主義思想家のロバート・フラッドは、音階や倍音関係——波長比となる——と建築寸法の比例的同型性を考察している。音階比例はピタゴラスによって、1：2がオクターヴ、2：3が5度、3：4が4度として構造化されたが、これはフラッドの万象を形成する物質対形相の比率——地界が4：0、要素界が3：1、エーテル界が2：2、最高天界が1：3、そして神は形相のみ、という比例原理と組み合わされ、音楽と建築を構成する宇宙的な比例原器となった。（＊4）

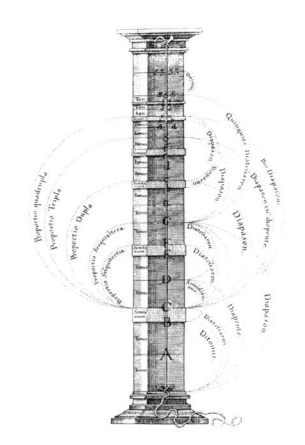

R. フラッド：音楽的調和と建築のプロポーション（＊4）

一方「パワーズ・オブ・テン」は10の冪乗という意味であるが、イームズがIBMの研究員時代に開発された。10月の暖かい日のシカゴ、ミシガン湖畔で昼寝をする男性の映像を上空から映し、10倍のフレーミングで街、大陸、地球、太陽系、極大宇宙までズームアウトでひいていく。そして今度は反対にズームインし、男性の手から細胞に入り原子の極小宇宙にまで達する。フレーミングは10の25乗メートルからマイナス16乗メートルのレンジだ。それぞれのスケールでの関連事象が同時に語られ、各フレームには単純なタイトル、たとえば「銀河の庭」とか「空気、水、大地」とか「顕微鏡の下で」などが付けられた。異なったフレーム間の比例やアナロジーなど一切ない。42フレームのうちわれわれが日常的に想像可能な映像は3分の1に充たないだろう。

昼寝の男性（10の0乗）を起点にしているのは、人文的な観点からではなく、わかりやすさの訴求にしかすぎない。ある意味普遍的にスケール現象を扱ったモデルで、現象的あるいは科学的事実をして語らしめる手法に特化されている。

人文主義の時空間で知覚できる様相は、フレームの中にはない。知覚できるのは、それが情報経験的な知見がある事象に限られている。未知のフレームを見てスケール感を滋養することなどは不可能だ。超遠方の宇宙のフレームと超微細な原子のフレームの視覚的峻別が困難となる。

スケールの錯覚

この現象に似た写真がある。マルセル・デュシャンの「埃の栽培」（マン・レイ撮影）という作品である。（＊5）

マルセル・デュシャン：埃の栽培（＊5）

これはデュシャンの作品「大ガラス」の一部の図案を素地に、埃を付着させそれを撮影したものだが、おそらく1畳もない大きさの対象物が、写真ではどこかの惑星の地上絵のような巨大なパターンに見えてしまう。目盛りもなく対象物との距離もわからず、もちろん比較対照するものもない、さらに未知の絵柄という諸条件がそんな錯覚を誘発する。

　航空機が一般化されたため俯瞰で地上を眺める機会も多くなると、プラントの立ち並ぶ風景が積み木のおもちゃに見えたり、広大なランドスケープがペルシャ絨毯のように感じたりすることは、ある程度日常的な事象になってきている。IC盤が未来都市のプランとなり、電子顕微鏡の視野に自然の渓流や現代建築を発見する。そこにはスケールが不在だ。

　より人文的な錯覚の例もある。ボロミーニのつくったローマのスパダ宮の回廊風景などがわかりやすい。このヴォールトトンネルは先にある中庭まで8.58mある。手前のアーチは高さ5.68m、幅3.12mだが、中庭側のそれは高さ2.45m、幅1.00mしかない。つまりトンネル内は先に行くほど壁が狭まり、天井は低くなるという遠近法のデフォルメが施されている。本来中庭側のアーチも手前のアーチと同サイズと慣習的に考えるから、実際は規模の小さい彫像は錯覚で大きく、回廊は長く見え、結果、建築の見えがかり上の奥行きと壮大さに寄与しているのだ。これはバロック期における空間演出の常套とでもいうべき「だまし絵」（トロンプ・ルイユ）という手法で、パラディオのテアトロ・オリンピコやベルニーニのヴァチカンにあるスカラ・レジア（階段宮殿）など枚挙に暇がない。けだし、スケールのトリックアートである。こうした錯覚のメカニズムを別の視点から見れば、スケールの演出というものにつながっていく。（＊6）

ボロミーニ：スパダ宮（＊6）

スケールのレトリック

　スケールの錯覚活用は、前に述べたあからさまなトリック以外にも数多く見出せる。

　たとえば、ピラネージが描く都市景観図（ヴェドゥータ）では、古代ローマの遺構の壮麗さ、偉大さを、当代のローマの現実風景からスケール的な修辞加工をして際立たせているのがうかがえ

る。また、ミースの「ガラスの摩天楼」では近代建築の質（透明性）と量（巨大サイズの超高層）が既成都市との対照で訴求された。いずれも、これまで述べたような比較や対照という方法を用いながら、スケール差を際立たせている。ル・コルビュジエの「ヴォワザン計画」のように、伝統的なパリの街区にスケールの断絶した彼の提案する現代都市をコラージュするものも、そんな範疇のレトリックだ。(＊7)(＊8)(＊9)

　対象物と視野の戦略的関係の構築もある。ロンドンのセントポール大聖堂はローマのサンピエトロ大聖堂より実際は小さいが、それを一瞥で眺めることのできる広場の位置、周囲の建物との関係からセントポールの方が大きく見えてしまう。19世紀の代表的折衷主義の造園家ハンフリー・レプトンは、「一瞥で対象物を認識する視野」の研究をしたが、彼によると仰角27度、俯角54度（計81度）、左右角120度が一瞥で対象物が捉えられる視野である。対象物に対するそんなヴューポイントがあるとき、それは最も大きく感じられることになる。「一瞥で」ということに力点が置かれる。なぜならそれは視線を移動せずにすむがゆえに、対象物が心象的に最も訴えかけて見える形だという考え方だからだ。この場合は、ヴューポイントの配置がレトリックとなるのである。

　ジオラマなどを一瞥性を上げて見せるために、あえて現実風景に縮率をかけるという手法も、おそらくこの延長上で捉えられるだろう。多くのテーマパークでは、実際の物品に7／8の縮率をかけ、ジオラマとそれを見る観客との心象的距離を短くし、臨場感を高めていくのである。テーマパークの時間芸術版とでも言うべき映画に至ってはきりがない。カメラのアングル、映す速度、対象物のテクスチャーによってスケール感は自在に操作され始める。キューブリックの「2001年宇宙の旅」の木星探索機ディスカバリー号は、2mにも充たない模型でその50倍以上の宇宙船の迫真感を導き出したことでも有名だ。

モデュール

　単位を形成することは、空虚な空間に階段を設定していく営為とパラレルである。

ピラネージ：ネロ黄金邸のタブリーヌムの遺跡（＊7）

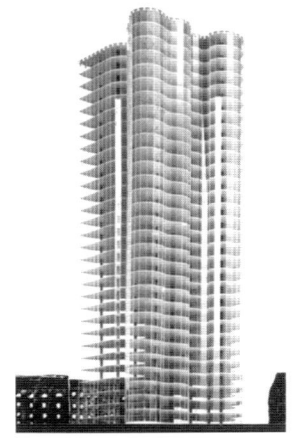

ミース・ファン・デル・ローエ：ガラスの摩天楼（1922年）（＊8）

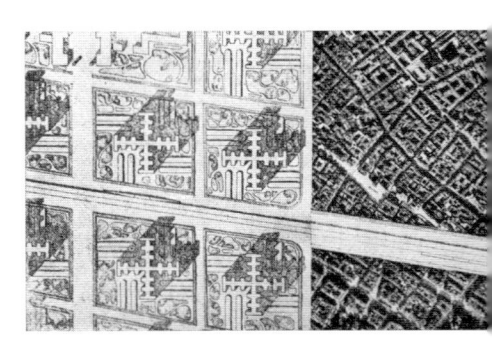

ル・コルビュジエ：パリのヴォワザン計画（＊9）

建築の場合であれば、人文主義的比例関係と尺度によって、それを成立させるモデュールが導かれる。モデュールは古典古代の包括的な比例規定を意味し、もともとはギリシャ建築の円柱基部の径を1モドゥロスとしたことから由来する。日本では間尺による建物の統御だ。もちろんコルビュジエのように、人文的感覚に依拠しながら、科学的なモデュール体系をつくる試行もある。1948年と1954年に出版された『モデュロール』では、メートル法での寸法体系とその原理が示された。

　ある意味、モデュラーコーディネーションは、建築ではごく一般的であるが、都市デザインの場合にも見出し得るものである。「都市のモデュール（寸法）＝800m」というものだ。これは基本的には、近代都市、つまり都市自体をデザインするというテーマが生まれたとき以降のもので、古代や中世の街にはあまり当てはまらないかもしれない。それらは高速交通や公衆衛生、高度なアクティビティなどが計画の前提ではなく、また都市を対象として捉える視座もなかったからである。

　800mというのは半マイルに相当する。現在とは異なるが古代身体尺だと1マイルは1000パッススで、2歩の歩みの単位であるパッスス（約1.48m）から導かれている。つまり半マイルは1000歩程度の物理的距離だ。また視界的には大型建築物やモニュメント、塔などを視認できる臨界距離に近く、一方、欧州の近代都市を経験的に眺めてみれば、この寸法間隔で広場や重要な都市施設が配置されていることが多い。

　東京の場合でいえば、東京駅丸の内側から皇居桔梗門、青山通りから絵画館、芝増上寺から浜離宮恩賜庭園、上野の東京国立博物館から不忍池弁財天、国会議事堂から桜田門、渋谷駅から道玄坂上までの道玄坂、それに新宿西口から都庁舎などは、すべて800m前後である。

　都市のモデュールは、建築のモデュールより2桁以上大きい。

ヒューマンスケール

　スケール感は単に寸法やサイズだけでは決まらない。物品や建物などのソリッドの実体では、そのシルエット、形態内のプロポーション、表面のテクスチャー、素材、色彩、光の当たり方、そし

てそれが置かれる環境によって変わる。一方、広場や街路などのヴォイドの空間では、そのヴォイドを形成するものの立体比（高さ／長さ、高さ／幅）や開放率、さらにシルエット以下の要素が加わる。スケール感とは総合的な感覚なのである。

　ヒューマンスケールというものがあるが、実はこれには2つの意味が混線している。ひとつは、身体的ないし身体の延長感覚で把握可能なスケールの意味、すなわち、その対象物に対して身体的なアクセスや参加ができるスケールのことだ。もうひとつは、身体尺をベースとする人文主義的比例関係によって構成されたスケールという意味で、これは正確にはヒューマニズムスケールと呼ぶべきものである。

　スーパースケール、つまり非日常的なサイズに対するセンスは、主として前者のヒューマンスケールの意味からの「超」として考えられる。そのようなスケールでも身体尺によって導かれたもの——たとえば大伽藍のようなもの——は後者に入る。人文的なミクロコスモスからマクロコスモスへの整合関係を基本にするヒューマニズムスケールは、それが小規模の場合には一般的なヒューマンスケールと同一視されてしまうのだ。

　ヒューマンスケールはわれわれの日常感覚と同調しやすい上、実体との精神的距離も近く、かつインタラクティブでもあり、それ自体は素晴らしい価値である。しかし同時に、それはひとつの価値にしかすぎない。東本願寺の報恩講図などを見ると、とてもヒューマンスケールとは言えない建築の内部空間とそこに蝟集した人々が描かれているが、宗教的祝祭感と賑わいが別種のスケールを呼びよせている光景を感得できる。（＊10）

東本願寺報恩構図（＊10）

　スケールの階層それぞれには固有の論理と現象があり、またその価値も存在する。とりわけ建築や都市の場合にはヒューマンスケールが排他的に聖化される傾向もあるが、むしろ重要なことは、特定の場所、特定の時代において、誰のための何に寄与するスケールなのかを見きわめることであろう。（＊11）

　スケールは、おそらく寸法やサイズの文脈だけではなく、文化・文明の文脈をも、その概念の中に孕んでいるのである。

超高層ビルのサイズ比較をベースとしたメガロポリスのランドスケープ（『DAIDALOS 61』の表紙より）（＊11）

【参考補注 1】 いくつかの主要な基準寸法

たとえば建設でいえば、建築基準法や消防法、都市計画法などではきわめて多岐にわたる寸法数値が決められ、またメーカー業界では規格寸法が氾濫する。これは陸海空の運輸でも同じであるし、またスポーツでも各種目その道具からステージに至る大量の規約数値がある。人間活動に関するものには、基準寸法が法的にも慣習的にも設けられていることがきわめて多い。ここでは、それらのきめ細かい基準寸法は他に委ね、一定の基準や目安となっている寸法関係で、スケールを把握するために有用と思われるものをいくつかピックアップする。

- 鉄道標準軌ゲージ幅　1.435m（4 フィート 8.5 インチ）
- 軌道車両の制限幅　3m（普通鉄道）、3.4m（新幹線）
- 非常用エレベータ（17 人乗り）のカゴ内法　1.8mW × 1.5mD
- 道路車線幅員
  - 自転車道　2m
  - 右折・左折レーン　2.75m
  - 一般道（2 車線）　3m
  - 幹線道　3.25m
  - 高速道　3.5m
- 一般道路通行高さ制限　3m80cm
- 首都高速車両全長制限　12m
- トレーラーハウス（米国 ANSI 基準）
  15.24m（50 フィート）L × 3.65m（12 フィート）W × 4.26m（14 フィート）H
- ボウリングレーン長さ（ファウルライン〜1 番ピン）
  18.3m（60 フィート）
- クルーザーの区分け
  - ［ディクルーザー　6m（20 フィート）以下］
  - 小型　8m（26 フィート）以下
  - 中型　8m〜18m（33 フィート）
  - 大型　18m（33 フィート）以上
  - ［メガ　30m（100 フィート）以上］
- Panamax（パナマ運河通航規定による船舶サイズ）
  - 通航可能船舶横幅　32.3m（106 フィート）（49m に拡張予定）
  - 通航可能船舶全長　294.1m
  - 通航可能船舶最高高さ　57.9m（例外：干潮時アメリカ橋通過 62.5m）
- Suezmax スエズ運河通航可能船舶高さ　68m
- 袋小路の長さの限度（車返しなし）　35m
- 超高層（日本の建築基準法）　60m 以上
- 英米のスカイスクレーパー　150m 以上
- ハイパービル 高さ　1000m 以上
- 100 万 V 送電鉄塔高さ　110m
- 非都市部最低安全飛行高度　150m
- 都市部最低安全飛行高度　300m
- 巡航高度（Econ cruise）　1 万 m（3 万 3000 フィート）以上
- 音速（15℃）　340m 毎秒
- B747（長距離便、燃料・旅客・貨物満載）必要滑走路長さ　3000m 以上
- 国際空港世界基準滑走路長さ　3500m 以上
- 航空路幅員　14.8km（ヴィクター式）
- 三角基準点設置間隔
  - 一等　40km
  - 二等　8km
  - 三等　4km
  - 四等　2km
- フルマラソン距離　42.195km
- 領海域（12 海里）　22km
- 排他的経済水域（200 海里）　370km
- 深海（深度 200m 以上）区分け
  - 中深層　200m〜1000m
  - 漸深層　1000m〜3000m
  - 深海層　3000m〜6000m
  - 超深海層　6000m 以上
- 弾道ミサイル射程距離区分け
  - 短距離（SRBM）　800km 以下
  - 準中距離（MRBM）　800km〜2400km
  - 中距離（IRBM）　2400km〜6400km
  - 大陸間（ICBM）　6400km 以上（SALT では 5500km 以上）
- 衛星軌道高度
  - 低軌道（LEO）　2000km 以下
  - 中軌道（MEO）　2000km〜3 万 6000km
  - 高軌道（HEO）　3 万 6000km 以上
- ヨットレースの世界周航最低距離　4 万 km
- 光速　29.9792458 万 km 毎秒（音速の約 90 万倍、1 秒間で地球約 7.5 周）

【参考補注2】 SIの単位系

SI（Le Système International d'Unités）は国際単位系のことで1954年にメートル法を発展させてつくられ、1960年国際度量衡総会で採択されたものである。これは7つの基本単位〔長さ／メートル（m）、質量／キログラム（kg）、時間／秒（s）、電流／アンペア（A）、熱力学的温度／ケルビン（K）、物質量／モル（mol）、光度／カンデラ（cd）〕と2つの補助単位〔平面角／ラジアン（rad）、立体角／ステラジアン（sr）〕をベースとして組み立てられた単位系となる。長さはメートルが基本であるが、周知のように現在でも海面や空中の距離は「海里」、航空での高度などは「フィート」、映像画面などの電子製品は「インチ」で表示するのが慣例になっている。以下、本趣旨に関係ある次元呼称（単位接頭辞）を挙げておく。

〔T（テラ tera）＝ 1兆〕
〔G（ギガ giga）＝ 10億〕
M（メガ mega）＝ 100万
k（キロ kilo）＝ 1000
h（ヘクト hecto）＝ 100
da（デカ deca）＝ 10
－ ＝ 1
d（デシ deci）＝ 10分の1
c（センチ centi）＝ 100分の1
m（ミリ milli）＝ 1000分の1
〔μ（マイクロ micro）＝ 100万分の1〕
〔n（ナノ nano）＝ 10億分の1〕

【参考補注3】 寸法をめぐるエピソード

[人間サイズの個体差]
1. 人間の成人身長は、最も低い人が54.6cm（C.B. ダンギ氏）、最も高い人が2m72cm（R. ワドロー氏）と記録されている。

[測量法]
2. 一般にミリ単位からメガ単位までの測量は、ほぼ順に、三角測量、光波測距儀、GPS測量、VLBI測量（超長基線電波干渉法）を使用する。

[山に関して]
3. 山は直接その寸法的高さを感じられず、また比較対照物としても難しいものだが、独立峰は寸法的には重要であろう。富士山（3776m）を筆頭に、ヴェスヴィオ火山（1277m）、マッターホルン（4478m）、キリマンジャロ（5895m）などである。またギリシャのオリンポスには2917mの高峰があるが、火星のオリンポス山（独立峰）は、標高基準面から2万5000m、周囲の地表からは2万7000m――エベレスト（8848m）の3倍前後――の高さが観測されている。ちなみに、ピレネー山脈は440km、ヒマラヤ山脈は2400km、ロッキー山脈は4800km、アンデス山脈は8000kmの長さをもっている。

[平均標高]
4. 現在、世界の海の平均水深は3729m、また陸地の平均標高は840mと言われている。日本は山地に覆われた島であるにもかかわらず、陸地の平均標高は394mである。

[長大階段]
5. 世界最長の階段は、スイスのニーゼン鉄道管理用石段で1万1674段（標高差1670m）、日本最長は熊本の釈迦院御坂遊歩道の3333段（標高差600m）である。なお、東京スカイツリー1階から第二展望台までは、2523段（標高差450m）と公表されている。

[尺貫法補足]
6. 我が国で、靴の寸法などを示す「文」は非SIの単位系だが、これは寛永通宝一文銭の直径である2.4cmから由来する。故ジャイアント馬場選手の16文と言われる靴の長さは、したがって38.4cmとなる。

一方、尺貫法の「尋」は両手を広げた長さの身体尺で6尺（＝1間）の寸法に等しい。この6尺の正方形が「坪」（あるいは歩）で、SI単位系では3.305785㎡（1㎡＝0.3025坪）だ。面積でいえば、30坪が1畝、10畝が1反（または段）、10反が1町となる。1反は古くは米1石を収穫できる水田面積とも考えられた。（1石は人間が1年間で食べる米の量で約150kg。1石は、10斗、100升、1000合に相当する）。

「町」は長さの場合には60間（109.8m）を示し、面積の場合には3000坪（9917㎡）でほぼ1haである。「歩」（実際の2歩から由来）も長さの場合でいえば6尺（20/11＝1.818m）、面積でいえば1坪になる。

[曲尺と鯨尺]
7. 「曲尺」（指矩）は一般に大工職人の間で使われた。一方、着物などの仕立てには「鯨尺」という尺度が用いられる。曲尺の1尺は30.30cm（明治度量衡法、10/33m）、鯨尺は37.88cm（同、25/66m）で、鯨尺の1尺は曲尺の1尺2寸5分に相当する。現代日本の尺はこの曲尺の尺だが、中国の1尺（市尺）の長さは33.3cm（1/3m）である（中国の「公尺」はメートルと同じ）。

II スケール千一夜
The Thousand and One Nights by Scale

想像可能なるものはすべて、夢に見ることもまた可能でございますが、もっとも意外な夢とは、すなわち一箇の判じ絵——欲望を、さもなくばその裏返しの、恐怖を隠しているものでございます。都市もまた夢と同様、欲望と恐怖で築かれております。たとえその話の糸が隠されており、またその規則が不条理で、その見透しが誤り易いものでありましても。そこではあらゆるものがそれぞれに何かしら他のものを隠しておるのでございます。

イタロ・カルヴィーノ『見えない都市』（米川良夫訳）

いきなりひらけた場所に出て、そこに高さ一二〇センチくらいの小さなおうちがありました。「だれが住んでるのか知らないけど」とアリスは思いました。「こんな大きさでちかよるわけにはいかないわね。だって死ぬほどこわがらせちゃうわ！」そこでまた右手のかけらをかじりはじめて、身長二五センチになるまで、けっしておうちには近づきませんでした。

ルイス・キャロル『不思議の国のアリス』（山形浩生訳）

C1 手の中のスケール
Scale in the palm of the hand

1 スマホ
2 ピンポン玉
3 ワルサーPPK
4 単三乾電池
5 紙巻タバコ

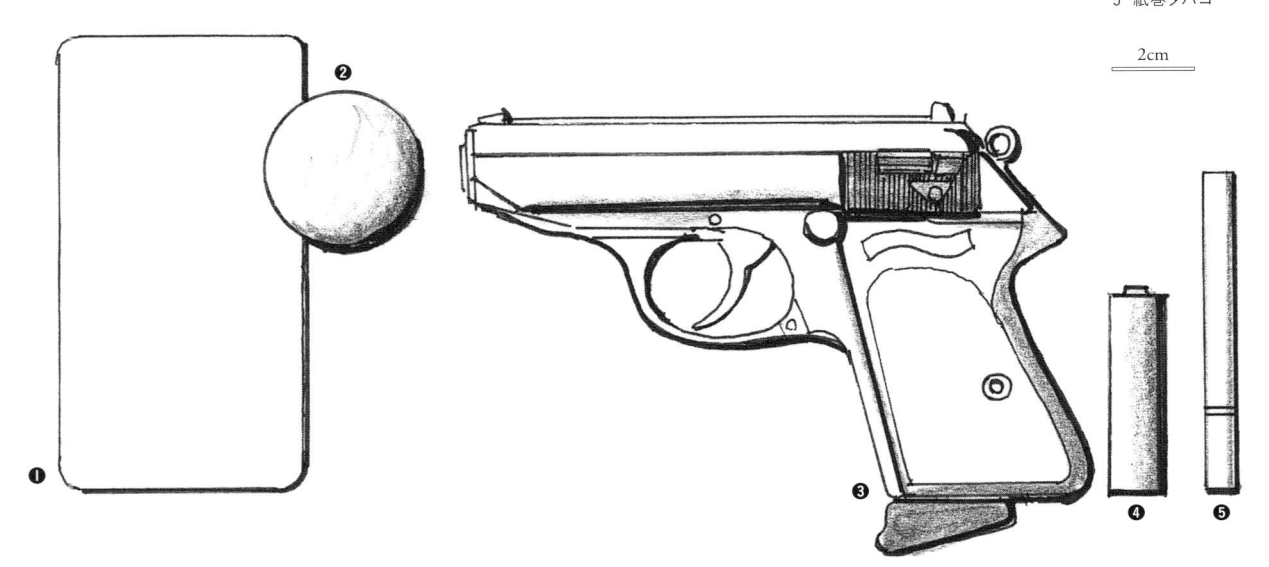

2cm

　グリップできる物品は手がそのスケールを覚える。手も偉大な脳だ。
　日常的ではないが、その最たるものは、拳銃であろう。15.5cmの長さのワルサーPPK（口径7.65mm、ヒトラーの愛銃でもあった）は、大人の手になじみ、かつ少し抵抗感のあるサイズをしている。手の中に隠しもつデリンジャーにしても、レミントンモデル7.6mm口径のもので12.4cm程度であり、汎用ボールペンやサインペンが13cm内外の寸法であることからわかるように、掌を一部はみ出すにもかかわらず手に同化しやすい。
　グリップが目的ではなくても、われわれは感触として日用品の大きさを覚えているものだ。単三乾電池は長さが5cm、直径が1.2cm、またフィルムを収納する蓋のついたプラスチックケースは同じ長さで直径が3cmほどである。タバコは種類によって差があるが、マイルドセブンのように広く愛好されているものの長さが8cmで、これはいわゆる100円ライターの長さに等しい。葉巻の標準長さとなると基本が14cmだ。通常の使い捨ての紙コップは高さが8.5cmだが、飲み口と底がそれぞれ直径7cm、5cmなので、これらはすべて物差しがないときには即席の定規となる。
　グリップとして棒状でも板状でもない塊としては、7cm角がもちやすいスケール感をもつ。テトラ型ではなく家型をした紙の牛乳パックはそのサイズだし（高さは14cm）、ワイン瓶の直径も、ボルドーのようなスマートなタイプは7cm前後である。
　和室の畳は手でもち歩くものではない。が、現在標準的な藁床は5.5cmであり、防湿性や断熱性を稲藁でもたせているが、返しや干しにはグリップしやすい寸法だ。なお周知のように大きさには地域差があり、江戸間は1760×880mm、中京間は1820×910mm、安芸間は1850×925mm、京間は1910×955mmである。田舎間は通常柱間を1間（6尺）にするが、京都・関西方面では6.5尺を柱間にすることが多い。
　手の延長である優れた道具に至っては、それが扱う手をはるかに超えるスケール範囲まで手が感得し得るような、まさに「手中」にしてしまうような気がするものである。

02 ナマコのピアニスト
Holothurian as a pianist

　ピアノの鍵盤は実際のところ黒鍵は正確には角のとれた台形断面をし、また白鍵の縁はカーブしているが、それぞれほぼ 1cm、2.25cm の幅をもっている。したがって 1 オクターヴは 18cm 強の指の開き（実際は打鍵するのでそれ以上）が必要となる。身長が 2m 前後あった帝政期ロシアの名ピアニスト、ラフマニノフは 2 オクターヴ近く指が開けたそうだが、生物の中で最も指の長いテリジノサウルス（中生代白亜紀後期の「大鎌恐竜」）は前脚で 2m 近くあり爪も 75cm 程度だったから、最下音の A から最高音の C までの約 123cm のスパンを自在に弾きこなしたにちがいない。その湾曲した爪は、高さ 72cm のバラライカくらい、ピアノの鍵盤下部の高さに等しかった。

　75cm 前後といえば、昭和の懐かしいちゃぶ台の直径——高さが 33cm で、4 本の足を折りたたむと 10cm くらいになる——や保護鳥であるトキの全長、破損した状態で現在大英博物館にあるロゼッタストーンの横幅とほぼ同じだ。稀少物であるストーンに寄り添って、やはり稀少動物である体長 60cm の西表山猫がピアノをうかがっている。

　あらためて言うまでもないが、音階のことをスケールとも言う。上音の♭と下音の♯を同一化し、1 オクターヴを 12 分割した平均律をベースにするピアノは、それ自体が音の尺度装置なのである。

　一方かつての LP レコードのジャケットは、A4 サイズの楽譜の縦寸法よりやや大きく、全長 11.5m ある「鳥獣戯画」巻物の幅にほぼ等しい。楽器だと、ホルンの管口直径（32cm）よりやや短い寸法である。管口のちなみでいえば、トランペットは 15cm、トロンボーンは 25cm、チューバになると 42cm にもなる。

　この LP ジャケットに近い体長をもつ現存生物のひとつが真ナマコ（直径は 8cm 程度）である。最大のナマコはクレナイオオイカリナマコで、実に 4.5m あるらしい。ピアノ曲を数多く書いたエリック・サティはサン・マロ湾でナマコの観察を行い、ユニークな楽曲に仕立て上げた。その多くの部分は 12 度以内で旋律が流れているから、真ナマコでもチャレンジできるだろう。

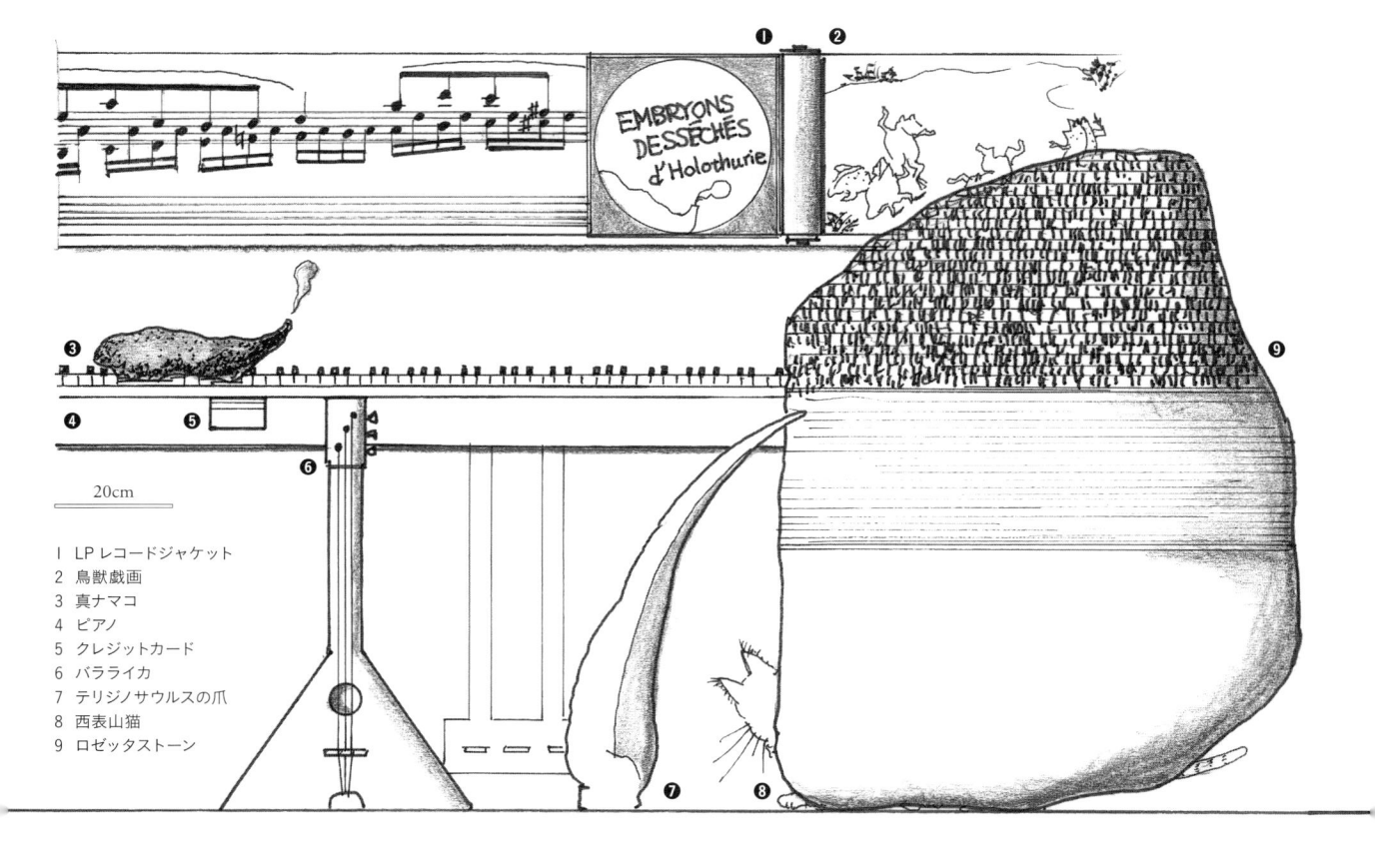

1　LP レコードジャケット
2　鳥獣戯画
3　真ナマコ
4　ピアノ
5　クレジットカード
6　バラライカ
7　テリジノサウルスの爪
8　西表山猫
9　ロゼッタストーン

どこにいても寸法計測に役立つ日用品がある。その計測も精密なものではなく、寸法勘が掴めればいい。物品はすべて定規に転用できる。が、その資質は基本的に、全国あるいは世界中どこにいっても流通している種類の物品が望ましい。通貨、スポーツゲーム用品、オーディオヴィジュアル系の規格製品、土木の要素素材といったものだ。

日本での格好の定規は千円札である。横15cm、縦7.5cmであり、これに直径2cmの一円玉があれば、ほとんどの日常的な小さな計測は間に合ってしまう。USドル札は1＄から100＄まですべて同寸法で、15.6cm×6.8cm、しかしクレジットカード（8.5cm×5.4cm）や一般的な名刺（9.1cm×5.5cm）と似て数字も覚えにくく、寸法定規としてはやや使いにくい。

次はボール寸法で、パチンコ玉（1.1cm Φ）、ピンポン球（4cm Φ）、ゴルフボール（4.267cm = 1.68インチ Φ）、テニスボール（6.5cm Φ）、野球ボール（7.32cm Φ）、ハンドボール（一般男子用で19cm Φ）、バレーボール（21cm Φ）、サッカーボール（22cm Φ）、バスケットボール（24cm Φ）、ビーチバレーボール（27cm Φ）、運動会の大玉（1m50cm Φ）、ちなみに蹴鞠は16〜20cmの直径である。

一方、ゴルフの穴は直径10cmで、これはトイレットペーパーの直径（幅は11cm）や官製はがきの長辺長さに等しい。CDやDVDは直径12cm、LDや昔のLPレコードは直径30cm。30cmは2リットルのペットボトルの高さや旧式の波状表面をもつ楕円の湯たんぽの長さ、舗装によく使用されるコンクリート平板の1辺と同じであり、12cmは通常使用されているティッシュの箱の横幅（厚みはまちまち）と同じである。ちなみにCDの穴は1.5cm Φ、ペットボトルの蓋は3cm Φ、ヨーロッパの石畳などによく使われる御影石のピンコロ石は9cmの立方体である。

携行品としては、一般的なスマホの幅は6cm（旧来の携帯は約5.5cm——ZIPPOライターの高さも同じ）、コンパクトカメラの幅は機種や年式によって差があるものの幅がほぼ10cmだ。

もちろん、これらの身近な定規は属人的趣向によって差異をもつ。遍在性、可搬性、不易の定型サイズ、それに単純明快な数字的寸法であることがキーだ。

03 身近な定規
Intimate rules

1 ロシアンブルー猫
2 千円札
3 野球のボール
4 トイレットペーパー
5 ティッシュ箱
6 ペットボトル
7 LPレコード
8 CD
9 公衆電話機
10 コンクリート平板
11 ピンコロ石
12 バスケットボール
13 グリーンイグアナ
14 ヴィークル・ユネ

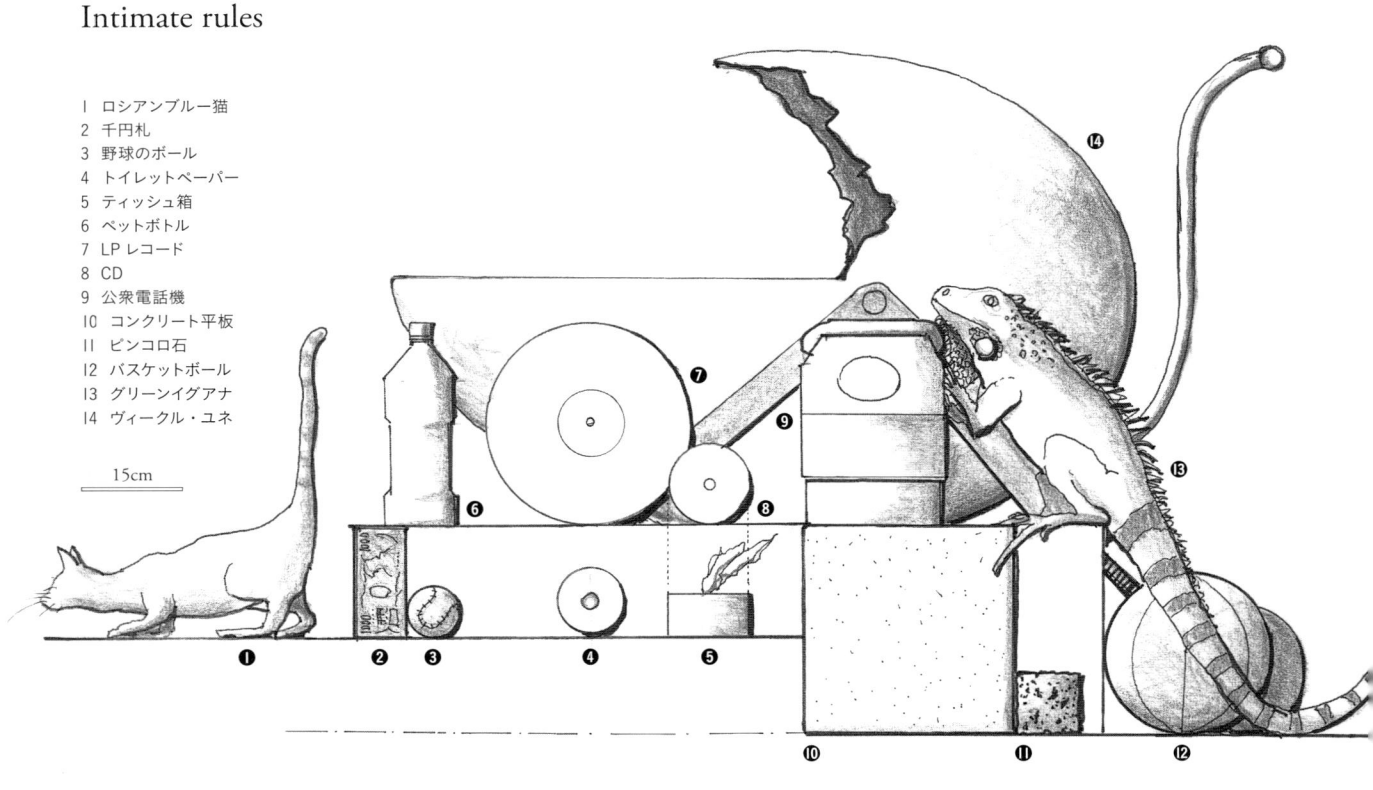

15cm

04 趣味の生活
Life of interest

1 磯玉網
2 フライロッド
3 ドラム缶
4 ちゃぶ台
5 ミースのバルセロナチェア
6 ミーアキャット
7 アレクサンドラ・トリバネアゲハ
8 ヴァイオリン
9 ピラルク

50cm

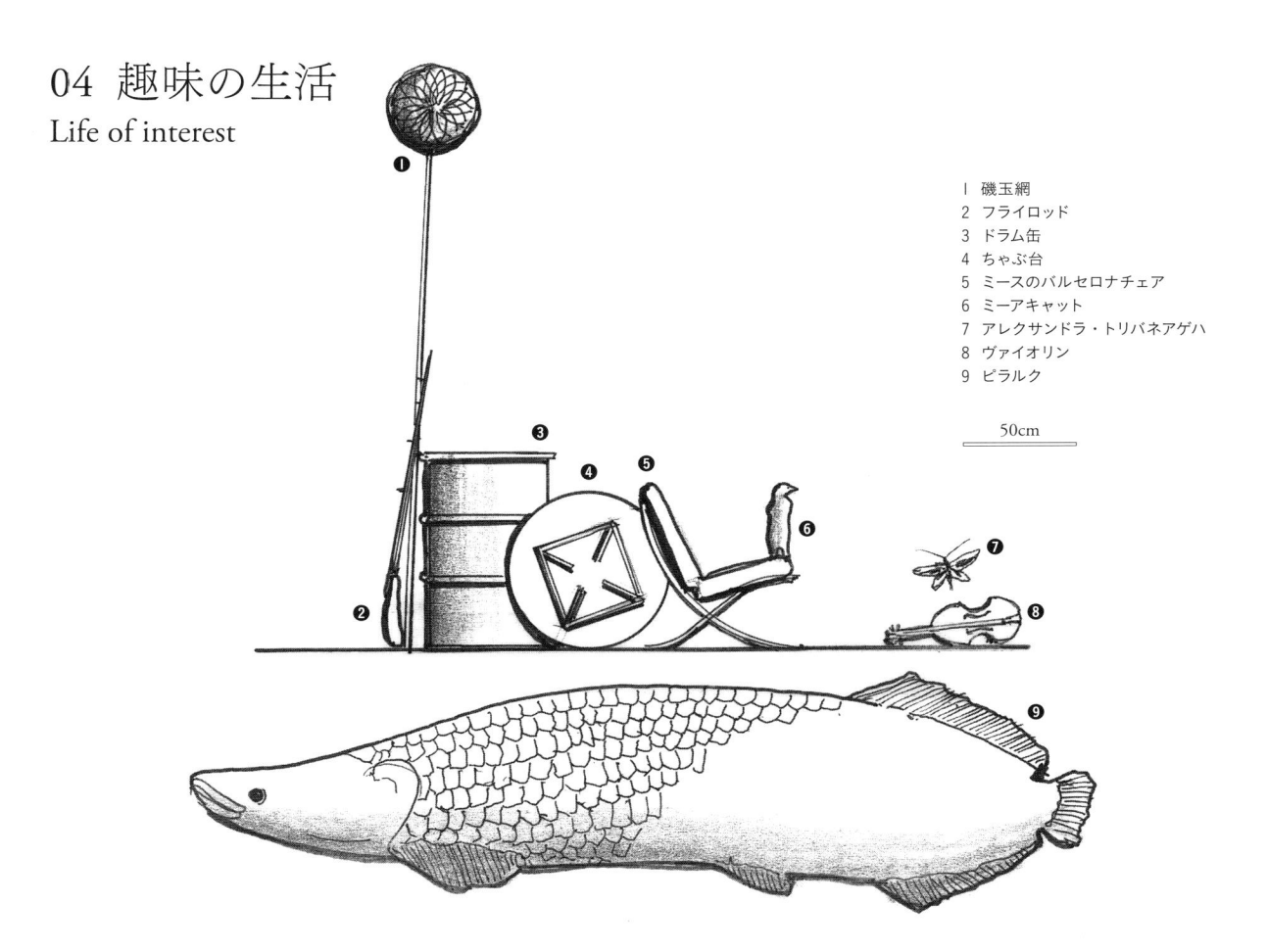

　近代建築の巨匠ミース・ファン・デル・ローエは、建築だけではなく、素晴らしい椅子も設計した。「バルセロナチェア」というもので、同じくミースの手になる1929年バルセロナ博覧会のドイツ館「バルセロナパビリオン」の中で展示されたものだが、モダンデザインの白眉として現代でもそのファンは多い。寸法的にはその測り方によって偏差もあるようだが、おおよそ長さ76cm、幅76cm、高さ77cm（大雑把に75cmキューブとおさえる場合もある）で、スツールとセットになった近代的な安楽椅子である。余談になるが、スーパーマリオネーションのTV映画「サンダーバード」の基地であるトレーシーアイランドのフランク・ロイド・ライトを模した邸宅の中の椅子はこの椅子である。

　椅子は最も「人間というスケール」の代理をする。舞台に椅子が設置されて、その椅子の種類、質感、置き方、さらにその付帯小道具によって、そこにどのようなタイプのどのような考え方をもつ人が座るのかを暗示させるばかりか、舞台上のスケール感を一気にまとめ上げることができる。

　体長35cmのミーアキャットにとっては、高さ40cm前後の座面は格好の展望台だ。そこから最大のアレクサンドラ・トリバネアゲハ（羽の開張は30cm弱、ヴァイオリン長さの約半分）や4mにも及ぶ最大淡水魚であるピラルクを眺めることができる。ところでミーアキャットの体長と同じ幅の長いテーブルは、東京の下町の古い居酒屋にある対面型の客用テーブルにもよく使用されている。この狭小な幅のテーブルをはさんで他人同士が過密な状況で酒を飲み肴をつつく。日本雷鳥（全長36cm）やボーリングのピン（高さ38cm）より短いスペースが、一人宴会の縄張りとなる。

　意外かもしれないが、高さ90cm、直径57cmの200リットルドラム缶も、別の意味で「人間というスケール」の代理機能をもっている。ワイルドクルーズや工事現場では、簡易な風呂やバリケード、貴重な備蓄庫、ときには棺にすらなる脇役だ。ミースの椅子とはある意味対極の、そしてある意味通底する野蛮でザッハリッヒ（即物的）な実用品なのである。最も高貴な趣味は、洗練と野蛮の振幅を横断するものでもあるのだ。

05 ロートレアモン的サイズ実験
Size-experiments operated in
a manner by Lautréamont

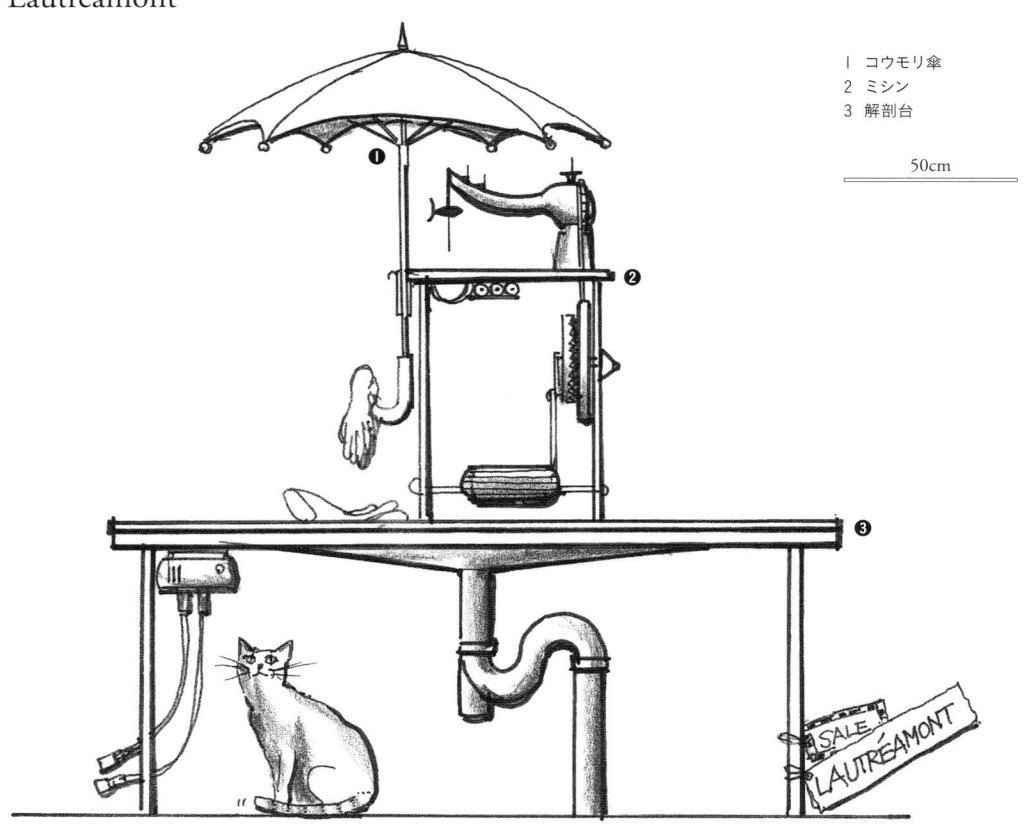

1 コウモリ傘
2 ミシン
3 解剖台

50cm

　「解剖台の上でミシンとコウモリ傘が出会う」と後のシュルレアリスムの日常を切り裂く異化原理と美学を詩的に表現したと言われるロートレアモンは、本名イジドール・リュシアン・デュカス、モンテヴィデオ出身の19世紀パリの詩人である。件の名句は彼自身の『マルドロールの歌』の中に収められているが、この散文詩は自動筆記的な前衛手法で書かれたものである。マルドロールとは、反神的な悪の化身のことだ。
　解剖台、ミシン、コウモリ傘という本来同居するはずのないオブジェの遭遇は、今日的には異種共存の異化手法として捉えられているが、サイズ的にはきわめて親和的で同居の違和感がない。寸法、サイズにとっては、機能が剥奪され象徴化するオブジェの異化作用には、当面、無関心なのである。
　解剖台は手術台(ターブル・ドペラシオン)とほぼ同じ、長さはストレッチャー(2m弱)に近似し、台の高さは85cm強、ミシンは旧式タイプで幅70cm、台まで75cm、コウモリ傘は長さ1m(傘直径1m20cm弱)程度のものになる。
　ストレッチャーのこの長さは、自転車の全長や戦艦大和の46cm主砲の弾丸長さに近く、コウモリ傘の長さは、動物でいえばチョウザメの全長、絶滅した日本オオカミの体長とほぼ同じ、傘直径は世界最大の花であるラフレシアや越前クラゲの、さらにフラフープの直径の2割増し程度のサイズである。遭遇相手のミシンも、現代の電動ミシンキャビネット(直方体の箱にすべて収納)であれば、ほぼ45cm×55cm×高さ77cmに収まってしまうところではある。なお、ICUなどで使用される体位可変型のベッドの大きさは、2m10cm×90cm程度のものが使用されている。
　しかしここで問題なのは、言うまでもなく、実寸法ではなく「想像力の寸法」とでも言うべきものであって、幾分かマルドロール的想像をめぐらしながら、猫はそれがどのくらいのものかを調査中である。

06 変身の観察
Observation of the metamorphoses

　ミースの椅子と同じく人口に膾炙したモダンデザインの椅子といえば、マッキントッシュの「ラダーバックチェア」（1902年）であろう。高さ1m40cm、幅は42cm、奥行きは35cmで座面も小さく、軽量で、全体もコンパクトな印象を受ける。同じくハイバックチェアのダイニング用「アーガイル」や幅広の「ウィロー1型チェア」などもあるが、マッキントッシュの椅子でイメージされるのは、やはりこの「ラダーバック」であろう。

　1m40cmの高さといえば、大型木管楽器のファゴットと同じ寸法だ。またこの寸法は、大人の目線位置よりやや低いこともあって、本屋や雑貨屋の棚（この棚を使えば店内を見通せ、商品が多く見える）の高さなどにもなっている。あと10cm長ければ、ピアノの横幅やスティンガーミサイル（携帯用地対空ミサイル）の長さになる。

　目線を遮り、かつ仮設的に空間を仕切る仕掛けとして、われわれは幔幕（紅白、白黒）という装置をもっている。主としてこれは神事や行事に使われるが、この高さは1m80cm（これは1間＝6尺＝1.818mに近い）、長さは規格からすると、3m60cm、5m40cm、7m20cmと倍数関係になっている。再び楽器との比較で言うなら、ハープの高さである。

　変身したグレゴール・ザムザ氏は、何らかの理由で幔幕の中で毒虫になったのであろう。彼の体長には諸説があるが、さまざまな状況から約2m15cmと推測される。この光景を折りたたみ寸法85cmの大型三脚（延伸した場合には2m）に据え付けられた35mmシネカメラ（長さ90cm強、カメラの高さは約45cm前後）が目撃している。カメラ用三脚はもともと機関銃の台座から開発されたものであるから、まさに「目撃」行為である。

　幔幕の高さからして、ミケランジェロの「ピエタ」（高さ1m74cm）──ザムザ氏が好むであろう置物だ──などが隠れている可能性はあるものの、はっきりとは確認できない。

　柱の「頭」（コリント式柱頭、約1m90cm）や航空機の「足」（エアバスA380のタイヤ1m32cmΦ、ノーズギア2本、ボディギア12本、ウィングギア8本の計22本。B777は全部で14本）は、ここでは胴体の欠損した器官としてザムザ氏を讃える添景となる。

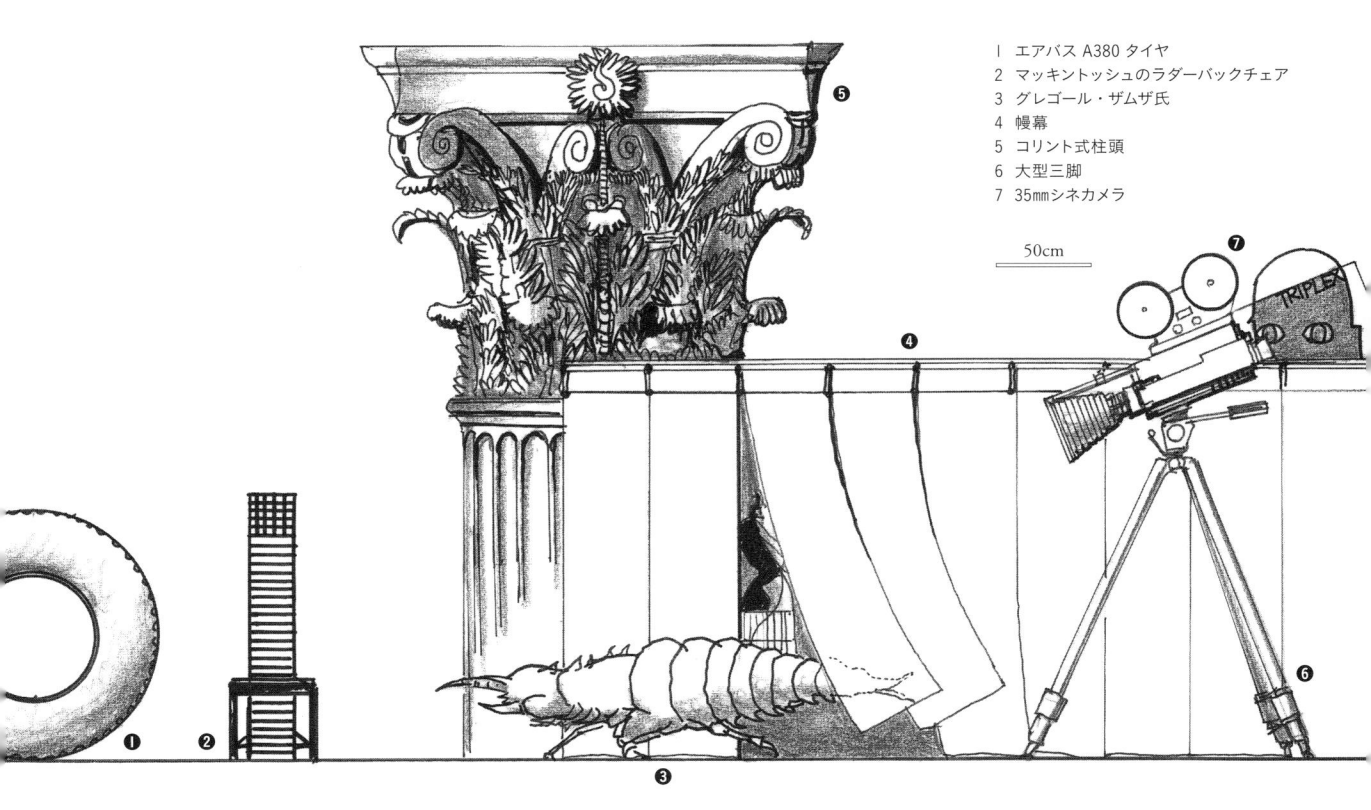

1　エアバスA380タイヤ
2　マッキントッシュのラダーバックチェア
3　グレゴール・ザムザ氏
4　幔幕
5　コリント式柱頭
6　大型三脚
7　35mmシネカメラ

50cm

07 思索するダチョウ
Ostrich contemplating

ダチョウの目線はほぼ体高に近く高い。だいたい2m50cmである（個体によっては体高2m70cm、体重200kgのものも確認されている）。同種の飛ばない走鳥でいえば、エミューは1m70cm、ヒクイドリやレアなどは1m50cmである。小型のキーウィは夜行性で40cm弱の全長だ。周知のように有用なダチョウのタマゴは長径で15cm、重さは1.5kgもある。付記するなら、最大のタマゴ——確認された最大長径は37cm——を生むマダガスカルに生息したエピオルニス（象鳥）は、本家『千夜一夜』で「怪鳥ロック」のモデルにもなったが、最大体高が3mくらいあったとも言われている。

今、ダチョウは高さ2m55cm、直径2.8cmの競技用鉄棒を水平線に見立てて思索する。あるいは頭と首を立てていつものように時速60kmで棒に触らず走り抜けることができるかを計っている。

実際に掴んで体操競技をする中では鉄棒の水平棒が最も高い。段違い平行棒も高い方で2m40cm、通常の平行棒は1m75cmである。この鉄棒の高さは、高さ5m50cmから吊された吊り輪の下端と同じ高さとなる。ちょうど名古屋城の屋根にのる金のシャチホコを床に置いたとき、その尾ビレがかかるくらいの高さだと考えればいい——海洋生態系の食物連鎖の頂点に立つ実際のシャチの全長（7〜9m）と比較すれば、このシャチホコは4割前後に縮小されている。

ちなみに、鞍馬も跳馬も高さは1m30cm前後である。鉄棒の横幅は若干の偏差はあるものの、ほぼ2m40cmであり、これはいわゆる「1馬身」の寸法だ。

一方、長身の人間の体高である1m80cmは、ちょうど京都銀閣寺（慈照寺）の「銀沙灘」横の円錐状の砂盛りである「向月台」に等しい。これは東山に上る月を座して待つマウンドであったが、粗暴に乗ると崩れる。しかしそれを俯瞰できるダチョウは興味を示さない。

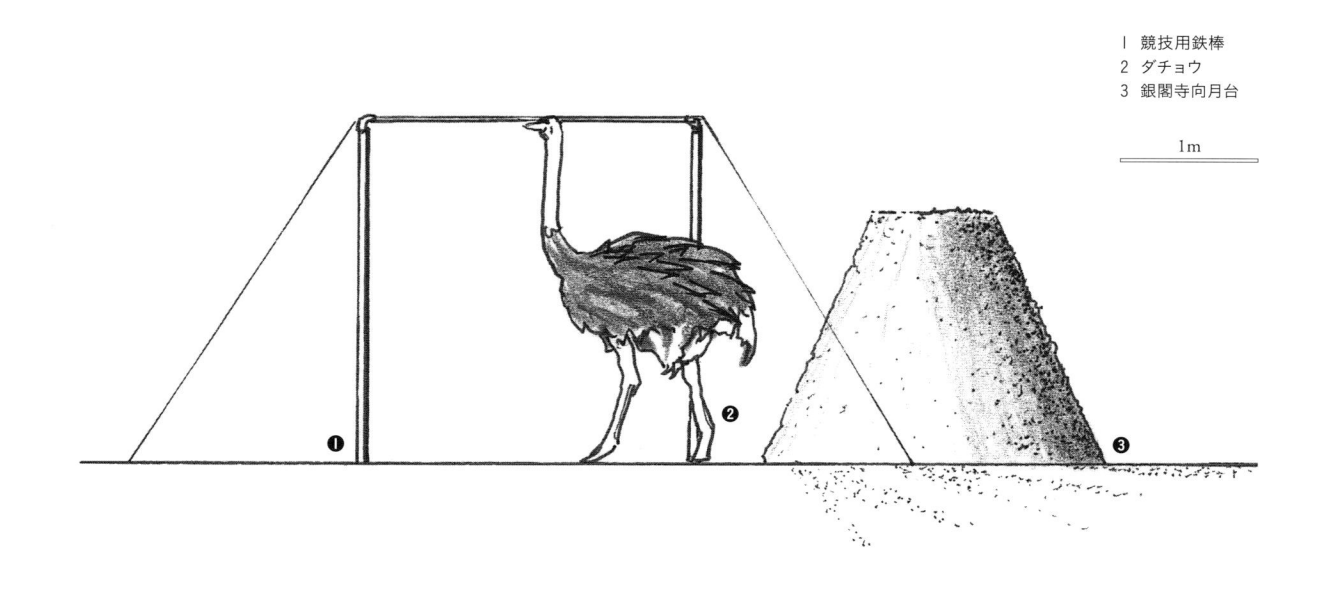

1 競技用鉄棒
2 ダチョウ
3 銀閣寺向月台

1m

08 モデュロールをめぐって
Centering around Modulor

1 軍鶏
2 ニワトリ
3 ル・コルビュジエのモデュロール
4 スティンガーミサイル
5 ゴルフ1番ウッドクラブ
6 ホンダスーパーカブ
7 カラス
8 ミケランジェロ「ダヴィデ」

50cm

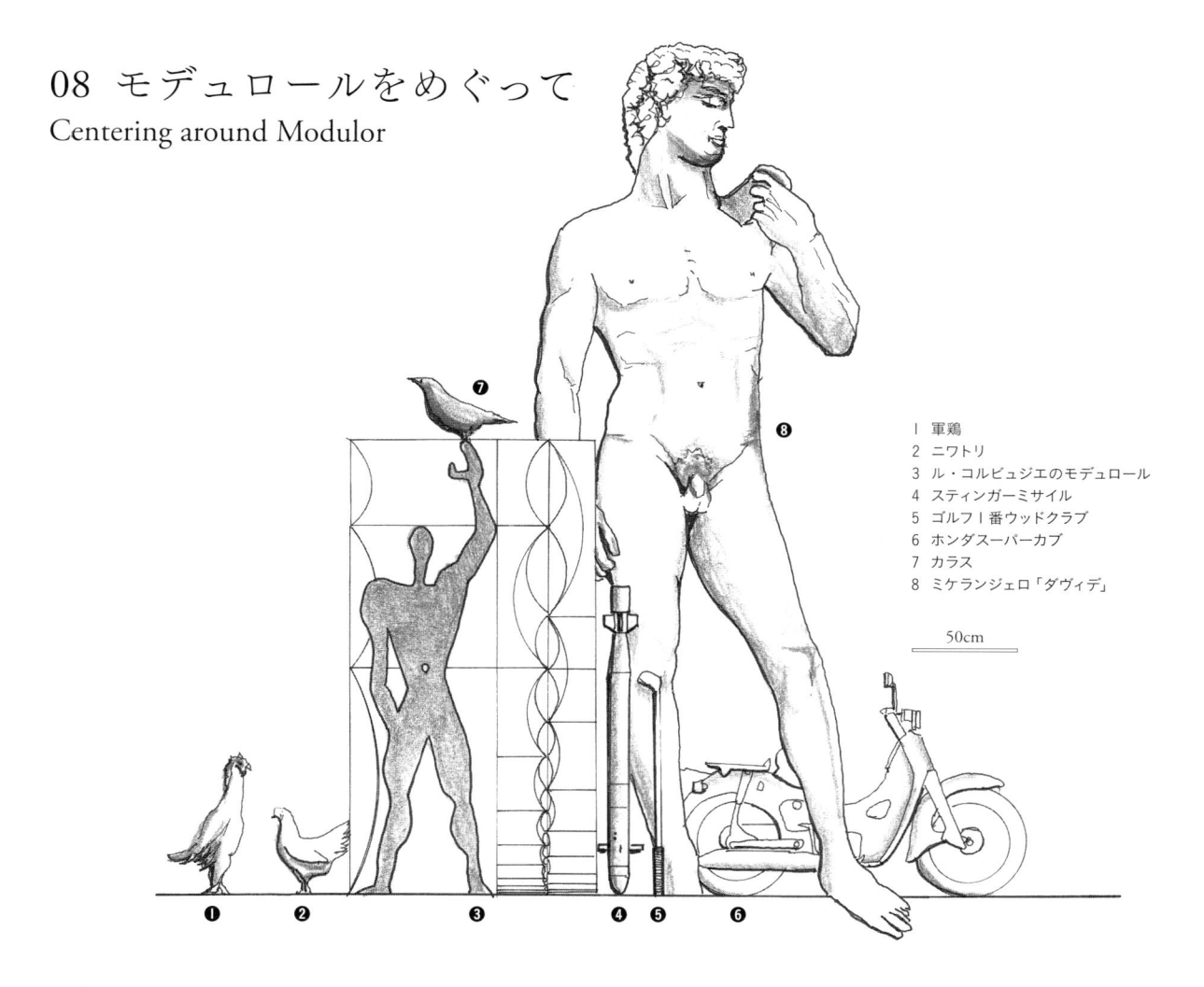

　建築的寸法を人間尺度に組み合わせて創造されたル・コルビュジエのモデュロールは、基本的に2系列の寸法体系で成立している。ひとつは赤系列で、
6-9-15-24-39-63-102-165-267-432-698-1130-1829-2260mm
もうひとつは青系列で、
11-18-30-48-78-126-204-330-534-863-1397-2260mm
となり、これらの寸法が基本原器となる。

　たとえば2m26cmは人間の手を上げた高さ、1m83cm（正確には1m82.9cm）は身長、1m13cmはヘソの高さ（身体中心、その倍が2m26cm）、その他階段段蹴上げ、腰を掛ける座面の高さ、窓枠の高さ、よりかかるカウンターの高さ、ドアの高さ、それに天井高などがこれらの寸法の組み合わせによって規定される。

　この両系列は前2項の和が次の数になるというフィボナッチ数列を原理とする。この数列は隣り合う数字の比が数列を追うごとに黄金比（1：1.618…）に漸近するもので、自然現象に見出されるものだ。周知のように、黄金比はB.C.5世紀頃ギリシャでの発見であるが（パルテノン神殿ほか多くのギリシャ建築のプロポーションに使用された）、後にローマ時代ヴィトルヴィウスは『建築十書』の中で注目し、ルネサンス期には「神聖比例」として考えられた調和律にほかならない。

　モデュロールは、その要素寸法の組み合わせによって平面、断面、立面、その他建築的部位の寸法的関係秩序を科学的に成立させようとする試みだ。オリンピアの明晰さを愛したコルビュジエならではの挑戦である。

　青系列2m26cmの次（3657mm）にコルビュジエ流クビトュス（432mm）を加えた値が4m8.9cmであるが、これは奇しくもダヴィデ像（一説に複数ある像のひとつは像高4m10cmとの指摘もある）に近接する。モデュロールとは直接関係付くものではないが、ニワトリや1番ウッドやスーパーカブの長さも、系列内寸法値に近い。

　2m26cmの手にのる全長50cmの鳥は、言うまでもなくモデュロールを睥睨するコルブ（黒カラス）である。

09 旅立ちの受胎告知
The Annunciation of departure

1 100号絵画／カッサンドル「北極星号」
2 ダ・ヴィンチ「受胎告知」
3 本鮪
4 自転車
5 アーマライト M16
6 新幹線 0 系
7 標準軌
8 棕櫚

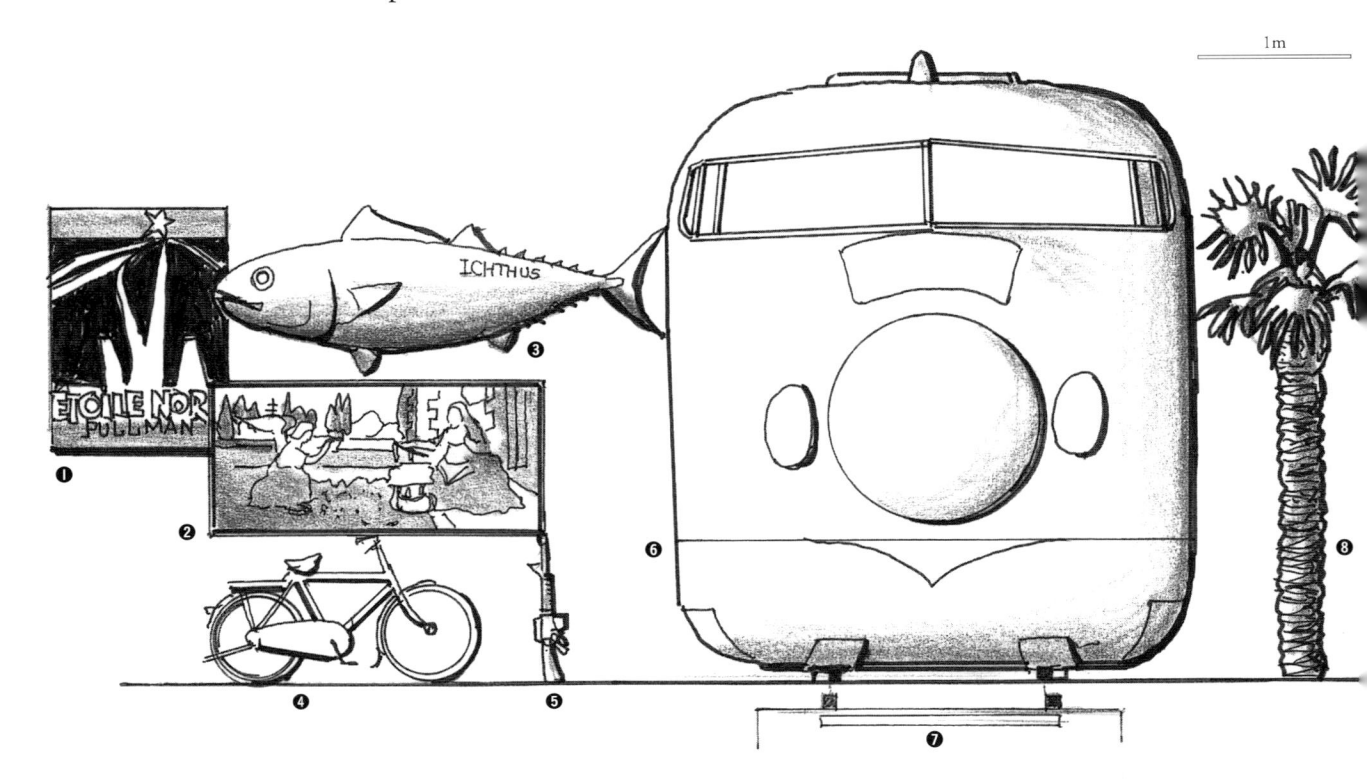

1m

10 ワニはいつも人を驚かせる
Crocodile always startles us

　ミロのヴィーナスとスポーツカーの名車「ポルシェ911」（長さ 4m20cm、空冷タイプ）が並ぶと、いかにヴィーナスがグラマラスな大女であるかがよくわかる。ちなみに、彼女の身長は 2m4cm、バスト／ウエスト／ヒップは、121cm／97cm／129cm である。プロポーション的にみても、ふくよかだ。なお、「サモトラケのニケ」は頭部が欠損しているものの 3m30cm、ミケランジェロのダヴィデ像はクルマ全長に近く 4m30cm の高さである。スポーツカーの長さは、フェラーリもアストンマーチンも、ほぼピッチャーマウンドサークル（直径 5.4m）に余裕をもって収まってしまう。
　そこにサルコスクスが登場する。サルコスクスは古代鰐で全長約 12m、スーパークロコダイル（「スーパークロコ」の愛称？で呼ばれている）で鼻先に特徴をもつ恐竜にも匹敵する絶滅巨大生物である。初期のメッサーシュミットやミグなどの戦闘機（全長 10～11m）や長大な深海魚リュウグウノツカイ（長さ 10m）、高さでいえば、博多祇園山笠の山車（高さ約 10m）やパルテノン神殿の基壇をとった柱本体（10.4m）、それに銀閣寺（10.5m）より長い。通常のワニが大きいもので 5～6m であるか

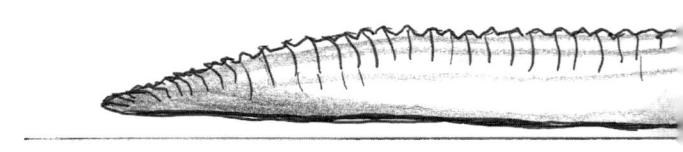

ダ・ヴィンチによる「受胎告知」は、幅2m17cm、高さ98cmの横長のプロポーションをもっている。一般的な100号絵画は、1m62cm×1m14cm（仏式の風景画仕様）なので、比例的にもシネラマのような構図になっているとも言えるだろう。フラ・アンジェリコはじめ多くの「受胎告知」は正方形に近づくプロポーションをもつが、このダ・ヴィンチとボッティチェリのものはかなり横に長い。この絵は、右側（マリア側）からやや絵を斜めに見たとき、告知するガブリエルとの遠近法的バランスがとれると言われている。それは絵がどのように置かれるか、見る視点をどこにとるかということに慎重なルネサンス絵画ならではの考え方が反映されているとみていい。全長3mの本鮪はICHTHUS（魚形象／ギリシャ語でキリストの象徴）としてその生の旅立ちを見守っている。

　一方、ツーリズムを商業文化的イラストレーションにまで昇華したロシア出身のデザイナー、カッサンドルによる「北極星号」は、もうひとつの片端にいる樹高3m50cmの南方憧憬を惹起する棕櫚とともに、リアルな旅立ちを賛美しているのであろう。旅立ちも受胎告知も、いつも突然やってくる。

　ところで、100号絵画の1辺1m62cmは狩野永徳の「洛中洛外図」（上杉本）の高さ（幅は3m23cm、なお舟木本はそれより高さ・幅ともやや大きい）、あるいはモンティ・パイソンのスペイン宗教裁判の解説背景にも使われたブリューゲルの「死の勝利」の横幅に近く、もう1辺1m14cmは現存するロゼッタストーンの高さと同じである。一方「受胎告知」の幅はほぼ和弓の長さであり、高さはアーマライトM16（ゴルゴ13の愛銃）の長さにほぼ等しい。額装された絵画は一般的に画布内で対象物や情景に縮率がかけられることが多いため、並置すると実寸のオブジェ的なもののプレゼンスは高まる傾向にある。

　旅立ちの初代新幹線は「標準軌」（日本では広軌と称することもある）の軌道にのる。このゲージはレールの内法1.435mであり、TGVはじめ世界的に使用されている軌道幅である。もともとはイギリスの貴族が乗る馬車の車輪幅である4フィート8.5インチをメートル法に直したものだ。線路を型枠に馬車が走る。東京都内では、新幹線のみならず、京急、京成、都営浅草線などもこのゲージの上を車両が走る。

ら、度外れたその大きさは想像を絶するに近いものがある。そのオーラもさることながら、彼が接近しただけで、ヴィーナスとクルマの偏差など霧消してしまう。

　12mでわれわれが想像するものといえば、同じく絶滅種である最大翼竜ケツァルコワトルスの翼開張、世界の七不思議のひとつである「オリンピアのゼウス像」の高さ、マタドール巡航ミサイルの長さや一般的な熱気球風船の直径などだ。ヴァンクーヴァーのスタンリーパークでやはりわれわれを驚かせる「チーフ・ワキアス」の家屋柱型のトーテムポールも同じ高さをもっている。

　「1桁大きい」のではなく「半桁大きい」、しかも大きいものが人間がつくった像やクルマではなく神がつくった生き物である、という不思議なスケールバランスがワニはいつも好きだ。

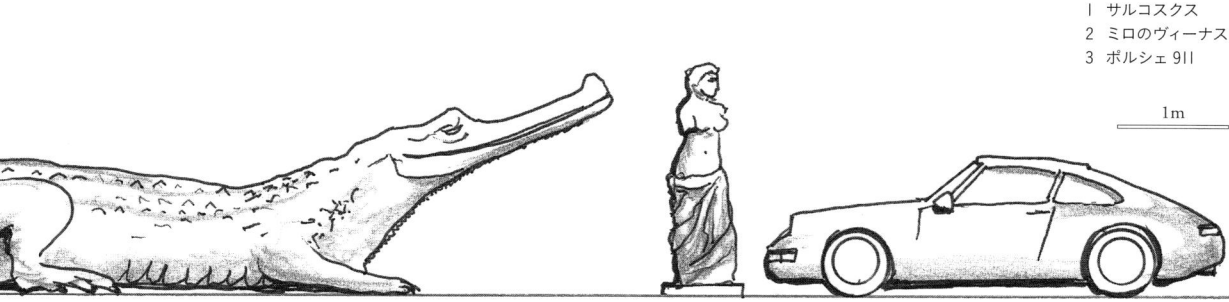

1　サルコスクス
2　ミロのヴィーナス
3　ポルシェ911

1m

❶　　　　　　　　　　❷　　❸

11 森の中のコング
King Kong in the column forest

1 ジョンソン・ワックス社マッシュルームコラム
2 キングコング
3 NASA 火星探索ローヴァー

　ドクロ島でのキングコングは身長 5.4m（18 フィート）、ちょうど浄土寺の阿弥陀如来像より 10cm 程度高いくらいだったが、アメリカ本土に連れてこられてからは 7.2m（24 フィート）、それから時代を追うごとに巨大化していった。7m 前後の全長をもつのは、現生ではマンタ（オニイトマキエイ）や最大ホオジロザメなどの海生動物だが、かつてのセグノサウルス（白亜紀の謎の恐竜として古生物学上ではキーになる種族）やユタラプトル（映画「ジュラシックパーク」でヴェロキラプトルとして登場した）など中型恐竜の平均的サイズでもある。そういえばコングもジャングルの中で肉食恐竜と戦っていた。コングはかなりマッチョだから、これらの生物と比しても、存在感が際立っている。

　この「高貴な蛮人」（「ノーブル・サベージ」——高潔かつ知的で好奇心があり、それゆえに因習的なものに異議を申し立てる開明的な近代人間像の理想として、ルソーが称揚した）は、故郷の島にある岩山にも似たエンパイヤステートビルによじ登り、プロペラ戦闘機と空中戦を演じるが、今度はミシガン湖にほど近いジョンソン・ワックスの柱の森に迷い込んだ。

　フランク・ロイド・ライトのユニークな無梁構造を実現するマッシュルームコラムは、高さが 2.9m、7.2m、10m と、あたかも低木、中木、高木のような組み合わせで、建物内に森を出現させる。69m×43m の吹抜けオフィス空間を覆う天井からの光も、木洩れ陽そのものだ。この森はコングが世界に登場した 6 年後に誕生した（1939 年）。

　徘徊するコングが追っているのは、NASA が生んだ小動物のようなローヴァーで、こちらも火星の表面を徘徊する「マース・パスファインダー」と呼ばれている。全長 3.2m、横幅 2.8m、890kg のヴィークルで、1996 年 12 月に火星へ向けて運ばれた（火星到着は翌年の 4 月）。心優しいコングは、友達になりたい一心で、森の木をむしりながら小動物を追いかける。ローヴァーが水脈を探すことに長けていることも、本能的に気づいているのかもしれない。

12 ゴールを守る神々
Gods covering the goal

　サッカーのゴールポスト間の距離は内法で8ヤード、7m32cmであり、高さは2m44cmである。ポストの柱は12cm以下。またペナルティポイントからゴールラインまでの距離は12ヤード、11mである。ゴール面を直径22cmのサッカーボールで面一に埋め尽くすには、約363個必要になる。サッカーコート全体の標準サイズは、105m×70m、それに6m前後のアウトスペースがぐるりと回る。

　ゴールポスト間にほぼぴったりはまる長さをもつのが、複葉機タイガーモスである。これは劇場用「サンダーバード」でサンダーバード6号としても登場した軽飛行機だ。終戦間際の帝国海軍が開発したロケット推進戦闘機「秋水」(J8M、実際には5機のみ生産)はそれよりグラマラスだが、長さは5m95cmで約2割短くゴールポストフレームのプロポーションには端正に収まる。これに近いサイズの走行ヴィークルは、5m84cmの長さをもつロールスロイス・ファントム(SWBタイプ)であろうが、まるで銀幕のようにも見えるゴールポストフレーム内では、芸術品然と聖化される。

　あるいはゴールを守るだけなら、身長7m20cmのキングコングが横に寝ている方が効果的かもしれない。一方、7m80cmの幅と3m50cmの高さをもつピカソの「ゲルニカ」だと、ゴールを覆い隠してしまうほど大きい。

　マルセル・デュシャンの通称「大ガラス」は、高さ的には2m27cmあるので、ボールは上を通過できず申し分がない。「秋水」の隙間を覆う草庵茶室のにじり口(開口部としては69cmの高さ、66cmの幅)は、それぞれフランスパンのパリジャン程度の長さであり、この開口部にはボールが9つ(全体の2.5%)入る計算だ。もちろん、京間畳(1m91cm×95.5cm)も座布団(55cm×59cm、銘仙判)もディフェンダーの非常時姿勢である。ニケがゴール審判なのかは定かではない。

　こうした作品を博物館の展示としてゆっくり歩いて見る場合には、ゴールポストの端から端まで、およそ30秒かかる(通常約15m／分くらいの速度だと言われている)。しかしそれでは試合にはついていけない。

1　サッカーゴール	5　デュシャン「大ガラス」
2　座布団	6　秋水
3　草庵茶室にじり口	7　サッカーボール
4　京間畳	8　サモトラケのニケ

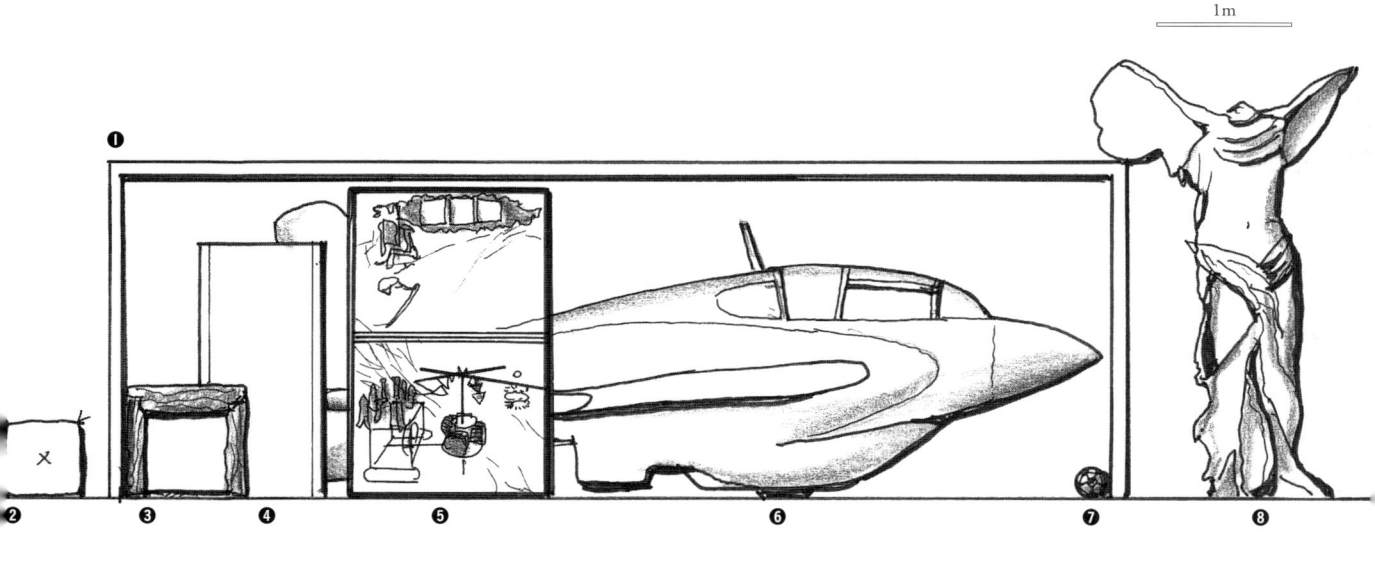

1m

13 覚醒するオフの渚
Seashore disillusioned in the off-season

渚の消波のためにコンクリート製のテトラポッドが蝟集している様子を遠望すると、あたかも海面に剥き出しになった珊瑚礁の化石が山積・遺棄されたように見える。4脚のユーモラスな形姿は、間近に接近したとたんに、そのサイズにかかわらず不思議に崇高にして圧倒的かつ超人的な土木スケールを感じさせる。

巨大な80トン型のテトラポッドは高さ5m、その単純なテクスチャーともども、いとも容易にわれわれのもつ風景の日常感覚を狂わせる。20トン型でも高さ3m、2トン型でやっと高さ1.5m、0.5トン型90cmとなる。幅2m、背上部高73cm、座板高36cm前後の公園用ベンチや長さ4mのスラロームカヌー、全長3m40cmのロータススーパーセブンS2と比しても、このスケール感は払拭されない。単一素材による沈黙的な表情のためだ。

スケール感は単にサイズという数字的問題でないことを、あらためて思い起こさせる。

80トン型の1本の脚、あるいは20トン型の高さでもある3mは、同時に、ミゼットの長さくらいであるが（305ccMPタイプ、それ以前のヘッドライトがひとつ目でほとんどバイクトラックのような250ccDKタイプの長さはひと回り小型で2m54cm）、これは名車スバル360やミニクーパーの長さ、バスの高さ、生物でいえばコモドドラゴンの全長やヘラジカの体長と同じで、これらのスケールの身体性や表情の饒舌さは、ある意味、われわれを安堵させる。変わったところでは、最長ミミズ（メガスコリデス・アウストラリス）の全長もほぼ3m強に達するし、また平板な渚に唯一の遠近法と寓意性をもたらし、渚の群像ならぬ王家廷臣の群像が描かれたベラスケスの名画「ラスメニナス（侍女たち）」の縦寸法も、ほぼ同じである（横幅は2m70cm）。

クルマも家具も競技ボートも、開発基本原理の中枢は軽量化だ。しかしこのユーモラスな渚の住人の原理は、むしろ重量化なのである。重さはスケールに顕在化するものなのだろうか？

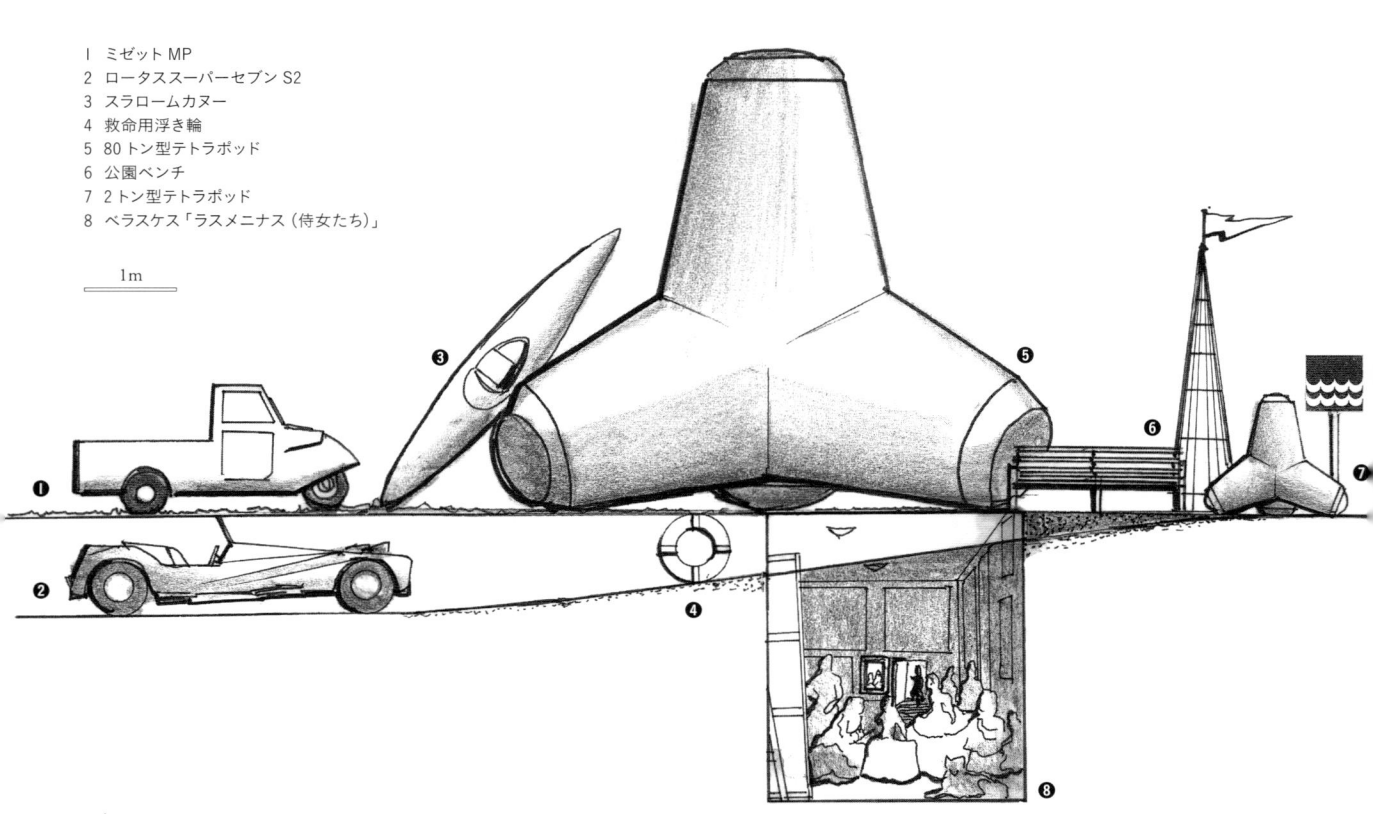

1 ミゼットMP
2 ロータススーパーセブンS2
3 スラロームカヌー
4 救命用浮き輪
5 80トン型テトラポッド
6 公園ベンチ
7 2トン型テトラポッド
8 ベラスケス「ラスメニナス（侍女たち）」

1m

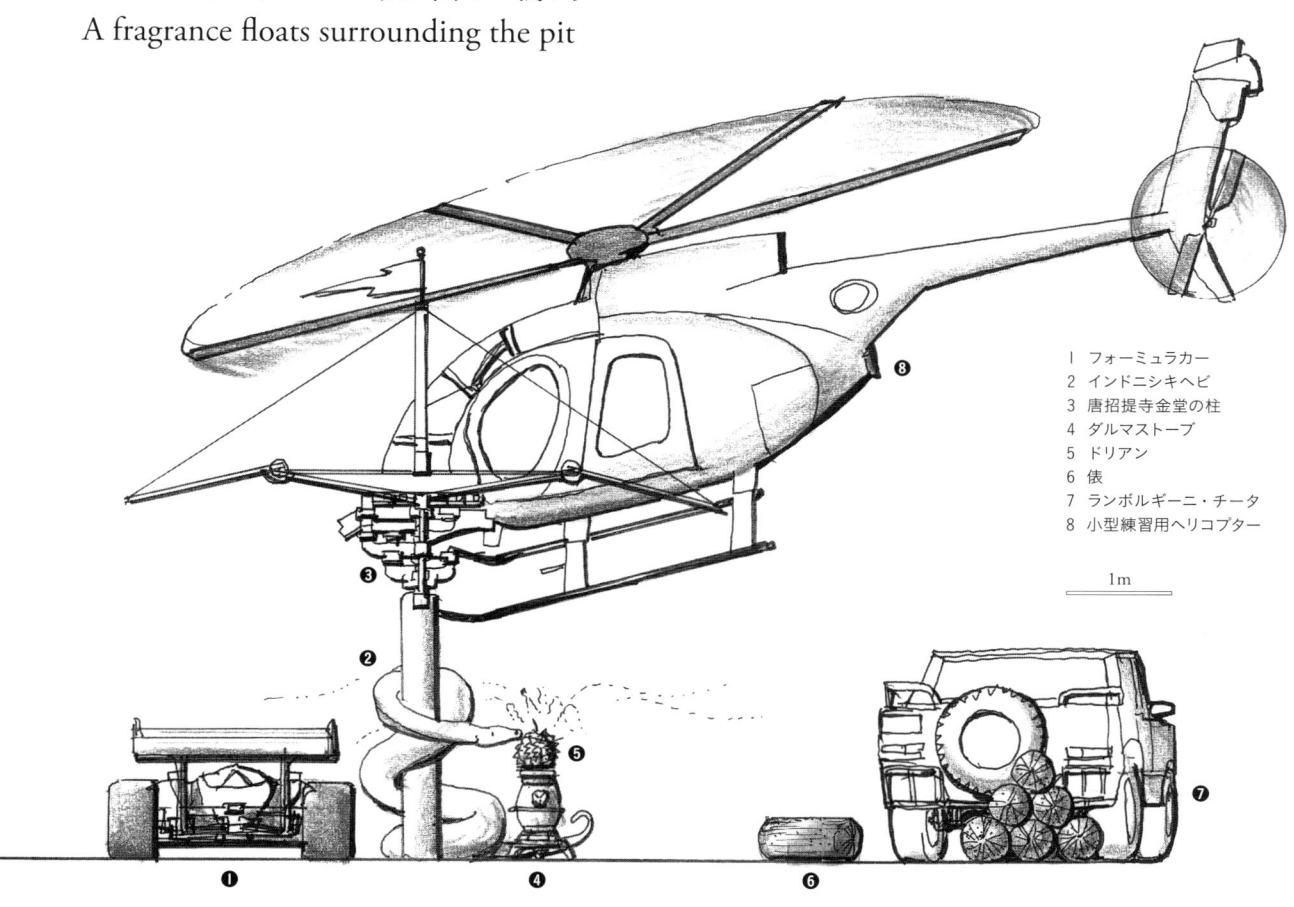

14 ピットには芳香が漂う
A fragrance floats surrounding the pit

1 フォーミュラカー
2 インドニシキヘビ
3 唐招提寺金堂の柱
4 ダルマストーブ
5 ドリアン
6 俵
7 ランボルギーニ・チータ
8 小型練習用ヘリコプター

1m

　化学兵器と間違えられそうなシュールストレミング（北欧の鰊の発酵食品）は、その缶詰——通常のものは、約7.4cm〜9.9cmの直径である——を開けると周囲約300mは臭気に汚染されるという。300m四方といえば、天安門広場の平場の大きさである（広場全域となると世界最大の880m×550mとなる）。発酵ガスでよく缶詰が爆発するあぶないしろものだ。それより優雅な直径25cm前後の果物の王様ドリアンは、十数メートルその芳香を漂わせる。

　ピットでは、昭和期によく使われた高さ75cmのダルマストーブ（7号型、胴張38cm——6号、7号、8号とあり最も出回ったもの）の上に香ばしきドリアンがのせられ、3m弱の唐招提寺金堂の持送り柱に巻き付いた全長6m（最長のタイプ）、嗅覚にも長けたインドニシキヘビがその芳香を嗅いでいる。

　6mは持送り柱の倍だが、京間3間四方の能の本舞台の1辺も、20フィート海上コンテナの長さも、ラファエロの「アテネの学園」の半円径も、さらにTVで放映された手塚治虫の「マグマ大使」の身長も6mである。

　小型の練習用ヘリは全長約9m、戦闘用のAH64アパッチヘリ（全長17.7m、胴体幅3.28m、高さ4.9m）の半分くらいだが、その十分の一の長さの山積みされた60kgの俵は、太さが直径40cmある。ちょうど秋刀魚の全長くらいだ。

　ピレリ社のフォーミュラカー後輪のトレッド幅は32.5cm（スリックタイヤ）、俵の後ろで静かに駐車しているランボルギーニ・チータ（ML002）は長さ4m90cm（通常のインドニシキヘビの長さ）、幅2m、高さ1m85cmである。巻き付き、転がり、回転するアニマをもつものの束の間の景観だ。

　この野外ピットには人気がない。ヘリの轟音が響き渡っていることは容易に想像されるのだが、高性能でアグレッシブなものたちは奇妙に安らいでいる。

15 幼稚園の前での記念撮影
Commemorative photograph in front of asilo

　北イタリア、コモの市街地に建つジュゼッペ・テラーニ設計のアントニオ・サンテリア幼稚園（1937年）は、まぎれもなく近代建築の傑作である。中庭の貫入やテラス、スロープ、付属施設などの突出はあるが、ほぼ43m角の平面が中心の鉄骨造平屋で、プランは卍型に空間の塊が配置されていることによって整序されている。地上からの高さは、基本が約6m。柱のスパンは8m×6.3mで、柱自体も30cm×60cm断面をもち空間の方向性を暗示するサインともなる。高さいっぱいまで使われたガラス面は、幅60cm、高さ1m／2mの枠で格子状にすべて統制され、清冽な内外の空間を生み出した。

　アントニオ・サンテリアはテラーニの前の世代になるイタリア未来派の天才的建築家（28歳で夭逝）で、同じコモの湖畔に、サンテリアの構想／テラーニの実施設計になる高さ30m強の戦没者慰霊塔がある。これは発電所や未来交通都市ターミナルを想起させるシルエットの、重厚だが力動的なモニュメントだ。幼稚園の軽快な雰囲気と大分違う。

　この幼稚園の正門の前で、ピカソの「ゲルニカ」（幅7m80cm、高さ3m50cm）と体長2m50cmのホルスタイン牛が並んで記念撮影を試みた。「ゲルニカ」内にも牛がいるが、頭のサイズはほぼ同じである。

　両サイドには撮影を助ける補助照明の装置が設置されている。左はプラハのユングマン広場にある高さ4m50cmのチェコキュビスムの街灯だ。キュビスム建築はプラハ（一時はパリでも）で展開したが、実際、キュビスムの体現者であったピカソとはあまり関係がない。だから少し離れて立っている。右は2m30cmの直径をもつスペースシャトルの噴射口だが、この噴射の光は撮影照明としては充分過ぎ、ハレーションを起こすのでただ置かれているだけだ。火炎の光はゲルニカの爆撃の記憶として、絵の上部にも描かれている。

　サンテリア幼稚園はモンテッソーリ教育の現場だ。教育家マリア・モンテッソーリは、幼児（園児）の視覚体験は原像となって必ず記憶の地層に残り、人生体験を開発する起爆剤になると言った。それはまさに脳の記念撮影なのだろう。ホルスタイン牛は、何となくそのことに気づいているようだ。

1　ユングマン広場の街灯
2　ホルスタイン牛
3　ピカソ「ゲルニカ」
4　スペースシャトルエンジン噴射口
5　アントニオ・サンテリア幼稚園

16 伝承モニュメントの廃園
Abandoned garden for legendary monuments

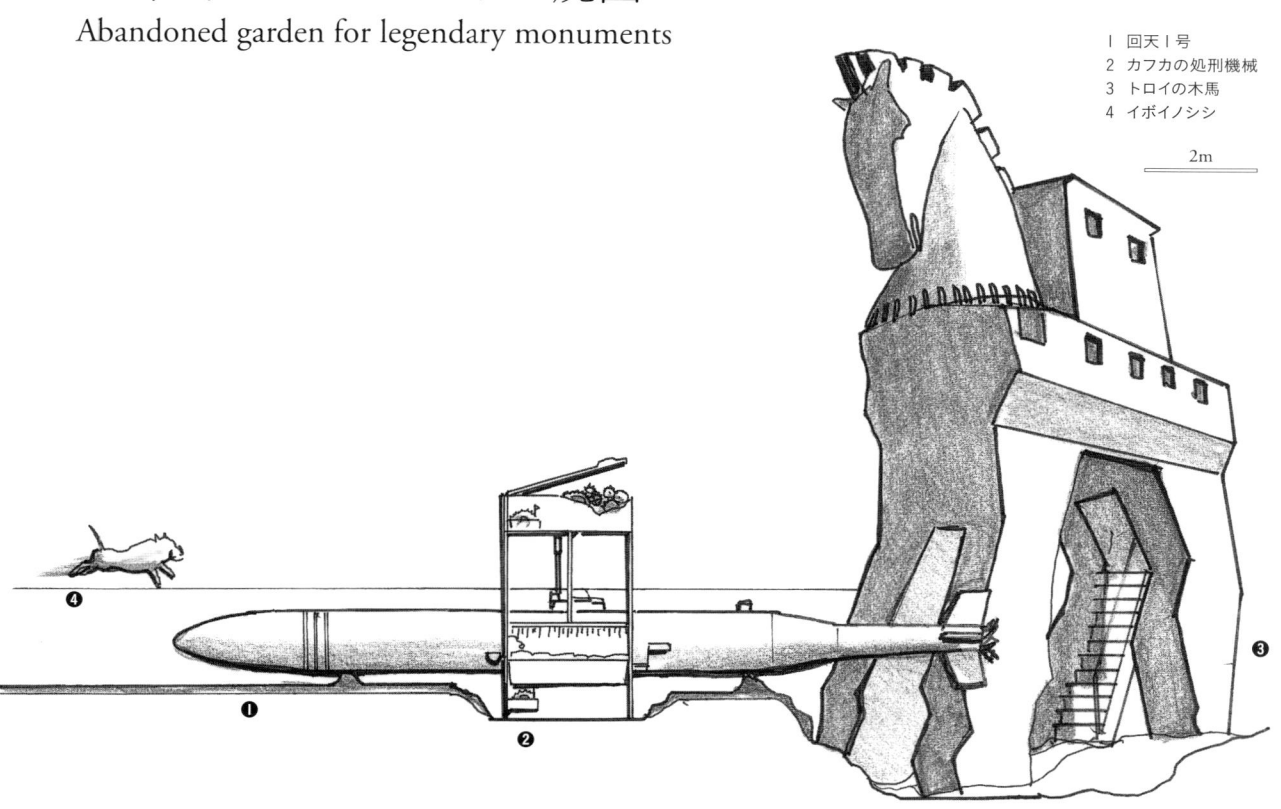

1 回天1号
2 カフカの処刑機械
3 トロイの木馬
4 イボイノシシ

　架空ではなく、おそらくどこかに存在する／したであろう伝承的なオブジェクトは、その時代や社会を鏡像のように映し出すドキュメントでもあったはずである。時代とともにその肉体は劣化し、亡骸化することはあったとしても、その神話力は朽ちることなくその強度を上げ、自己モニュメント化の道程を歩み始める。

　高さ4mあるフランツ・カフカの『流刑地にて』のアナクロな処刑機械は、罪人の体に正確な戒律の刻印をするための精密な装置になっている。この処刑機械とマルセル・デュシャンの「大ガラス」(題名は「彼女の独身者たちによって裸にされた花嫁、さえも」という不思議で意味深いものである。サイズは高さ約2m27cm、幅約1m35cm)との構造的類似性をミシェル・カルージュは『独身者の機械』で展開した。この中にはアポリネールやレーモン・ルーセル、ヴィリエ・ド・リラダンなどと共にアルフレッド・ジャリの『超男性』なども登場、この小説では自転車が小道具としてよく出てくるが、前輪が大輪 (直径1.5m) のペニーファージングは長さ1m70cm前後、5人乗り自転車は3m70cm強くらいだ。小説の舞台となったパリ～イルクーツク往復は約1万6000kmである。実際、現在までの平地の自転車最高速度に時速285kmというまさしく「超現実的（シュールレアリスティック）」なものもある。

　装置の機能が露出化する処刑機械に対し、人間魚雷「回天1号」は14m75cmの全長、1m直径の機能内在型のアナクロ機械として人間収納庫部分で互いに接合されている。「回天」は新生代第三紀の古代鮫であるカルカロドン・メガロドンや新幹線500系ノーズの長さである15mに近いサイズだ。

　イリオス陥落の装置でもあったトロイの木馬は、実は再構築されたものがトルコに存在する。高さは13m、もちろん人も内部に入れる。木馬の内臓は、戦闘機械と化した兵士というメカニズムだ。

　これら3体のモニュメントが棄却された荒野を、体長1m50cmのイボイノシシが疾走する。こうした舞台は、アフリカの何処とも知れぬサバンナがとても相応しい。ルーセルにちなんで、新しい「アフリカの印象」とでも呼んでおこうか。

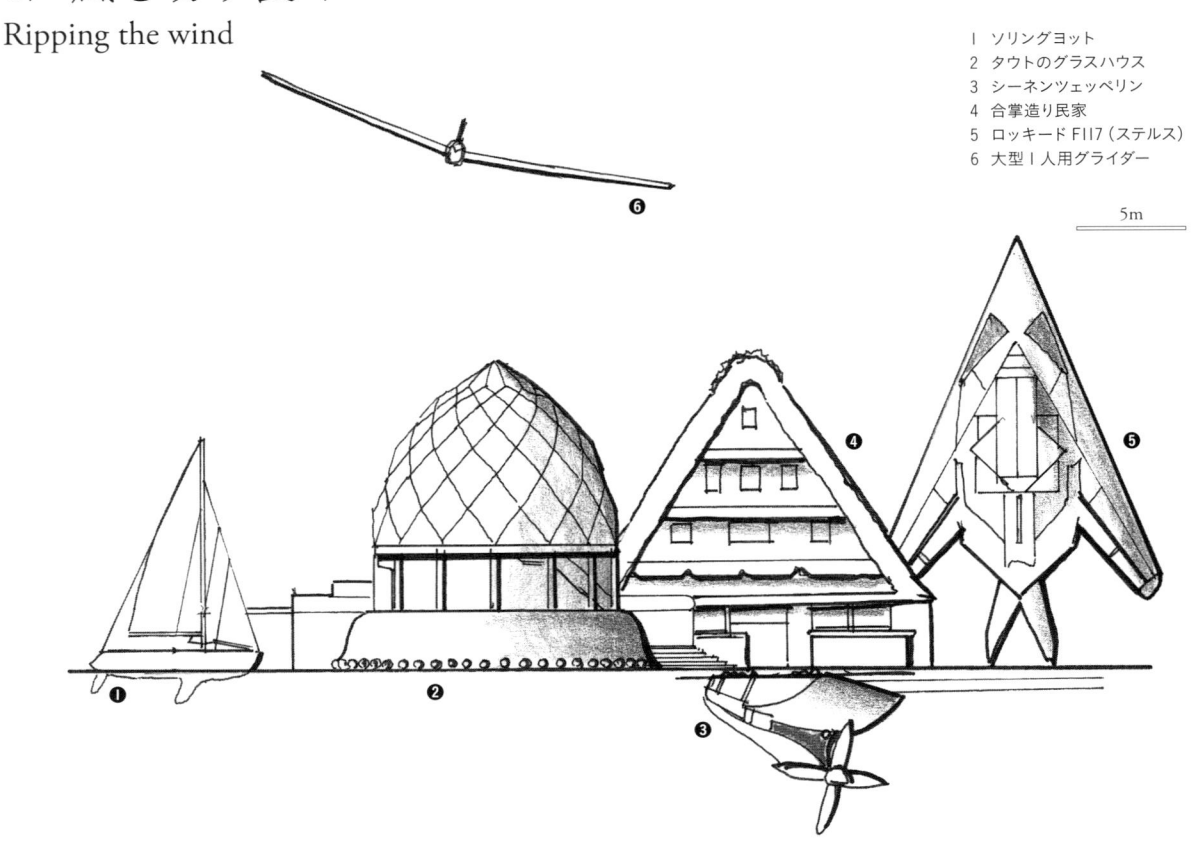

17 風を切り裂く
Ripping the wind

1 ソリングヨット
2 タウトのグラスハウス
3 シーネンツェッペリン
4 合掌造り民家
5 ロッキード F117（ステルス）
6 大型 1 人用グライダー

　風は見えない。風は空気の浄化循環や熱循環を促しエコロジーに寄与するが、ときとして他の自然現象と同じく猛威をふるう。自然は公平に恵みを与えるが、私欲で抗おうとする者を容赦しない、という公理がここにもある。風と渡り合う術は、あらゆる規範領域と時代を超え、多様化してきた。

　エアロダイナミクスは風（空気）抵抗に対する負荷削減と環境適合化の原理だ。また建物の場合は、地震力と同じく横力を発生させるのは風である。多くの尖った屋根は、雨仕舞いや重量構造的緩和などの実用性、それに記号としての象徴性があるものの、見えない風の力を背後に感じさせずにはおかない。

　1914年ドイツ工作連盟が主催したケルン博の「グラスハウス」（ガラス工業組合パビリオン）は、山や結晶を愛したブルーノ・タウトによって設計された。これは中越地方にある合掌造り民家と同じ14m強の高さをもつものだが、方向性のある風の負荷を減らす切妻のシルエットの民家に対し、全方位型の天に向かう鉱物的な表情が顕著だ。

　隣の上昇ポーズで立つステルス（全長19.4m）は、エアロダイナミクスに対してはやや消極的だが、それでも風を切るフォルムは温存している。それまでの戦闘機と異なり「エアロに対して消極的」なのは、「速く飛ぶ」「抵抗を抑えて燃費をかせぐ（航続距離を伸ばす）」よりも「レーダーに引っかからない」開発原理を優先させたためだ。つまり、レーダーという電波の風をよける形状なのである。フランスの都市計画家にして軍事評論家のポール・ヴィリリオは、エアロダイナミクス（空力学）からイコノダイナミクス（像力学）へ、という概念でそれを考察した。

　翼幅18mの1人乗りグライダーや、パルテノン神殿の柱高と同じサイズである10.4mのマスト高をもつソリングヨットなどは、その意味ではきわめてプリミティブであり、人間と風の交感を垣間見せている。バイオマス材、化繊材、ガラス材、ステルス材と、風との闘いは表面素材技術にまで及ぶ。鉄材でできたプロペラ列車である流線型の「シーネンツェッペリン」の先頭車両は、ユーモラスにその闘いを顕在化していると言えるだろう。

18 建物と兵器が横並ぶ
Building and arms stand side by side

　幅28m、高さ14mのファサードをもつリジッドな建物は、イタリア合理主義建築の雄テラーニ設計のコモのカサ・デル・ファッショである。戦後名前を変えカサ・デル・ポポロ（人民の家）となったが、近年ではカサ・デル・テラーニ、パラッツォ・テラーニと呼ばれている。平面的には、奥行き27mなのでほぼ正方形、その中に約12m角の中庭をもつ4階建てだ。力学を感じさせない透明な格子構造が支配する建物である一方、ファサードの大壁面はファシストのプロパガンダ広告にも頻繁に使用された。

　五箇山岩瀬家の合掌造りの高さは14.4m、モスクワ赤の広場のレーニン廟の高さは15mだが、カサ・デル・ファッショと見比べても、どちらがどのくらい大きいのかが判然としない。それはスケール感が、寸法やサイズだけではなく、そのデザインにも負っているためだ。

　14mというとリンドバーグが初飛行した「スピリット・オブ・セントルイス号」の長さでもあるが、横並びにして面白いのはナチスドイツが開発した兵器V2号（長さ14m、直径1.7m、正式には「A4」という名称である）

であろう。V2号は1トン爆弾を内蔵し、マッハ4の超音速で飛ぶ自動制御誘導ミサイルで、時速600kmしか出なかった無人戦闘機のような巡航ミサイル型のV1号（長さ約8m）の後に開発され、第二次大戦中、ロンドンをねらい撃ちにした高性能ロケットだ。ベルギーの人気マンガ「タンタン」の月旅行ロケットは、皮肉にもこのV2号をモデルにしたものである。

　なお、Vシリーズ——「V」はVergeltungswaffe（報復兵器）の略——でいえば、次のV3号はロケット本体よりもその発射機構がユニークな兵器で、ムカデ砲とか高圧砲と呼ばれ、150mごとに連続花火のような点火システムをもち、初速は秒速1500m（約マッハ4.4）にも達した。ロンドンを射程距離内に収めるフランスのミモイエークの丘に55度に角度をとった5連10組の地下発射台がつくりかけられたが破壊され、実際はV3号は機能しなかった。

　しかしそうした「建築」や「兵器」の機能を無化したものとしてカサとV2を見れば、どこかの科学博物館かと思わせるほど違和感がない。

1　V2号
2　カサ・デル・ファッショ

5m

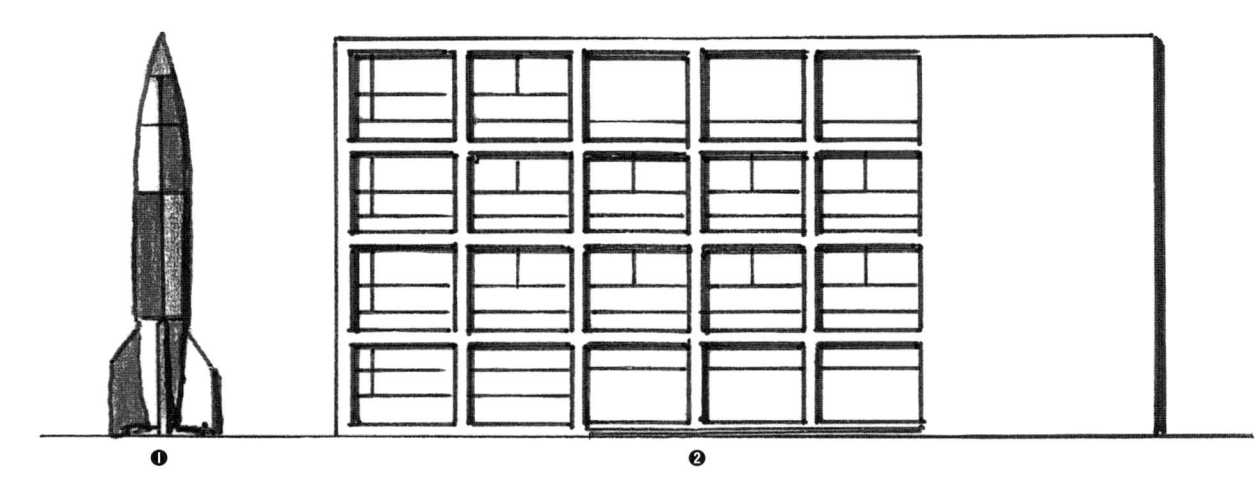

❶　　　　　　　　❷

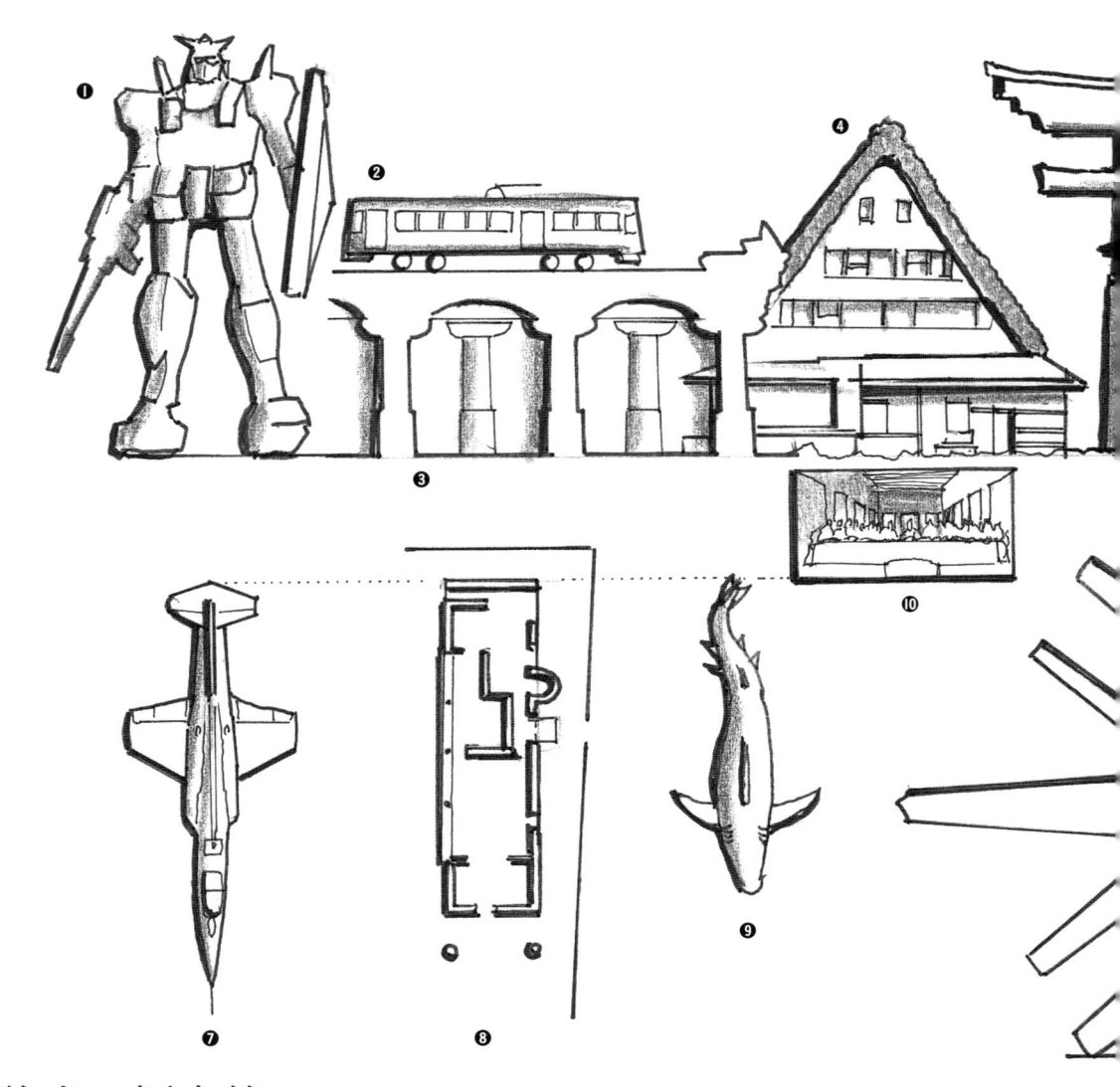

19 10m 後半の標本箱
Specimen case of the second half of 10m range

　10m 後半というスケールは、身体で直接的に感じることのできる極大寸法である。大人の身長の約10倍でもあるこの寸法を超えるや、人間は抽象的さらには記号的な感覚で巨大さを捉え始める。

　世界に多く存在する演劇の舞台が、実はこの10m後半から20m前後の内法をもっていることは意外と知られていない。パリのオペラ・ガルニエは間口16.5m、奥行き12mであり、パラディオ設計のヴィチェンツァにあるテアトロ・オリンピコのそれはそれぞれ20m弱、6m弱（だまし絵の舞台セット最深部までは約18m）、また半戸外の清水寺の舞台は、それぞれ18m、10m程度

だ。ロンドンのシェークスピア劇場の舞台は10m×7.5mだが、十六角形の客席が囲む直径17mの平場アリーナの中にある。

　つまり、10m後半は「身体的表象世界の境界線」としての寸法なのだ。現実世界で結界を形成する神社の鳥居や中心性を高揚する仏塔などの高さもこの寸法であり、著名なヴァチカンのシスティーナ礼拝堂の天井高（20m）もこの範疇に入る。この極大寸法は、恐竜を含む畏怖対象生物の最大グループサイズであり、「身体的スケール」であるが故に、近接して見る者を圧倒する。ストラスブールの天文時計（直径18m）、最大モアイ像（高さ20m）

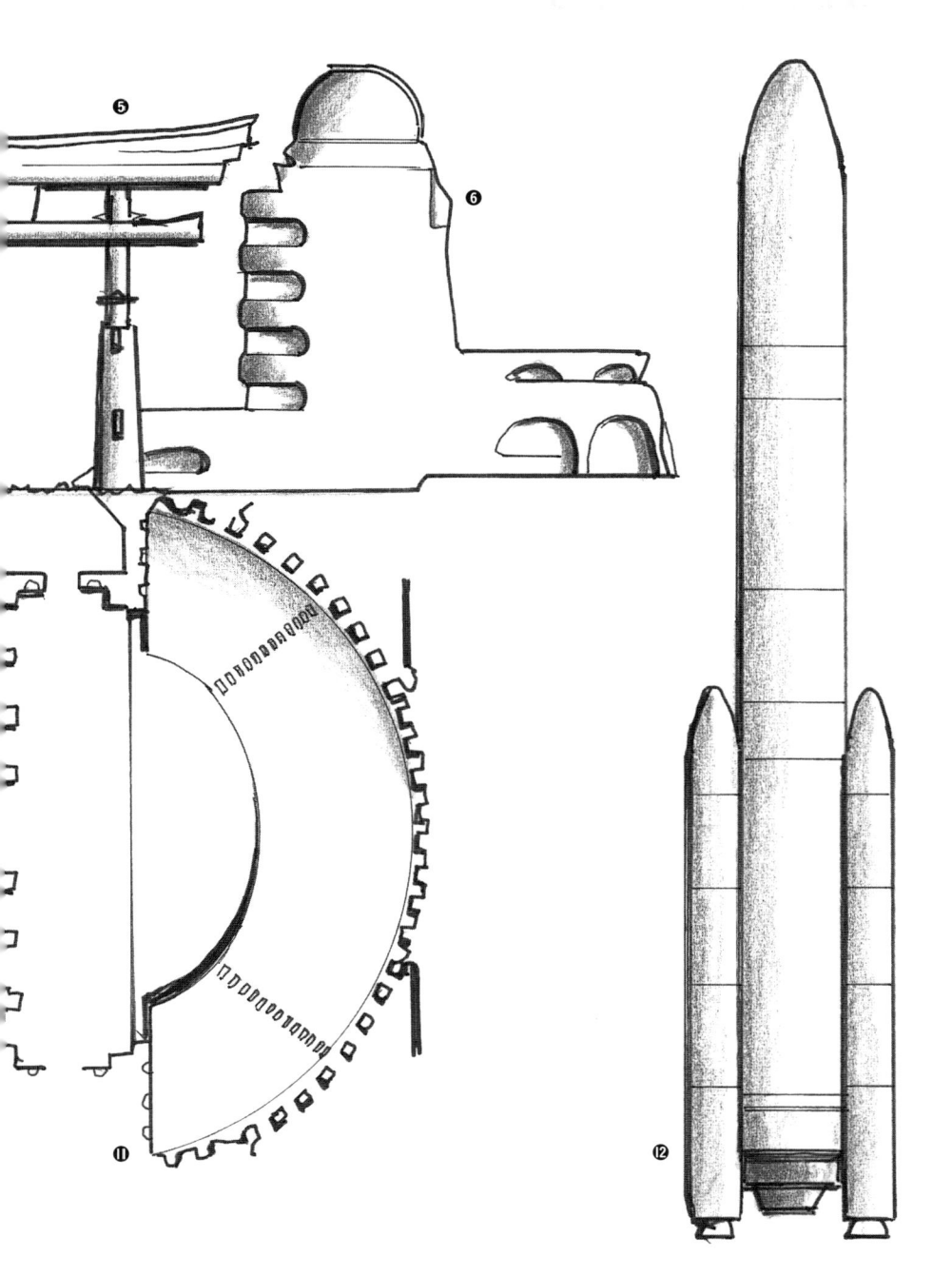

1 ガンダム
2 都電
3 グエル公園人工地盤大広場
4 五箇山合掌造り岩瀬家
5 厳島神社海上鳥居
6 アインシュタイン塔
7 ロッキード F104（スターファイター）
8 コルビュジエの小さな家
9 カルカロドン・メガロドン
10 ダ・ヴィンチ「最後の晩餐」
11 テアトロ・オリンピコ
12 H2ロケット

10m

も同類サイズであることは象徴的だ。

　ジェット戦闘機がその最適スケールとして18m前後の長さに収斂していることも面白い。スターファイター（F104）は17.8m、トムキャット（F14）18.6m、イーグル（F15）19.5m、ラプター（F22）18.9m、ラーストチュカ（MIG29）17.3mであり、架空のガンダムや鉄人28号、超合金NZに換わる前のマジンガーZの身長も18mとこの身体的極大のスケール感が重要視されている。

　しかし一方で、建物の高さとしての10m後半は4〜5階建てとして、最もわれわれに身近な「建物感覚」を誘う寸法となる。機械や生物では畏怖対象のスケールが、「ビルディング」として対象を慣習的に認識するや極めて親密な感覚をもたらす。すなわち、眼そのものではなく、脳で見ているのだ。ちなみに長い間人々に愛され続けているパリのサンジェルマン・デ・プレ教会や札幌時計台は、いずれも19m台の建築であるし、ポツダム近郊にあるメンデルゾーン設計の愛らしいアインシュタイン塔（天文台）やウィーン市街にひっそりと建つ形而上的な雰囲気をもったヴィトゲンシュタイン邸は18mの高さである。

20 神殿を横切るヴィークルの群れ
Groups of vehicles traversing the side of sanctuary

　パルテノン神殿は年月の老朽化を経ているが、原型は間口（横幅）31m、奥行き（長さ）70m、高さ20mで、アクロポリスの高さ50mをもつ丘の上にのっている。その神殿のファサードは、後のロールスロイスのフロントグリルにも、抽象化された形で使用された。この神殿が古典古代が生み出した技術の象徴であったとすれば、近代社会のそれは、高速で移動するクルマを代表とするヴィークルなのである。

　神殿の前を多種のヴィークルが通過しようとしている。地上を先頭きって走るのは、想定全長3m40cmの「ランドスピーダー」、「スターウォーズ」でもおなじみの浮遊して移動するヴィークルだ。そのあとに、全長4m70cmの前輪駆動の名車「SAAB900ターボ」、続いて「キャプテンスカーレット」で活躍する5輪タイヤとキャタピラを装備した7m62cmの想定長さをもつ「追跡戦闘車（SPV）」、最後尾は現在でもキューバで走っている全長18mの初代「ラクダバス（CAMEYO）」である。

　一方、空へと目を向ければ、「SAAB900ターボ」の直上に、小型旅客機である「SAAB340」（全長19.7m）、さらにSAAB37ビゲンの後継機である「SAAB39グリペン」（B型、全長14.8m）が並ぶ。周知のようにスウェーデンのこの企業は、自動車メーカーという以上に航空機と通信のメーカーである。ちなみに、イアン・フレミングが描くジェームス・ボンドが自国のベントレー、アストンマーチン以外で乗るクルマはSAABであった。

　変わり種は神殿後方を飛ぶ「ハッブル宇宙望遠鏡」だろう。長さ13.4m、4.3m直径の筒状の胴体に2枚のソーラーパネルを付けた形で、2.4mの凸レンズの主鏡を搭載しながら690kmの軌道を通常は回っている。この望遠鏡のおかげで、6500光年彼方の「創造の柱」（ワシ星雲＝M16）をはじめ、多くの宇宙的現象をヴィジュアルに経験することができる。

　これに遅れまいとアクロポリスの地中を突き進むヴィークルは、サンダーバード2号で罹災地現場に運ばれ活躍する想定全長18.3mの「ジェットモグラ号」である。

　これら動くノーブル・サベージは、その美的機能も含め、ギリシャ神殿のもつ本質と親和的である。

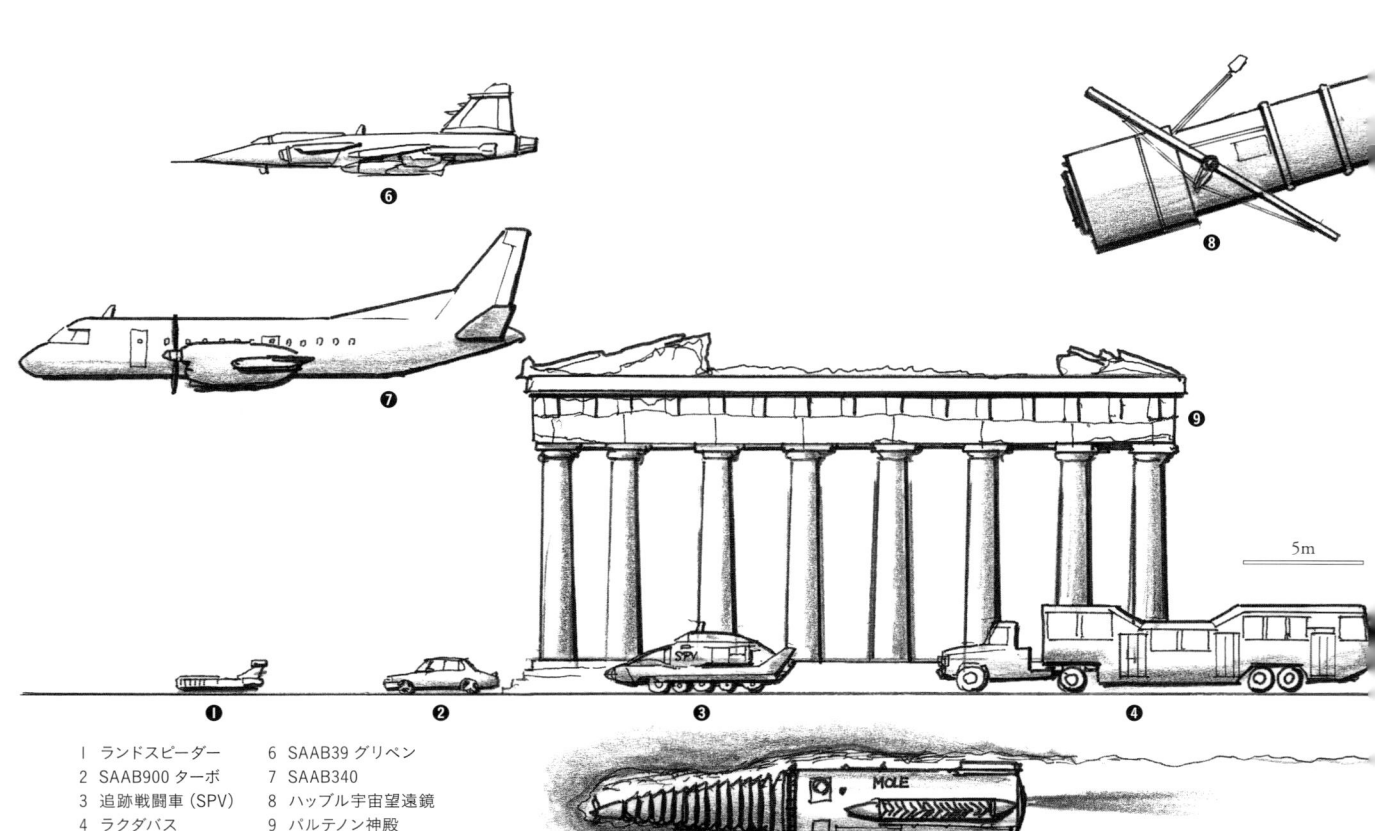

1　ランドスピーダー
2　SAAB900ターボ
3　追跡戦闘車（SPV）
4　ラクダバス
5　ジェットモグラ号
6　SAAB39グリペン
7　SAAB340
8　ハッブル宇宙望遠鏡
9　パルテノン神殿

21 スポーツ尺度の周回
Neighborhood of sport-yardstick

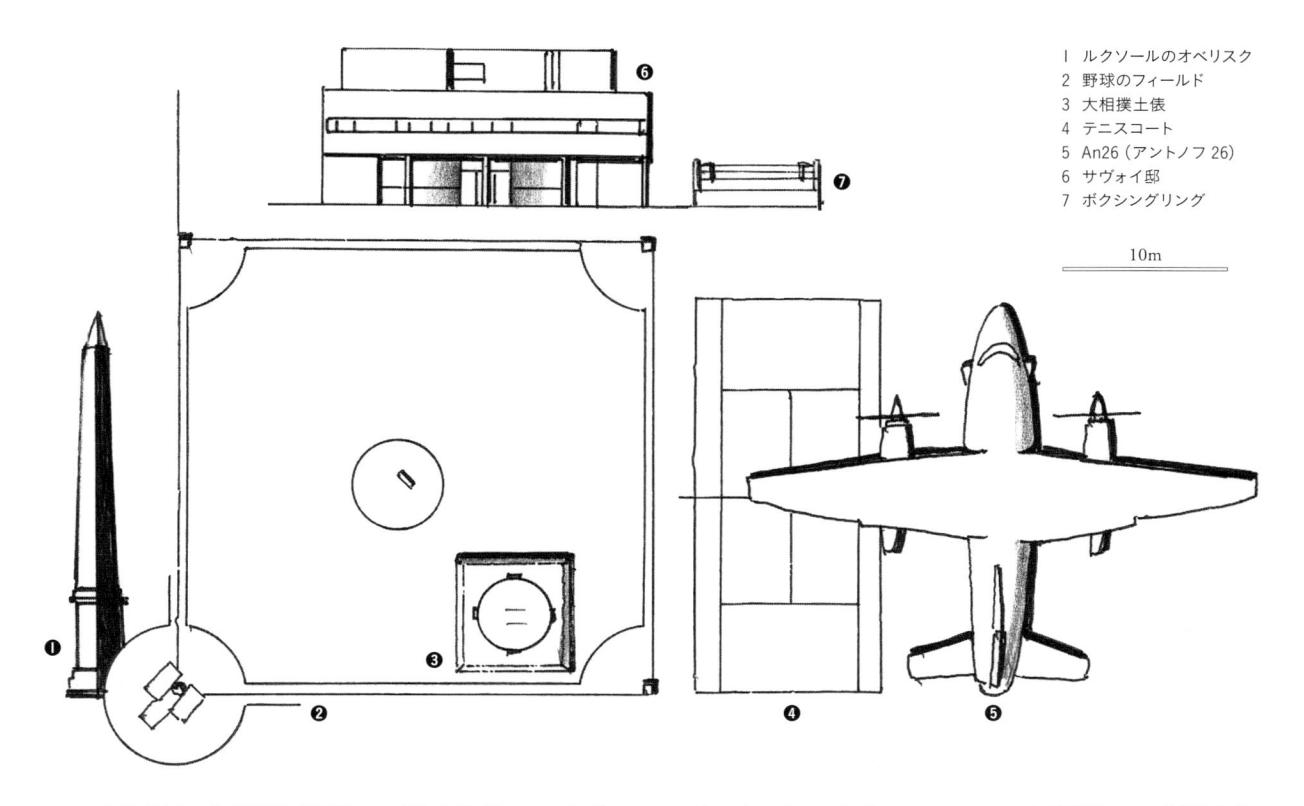

1 ルクソールのオベリスク
2 野球のフィールド
3 大相撲土俵
4 テニスコート
5 An26（アントノフ 26）
6 サヴォイ邸
7 ボクシングリング

10m

　寸法が何より重要な場面は、寸法自体がルールになっているスポーツで繰り広げられる。走る・跳ぶ・飛ばす陸上競技は言うまでもなく、ゲームスポーツはそのゲーム創造に最適な寸法ルールをつくりあげ、それがゲームの尺度にもなっている。

　野球は塁間距離 27.4m（90 フィート）、ピッチャーマウンドから本塁までは 18.44m（60.6 フィート）、バックスクリーンまでは硬式の場合は最低 110m など、その他にも数多くの寸法規定があり、その中で白熱の試合が行われる。野球をしたことがある者なら誰でも体が覚えているこの塁間距離は、新幹線 1 両（25m）より長いが、100 トンの烏賊釣り漁船の全長（28.5m）より短い絶妙な寸法である。道路幅員で言うなら、東京銀座の中央通り（25m）とマンハッタンのアベニュー（30m）の中間寸法になる。

　大相撲では土俵の直径は 4m55cm（15 尺）、隅切りの方形は 7m27cm 角、仕切り線の距離は 70cm、長さは 90cm で、野球と比べるとスケール感が大分違う。要素的には、大相撲の土俵のサークルは、ピッチャーマウンドのサークル（5.4m ＝ 18 フィート直径）の 2 割弱小さいくらいだ。

　テニスコートは縦 23.8m（78 フィート）、横 11m（27 フィート＋4 フィート 6 インチ×2）で、この縦寸法は小型双発輸送機である An26（アントノフ 26）の全長と全く同じだ。ただし実際のコートは、縦に 6.4m（21 フィート）、横に 3.7m（12 フィート）以上の余裕がなければならない規定がある。

　ボクシングのリングの外形は 7m 角前後、コーナーポストは高さ約 2m40cm。ル・コルビュジエはボクシングをする知的で、明るく、衛生的な新しい居住者像を描いたが、ポワッシーにある 3 層のサヴォイ邸（平面 19m×21.5m、高さ 9.5m）と比べると、下 2 層とデザインが異なる屋上層をのぞけば、ボクシングリングと立面プロポーション的には近いものがある。ロープも彼が好きな水平材の手摺を想起させる。

　言うまでもなく、寸法は競技スポーツの基盤だが、スケール性やドラマ性はそれぞれのスポーツ固有の属性なのである。

22 キーサイズとしての25m
25m as key size

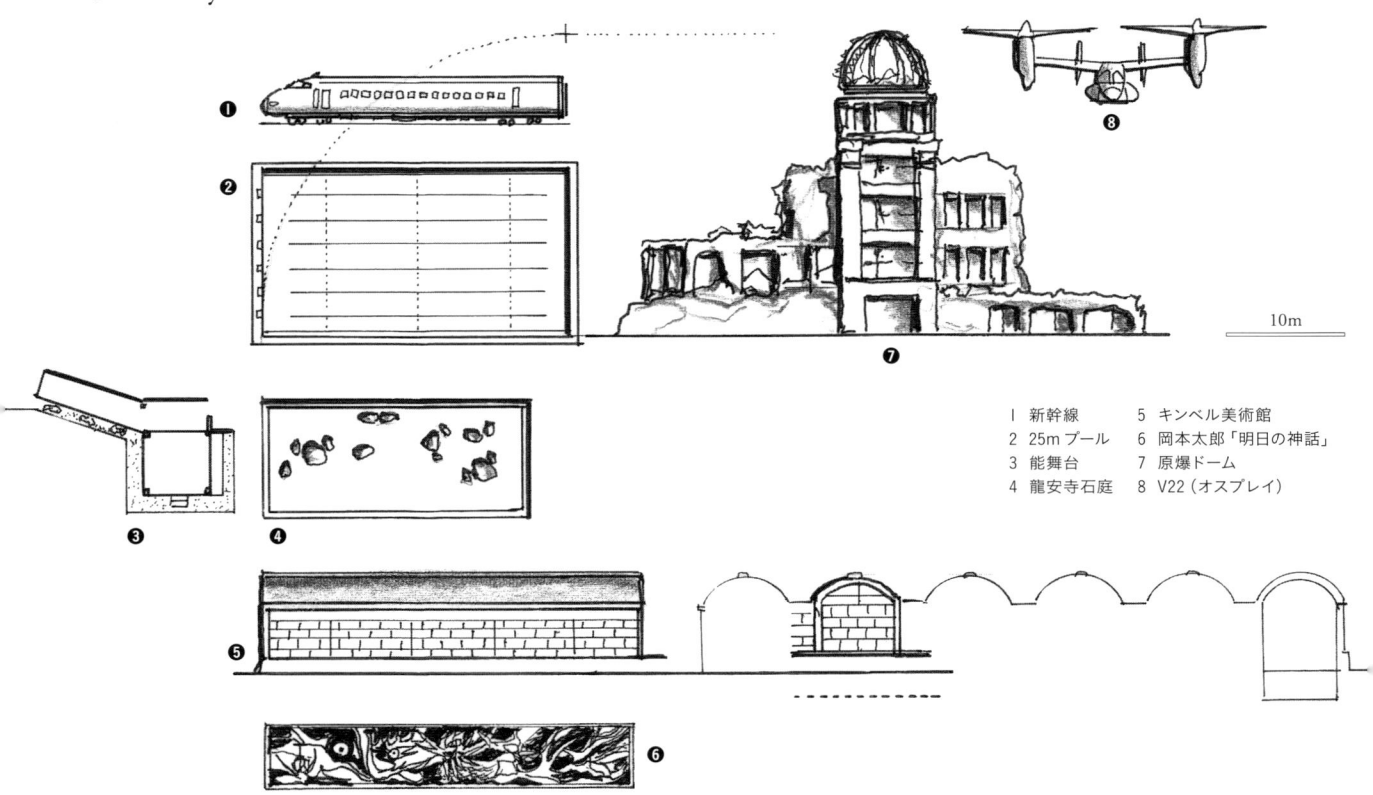

1　新幹線　　　5　キンベル美術館
2　25mプール　 6　岡本太郎「明日の神話」
3　能舞台　　　7　原爆ドーム
4　龍安寺石庭　 8　V22（オスプレイ）

　25mは身体性を超えた抽象的尺度の極小単位である。しかしその寸法やサイズは、社会的な場面で数多く遭遇するゆえに、「社会的スケール」「集団的スケール」あるいは「共同的スケール」の原器となるサイズだ、と言うことも可能ではないだろうか。

　最もわれわれがなじんだ25mは、言うまでもなく25mプールである。次は、新幹線1両の長さであろう（マグレブ・リニアモーターカーの1両も同じ）。これらはそれ自体は身体的寸法ではないが、日常的に想像することが可能なサイズである。

　京都龍安寺の枯山水の石庭は、幅22m、奥行き10mの長方形で、これは「10m後半」の「身体的表象世界の境界線」寸法のレンジと25mという「抽象的尺度の極小単位」をつなぐサイズであり、そこが宇宙的想像力を誘う場であることは実に象徴的だ。石庭の奥行きは、能の鏡板から後座、本舞台、そして白洲までの長さとほぼ同じで、観客と舞台の距離的関係性も相似的だと言える。

　25mは水平的サイズとしてはやや身体よりに偏向するが、垂直的サイズになるとより「社会的スケール」性が強調されるようになる。広島の原爆ドーム、昭和49年に再建された靖国神社の大鳥居、それにウルのジッグラトの高さはすべて25mである。寸法とは直接関係があるわけではないが、風速25mは情報行動上の臨界点のひとつである。「人生を左右する用事でもない限り、外出してはいけない」目安となっている。

　ルイス・カーンの名作、テキサスのキンベル美術館は、長さ30.5m、幅7mのヴォールト（長いアーチトンネル）構造体単位16本によって構成されているが、やはりこの長さになると「共同的スケール」の臨場感を感じさせずにはおかない。ヴォールト天井の高さは5m50cmで、車道用信号機の設置高さと同じである。同じく5m50cmの高さ、長さは30mある渋谷駅構内に展示された岡本太郎の「明日の神話」にしても状況は然りであろう。

　被爆とその悲劇から不死鳥のように立ち上がる人間文明は「明日の神話」でのテーマでもあるが、原爆ドームの間近を飛ぶ幅25.8mのV22（オスプレイ）（長さ17.5m、高さ6.7m、プロップローター直径11.6m）は、それをどのように可能にせんとするのだろうか。

山積みされたコンテナ、奇妙な張り出しテラスをもつ建物、航空機が並んでいる。

　航空機はすでに引退した戦後初の国産輸送機 YS11（1962 年初飛行）で、ロールスロイス製のターボプロップエンジン双発、全長 26.3m、全幅 32m、高さ 9m、最大航続距離 2200km。離着陸には約 1100m の滑走路が必要だ。この滑走路の長さは、トリノにあるフィアット・リンゴット工場の屋上試験走路（映画「ミニミニ大作戦」にも登場）全長とほぼ同じである。このジャコモ・マッテ・トゥルッコ設計、1911 年の建物は、近年レンゾ・ピアノによってメディアセンターに改造された。

　海上コンテナは 20 フィート型（長さ 6m、幅 2m35cm、高さ 2m40cm）のものが積まれているが、40 フィート型だと長さのみが 12m になる。20 フィート型で自重が 2.3 トンあり、それを含めた制限重量は約 20 トンである。なお、JR 貨物のコンテナは、12 フィート、20 フィート、30 フィートだ。

　建物屋上から体長 3m のヘラジカが、27.5m 片持ちで建物から飛び出たキャンチレバーテラスの端部にいる全長 15m のティラノサウルスに何やら話しかけている。片持ち長さが、YS11 全長よりも長いわけだ。徹底したモダニストで、ヴァルター・グロピウスとミース・ファン・デル・ローエのはざまでバウハウスの校長をやったハンネス・マイヤーによるこの建物は、バウハウスの創設された 1926 年に計画された。バーゼルのペーター学院である。

　空中の運動場のようにも考えられたステップする張り出しテラスの幅は YS11 の全幅と同じ 32m、テンションワイヤーで支えられているが、重量があり動き回る T-REX は動荷重が大きく問題だろう。コンテナとか輸送機があるから、おそらく学院の課外授業の内容はロジスティクスである。「機能×経済」というマイヤーの信条も、ロジスティクスの本質だ。

　その昔、百貨店と並んで学校が街で一番高い建物だった時代があった。そのとき学校は、背後の 34.5 m の高さをもつ神田のニコライ堂のように、ランドマークにもなっていた。その意味と楽しさを 2 匹の生き物は授業とは関係なしに満喫しているようだ。

23　課外授業
Extracurricular lesson

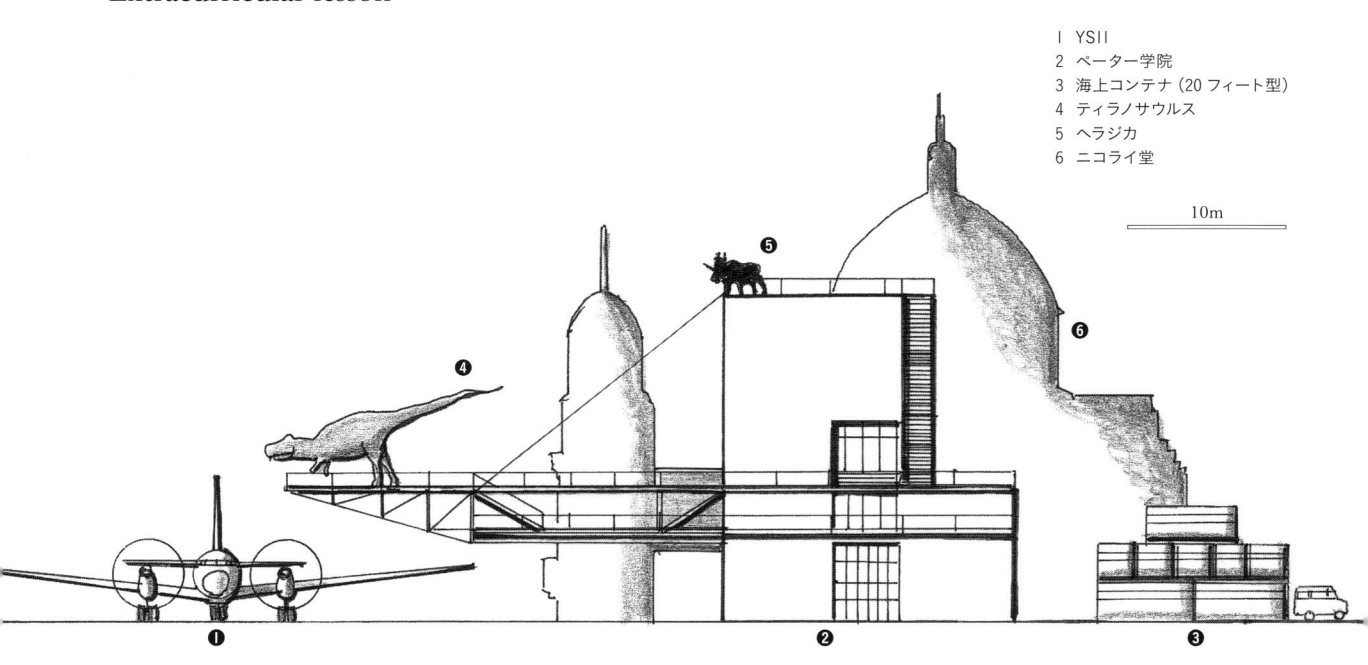

1　YS11
2　ペーター学院
3　海上コンテナ（20 フィート型）
4　ティラノサウルス
5　ヘラジカ
6　ニコライ堂

24 建築・芸術・軍事の射程距離
Range of architecture, art, and military affairs

　比喩的にも「射程距離」という概念を、建築とか芸術、軍事などに当てはめて考えたらどうなるだろうか。

　最も明快なのは軍事関係で、実際的でもある。戦時中ナチスドイツは実に多彩な兵器を考案したが、この常軌を逸したドーラ砲はすごかった。口径80cm、弾丸の長さは4m、砲身だけで32.5mある1000トンの列車砲だ。これは、パナマ運河を通航できる船の横幅（32.3m）やマッハ3以上出す超音速偵察機ブラックバードの長さ（ロッキードSR71-A、全長32.7m）、それに5層7階の安土城の高さ（33m）に匹敵するスケールである。射程距離は50km。なお、戦艦大和の口径46cmの主砲の射程距離は42kmである。後にこのドーラ砲を搭載したラントクロイツァーP1500という全長42m、全幅18m、高さ14m、1500トンのハイパー重戦車が、Uボート用2200馬力のディーゼルエンジン4基を動力として構想されたが実現していない。

　ドーラ砲の横に建つのは、ルーマニアのトゥルグ・ジウにある高さ29m、芸術家ブランクーシによる「無限柱」である。これは塔でもあるが、通常の塔と異なりいわば「塔らしさ」つまり先端を細めて天を穿つ身振りがなく、天そのものと直結し、無限の連鎖をもつ表情がユニークだ。

　インド、ジャイプールには1728年頃から数年にわたり、天体観測と時間観測の測量基地（ジャンタル・マンタル）が造営されてきた。建築的測量機が群生する景観は、まことに見事なものである。中でも最も大きいものが、この高さ27mの日時計（グレイト・サムラット・ヤントラ、「ヤントラ」とはヒンドゥー教で瞑想補助の道具として使う象徴幾何学図形の図像のこと）で、太陽がつくり出す影によって、誤差2秒以内で時を計測できる。多種類の測量機は、太陽・月・星の位置、高度、方位、子午線の通過時間、さらには占星術上の計測なども行われた天体との交信装置であった。

　こう見てくると、軍事・建築・芸術の順で、地球・天体・無限と「射程距離」の長さが大きくなっている。それはそれぞれの規範領域が日常的にもつ想像力のレンジにも符合している、と言えるかもしれない。

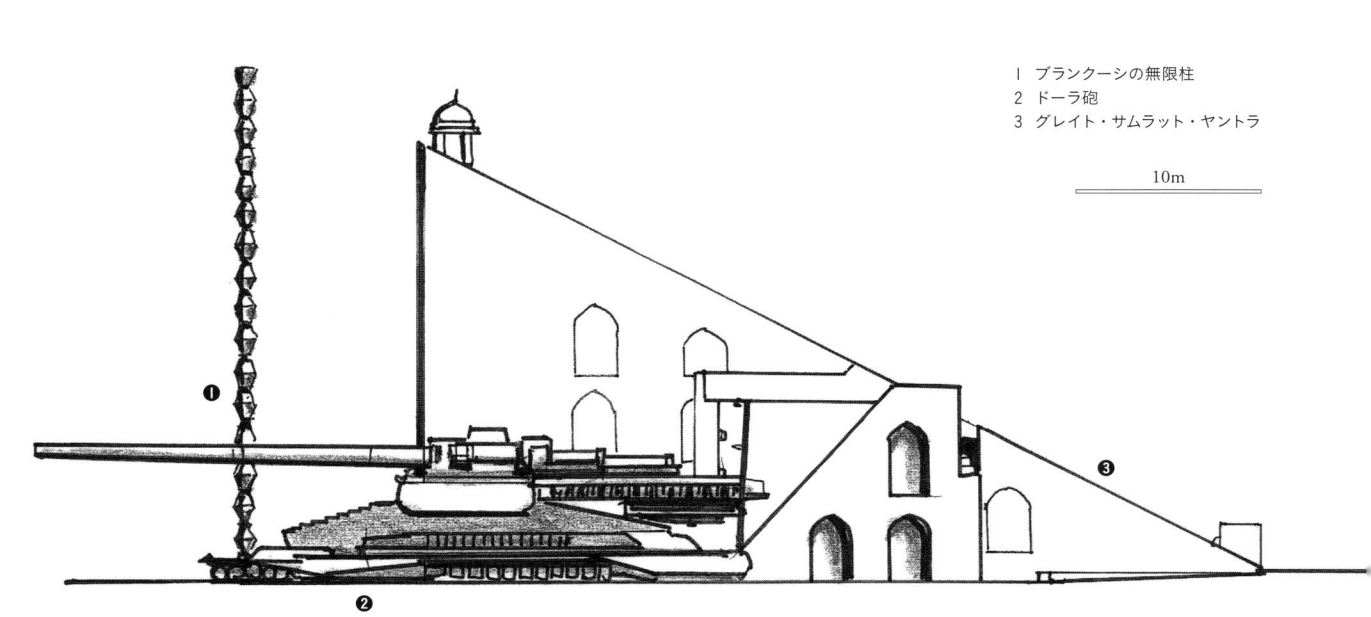

1　ブランクーシの無限柱
2　ドーラ砲
3　グレイト・サムラット・ヤントラ

10m

25 正倉院と救助隊
Shousouin treasury and International Rescue

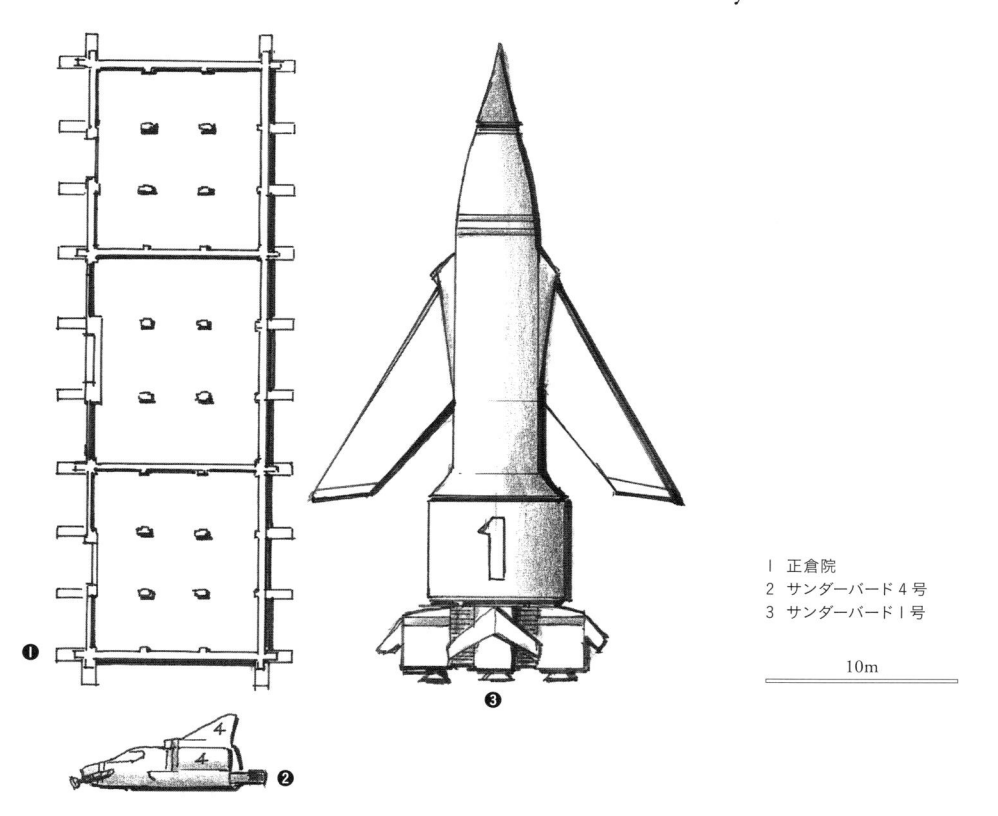

1 正倉院
2 サンダーバード 4 号
3 サンダーバード 1 号

10m

　奈良東大寺に付属する正倉院は、759年に建立された校倉造りの大型収蔵庫（宝物殿）として有名である。高床式は近代のピロティでもあるが、檜の三角材による壁面構成によって、湿度と通風に対し優れた性能を獲得した。

　この建物は、測り方（庇をどうするかなど）による若干の偏差はあるものの、間口は約34m、奥行きは約9mである。間口の長さは東大寺金堂の間口の6割弱で、ラ・トゥーレット修道院の中庭の長手長さ、七不思議にあるロードス島のコロッソス（巨像）の高さ、「凍れる音楽」と称されるシャルトル大伽藍の身廊の天井高さにほぼ等しい。生物でいえば、最大竜脚類であるアルゼンチノサウルスの全長に匹敵する。

　奥行きの9mは、一方、ステゴサウルスの全長であり、サンタ・マリア・デッレ・グラツィエ修道院にあるダ・ヴィンチの「最後の晩餐」の横幅（高さは4m20cm）や富士山頂にある測候所のレーダードームの直径、また吉原のお歯黒どぶ（外周堀）の幅員などにも近い。

　ピロティ部分の天井高は、正倉院の場合2.5mとかなり低い。確かに人はその空間で活動可能だが、これはピロティというよりもむしろ拡大した縁の下、という方が機能的問題も含め適切だろう。ちなみに丹下健三が設計した広島平和記念陳列館——こちらは「被爆」と「瓦解」の宝物殿だ——のピロティの階高は、和船の長さにも匹敵する6m50cm（正確には、6498mm）で、彼はその階高を「社会的スケール」と呼んだ。個人としての人間ではなく慰霊に集まる群衆に対応するスケール、というわけである。なお、陳列館の大きさは、正倉院の約2.3倍の間口約80m、奥行き約20mの直方体である。

　しかし、もし国際救助隊「サンダーバード」に対する知見があるなら、間口はサンダーバード1号（VTOL型高速の偵察・指令機）、奥行きはサンダーバード4号（水中救助機）のそれぞれの長さと一致するのに気づく。またそのように並べてみると、まるで正倉院も方形をしたひとつの高性能ヴィークルのようにも見えてくるから面白い。

26 童話世界の門へ
For the gate leading to fairy world

　アリスの不思議の国の前奏となる建築的舞台の風景が広がる。

　階段を上るとまず高さ30m前後のバルビエの「廃墟の柱の家」に着く。これはパリ郊外にあるド・モンヴィル伯爵が造営したデゼール・ド・レという庭園内のモニュメントで、実際6層の住居としても当時機能したものだ。新築の廃墟であり、もしこの柱が完全な形で柱頭まであるとすれば、その高さは120mに及ぶと言われている。こうしたフリーメイソンの庭園では、個々のパビリオンは野外オペラの舞台装置にもなっていて、それらの間を継起的に「プロムナード」が縫合する。「プロムナード」はいわば歩行回遊する客席のようなもので、ディズニーランドのライドの役割にも近い。

　ここでの「プロムナード」は、アッピアの舞台のように、階段状に上昇していく。隣の高さ44.5m、ウィーンセセッション風のタワーは、マチルダの丘、ダルムシュタット芸術村に建つオルプリッヒ設計のルードヴィッヒ大公結婚記念塔（1907年）、そして背後にある地下に一部潜った壁は、世界最大級のシャーロット・モーター・スピードウェイの超巨大スクリーン（横幅61m、高さ24m）である。このスクリーンには、現在、ロシア構成主義者レオニドフによる200m超級タワーをもった重工業省計画の映像が仰角的に映し出されている。

　重工業省というとかたい感じがするが、クレムリンと対立調和しつつ、月を仰ぎ、説話的かつ幻想的なランドスケープが創造された。近代建築史に埋もれたこのヴィジョンの横を過ぎると、土に埋もれた全長12m、白亜紀前期のアマルガサウルスの化石、その上の踊り場には、オルデンバーグの直径3.5mの「プールボール」が発見できる。TV映画「プリズナーNo.6」のローヴァーと呼ばれた球体の2倍ほど径が大きいが、そのヴィレッジのロケ舞台、クロー・ウイリアムズ卿の理想郷でもあった約300m四方のウェールズのポートメイリオンホテルの迷宮的な庭園でも、童話的景観の中を白い球体が走り回っていた。

　頂上の門は、ムソルグスキーの「展覧会の絵」の終曲「キエフの大門」（高さ26m）で、これは彼の友人である建築家ヴィクトル・ハルトマンの構想したものだ。しかしこれはフィナーレではなく、始まりのモニュメントで、すでにアリスは門の奥の世界を旅している。

1　廃墟の柱の家
2　ルードヴィッヒ大公結婚記念塔
3　巨大スクリーン
4　オルデンバーグの「プールボール」
5　アマルガサウルスの化石
6　キエフの大門

5m

27 架橋の喜び
Pleasure of bridging

1 日光神橋	5 錦帯橋
2 リアルト橋	6 ガラビ鉄道橋
3 空想のリアルト橋	7 聖橋
4 ポンテ・ヴェッキオ	8 明石海峡大橋のコンクリートケーソン

20m

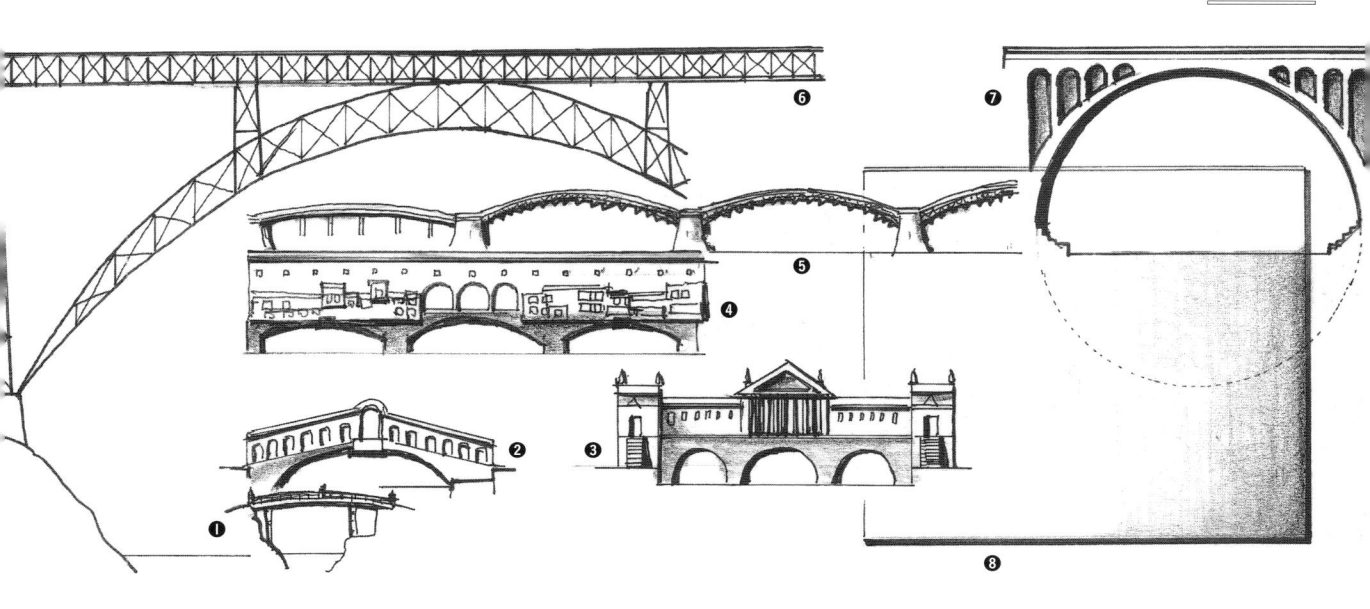

　橋は何かと何かをつなぎまた隔てる境界的な建造物である。異なる世界への移行をしるしづける。そして同時に、橋は境界性を顕在化する。境界性のあり方は文化的属性でもあるから、美しい橋はその社会環境の豊饒さと正比例する。

　大谷川に架かる長さ28m、幅7.4mの日光の神橋（蛇橋ともいう）は、聖と俗の結界を形成する石造橋脚の木造アーチ橋である。同じ三奇橋でいえば、岩国の錦川に架かる5径間木造アーチ橋である錦帯橋は、長さ194m（1スパン39.7m）、幅5m、橋面長210mであり、山梨の桂川に架かる猿橋は、長さ31m、幅3.3mの珍しい刎橋である。現在日本橋は長さ50mだが、初代日本橋（1603年）の長さは78.2m（43間）に及んだ。

　橋自体が芸術的な装いをもつ典型は、商都ヴェネチアのリアルト橋（長さ48m）であろう。当時、画家カナレットがヴェネチアの栄華を喧伝するために、パラディオの3連石造アーチ橋構想をコラージュした景観図を描いたが、そこには重要な名所的都市施設として橋を考える思想が垣間見れる。一方、フィレンツェのポンテ・ヴェッキオ（長さ84m）では橋の上に界隈までも創造され、その上屋にはウフィッツィギャラリーと接続した空間が生み出された。その賑わいは夜、アルノ川の水面を明るく照らし、都市景観に比類なき奥行きと美を与える。「境界性の顕在化」であるばかりか、橋による周辺環境資源の活性化も行われる。長さ73m、幅22mのお茶の水の聖橋（ニコライ堂と湯島天神の2つの「聖」を方位的に結ぶ）は、そのアーチの半円を神田川に映し、その円から富士山を望むようにも考えられた。北斎の「七橋一覧の不二」（富嶽百景）、「尾州不二見原」（三十六景）の情景だ。

　しかし超大化すればするほど、橋は自らのエンジニアリングを聖化する表現をとり始める。エッフェル設計のガラビ鉄道橋（長さ448m）、ブルックリン橋（長さ1800m）、ゴールデンゲートブリッジ（長さ1966m）、世界最大の明石海峡大橋に至っては、橋脚スパンは1海里（1852m）を超え実に1991m、主塔の高さは300m、コンクリートケーソンは80m直径、70m厚みという「自然」のスケールに近づく。そして神へ漸近する橋は神格化された景観となって、その姿を世界に投錨していくのだ。

49

28 ドームの中の神秘
Mystery in the dome

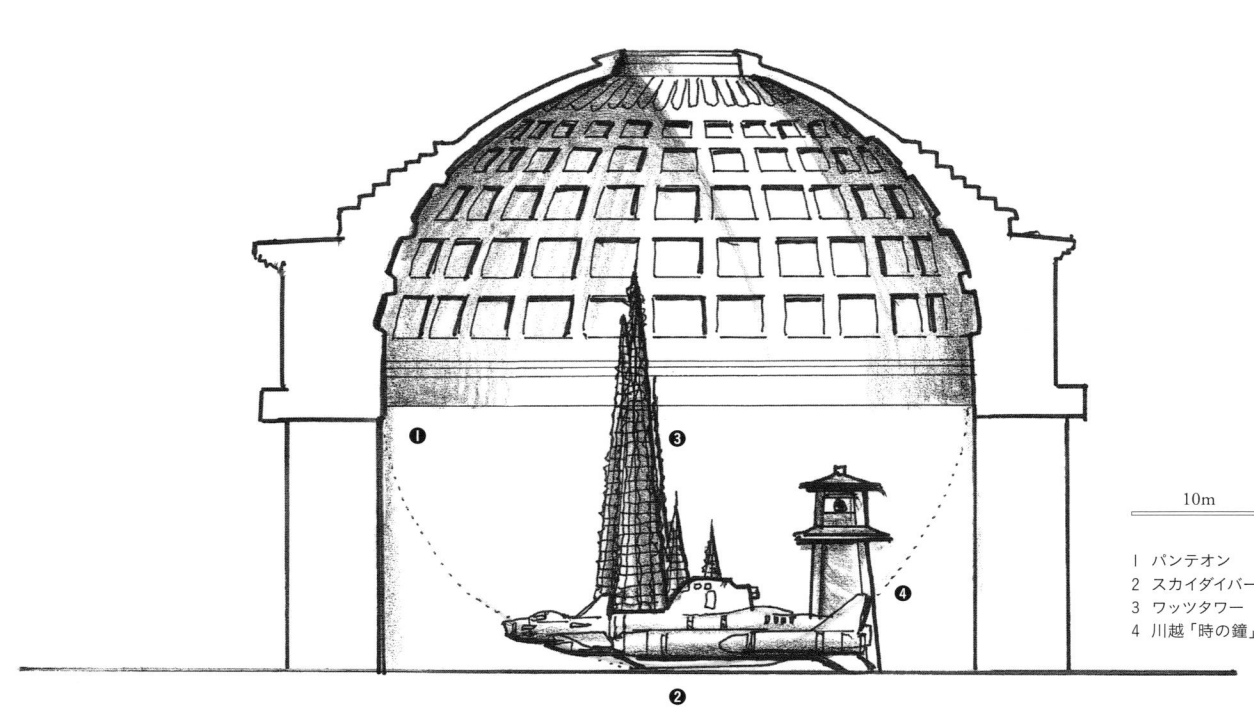

1 パンテオン
2 スカイダイバー
3 ワッツタワー
4 川越「時の鐘」

　ローマのパンテオン内部には、直径43mの球が内接する。それはドーム天井の半球直径そのものであり、最頂部の高さだ。赤道より下部は筒状のインテリアになる。その頂部には直径8.9mの円形の穴が穿たれ、天上から外光がさしこみ、ドーム内部にえも言われぬ光と影の模様をつくり出す。

　今、この床には不思議なファブリック（意味や雰囲気を生産する物的要素——もともと18世紀絵画世界で使われた概念）が安置されている。川越の「時の鐘」は16mの高さをもつが、この高さ前後の宗教的装置は多い。厳島神社の海上鳥居の高さは同じく16m（軒の長さは24m）、室生寺五重塔の高さは16.2m、会津若松の栄螺堂（木造の二重螺旋斜路を直径6.3mの堂内にもつ奇構）は16.5m、石山寺の多宝塔の高さは17.2mである。

　アメリカ国定歴史記念物にも指定されているサイモン・ロディアによるロサンゼルスの「ワッツタワー」は、イタリア移民ロディアが1人で1921年から33年間でつくりあげたユニークな手づくりの鉄の群塔だ。全部で14の塔があるが、その最も高いものは30mもある。

　スカイダイバーはTVドラマ「謎の円盤UFO」に登場する人気の高い高性能迎撃潜水艦で、27.55mの長さ（野球の塁間距離＝27.4mよりやや長い）、6人乗り。先端に外付けの超音速戦闘機スカイワンが着脱するようになっている。なお、同じような飛行体を外付けではなく内蔵したものとしては、原潜出現前まで最大規模を誇った122mの長さをもつ伊400潜水艦（水上機「晴嵐」——長さ11.6m、幅12.3m、高さ4.6m——を内蔵）のように巨大化せざるを得ない。架空の「原潜シービュー号」（船首下に「フライングサブ」を内蔵）にしても、長さは124mほどの想定だ。

　「時の鐘」「ワッツタワー」「スカイダイバー」がなぜ、パンテオン内部に同居しているのか、その理由はない。コラージュ効果が期待されているわけでもない。ただ、あらゆる類推と因果を逃れ始めたときに、「神秘」が訪れることは確認できる。

29 魔性と畏怖が共存する
Devilishness coexisting with sublime

　都市の街区を開削し、新しい都市動線を生む。その動線の両側には商店やショーウインドーが立ち並び、天井には明るいガラスの屋根がかけられる。その天井はだいたい2階から4階分の高さをもつ。外界の道路からその動線に入る部分には立派なゲート装飾を施す。そしてその動線を逍遥する新しい都会人のライフスタイルが生まれる。19世紀に誕生したパサージュとは、そんな感じの公共回遊路であった。最古のパサージュは、ブリュッセルにあるサンテュベールのパサージュで、天井高さは18m、長さは200m強だ。

　一方、ミラノにあるヴィクトル・エマニュエルⅡ世のパサージュ（通常、ミラノのガレリアとも呼ぶ）は、天井高さが30m あり、パサージュ内観も古典様式の壁面、精巧な天井ガラスと鋳鉄細工の組み合わせ、床のモザイク模様、随所にしつらえられた豪華な彫像や装飾に囲まれた素晴らしい都市空間を形成している。幅員14m、190mと110mの長さの半戸外街路が、十字形に交差する。交差部の八角形部分は半径19mの円が内接する広さだ。その入口はミラノの象徴であるドゥオモ（高さ108m、間口93m、奥行き158m）とその前広場に直結し、庶民的な場でありながら宮殿にも似た華麗な環境性をもった名所だ。スタインベルクをはじめ、多くの画家やイラストレーターは、このガレリアの風景を描き、都市の多様なコミュニケーションの楽しみを表現した。

　サマラのミナレットは、470m×400m の聖域緩衝帯の中で250m×170m の大モスクに付属し、「マルウィーヤのミナレット」とも呼ばれる。通路の幅が一定のアルキメデス螺旋の形状をしているが、バベルの形を最も残している塔だという意見も多い。高さ54mで、H2ロケットよりやや背が高い左巻きの螺旋塔だ。似たような環境にあるバーミヤンの石仏（タリバンによって一部破壊）の高さは55mである。こうしたスーパースケールは、崇高や畏怖という感興を人々に催させる。

　福島第一原発でも使用されたマークⅠ型原子炉は、日常的には不可視だが、実際、これらの建築物と同等のスケールをもっている（高さ33m）。この神の火が燃える人智を超えた装置にも、同質の魔性を感じさせずにはおかない。

1　ミラノのガレリア
2　マークⅠ型原子炉格納容器
3　サマラのミナレット

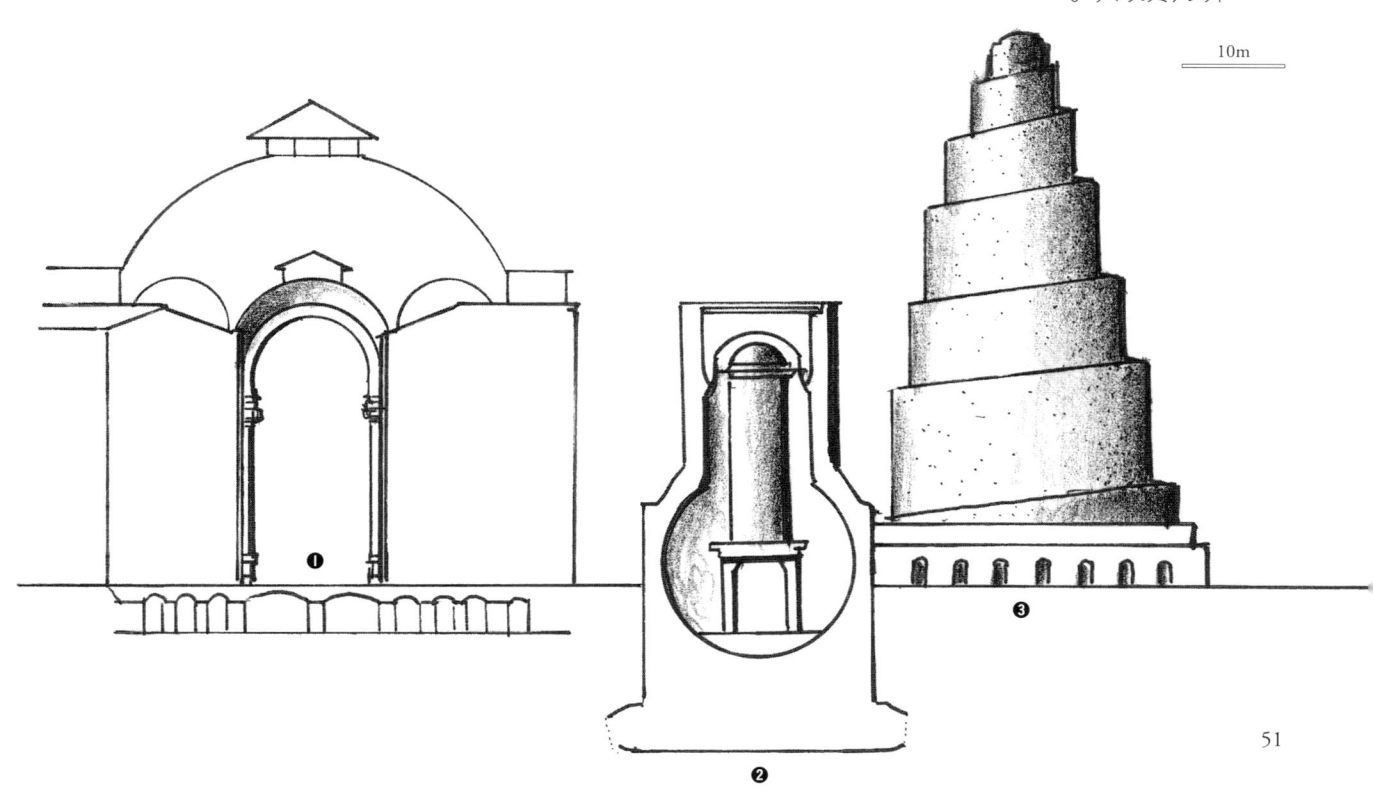

30 湖の楼閣と百尺寸法
Lookout beside the lake and the measure of one hundred shaku

　東京の皇居回りや中央通り回りのビルには、いまだ百尺（31m）の高さをもつもの、あるいは百尺を基壇としてデザイン的には異質なものをその上に重ねるものが多い。百尺の高さ規制は、1919年市街地建築物法により規定され、以後約50年間継続された（住宅地ゾーンは65尺＝20mの高さ制限）。しかし容積効率などをのぞけば、この百尺のスケール感は、都会では最適化されているようにも見える。もともと英国の100フィート高さ規制から由来するため、ロンドンの都市建築の多くもこの高さであるし、とくにパリ、プラハ、ウィーンなど西欧の都会でも多く使用されている市街地建物の高さ寸法である。

　銀座の象徴的建物である「和光」（旧服部時計店）も百尺のビルであり、その上に約9mの時計塔がのる。オースマン都市改造時代に生まれたパリのビュットショーモン公園の展望台やコルドバの「悪魔の橋」、さらに法隆寺西院五重塔もほぼ百尺に近い高さをもっている。25mが身体性を離れた抽象的な寸法最小単位──社会的あるいは集団的スケールの原器──とすれば、この25mから百尺を含めた30m前後の高さあるいは落差は、人事を超える最初のスケールであり、それが落下自殺の多発する寸法とも符合するのを考えると、不思議な感覚におそわれる。8階建てマンションの屋上くらいの高さだ。おそらくそれ以下の10m台や数メートルの落差は、寸法が身体性の射程内に入り、逆に体感的恐怖を激しく誘発するのかもしれない。それに多分、確実に死ねない（13mの清水の舞台からの飛び降りの生存率は85%以上である）。「悪魔の橋」もビュットショーモン公園の岸壁の吊り橋も、自殺の名所として有名である。福井県嶺北の東尋坊の落差も25m前後である。

　百尺は都会の社会的スケールとして考えることもできるが、過熱化した大都市の超大建築や摩天楼は、そんなスケール感を人間から剥奪するように立ち上がる。なぜなら、それは資本と技術のスケールだからだ。

　エンパイヤステートビル（エンパイヤステートとはニューヨーク州の愛称である）の飛行船係留マストをかねたアンテナだけで、パリのパンテオンで1851年世界初の公開実験が行われたフーコーの振り子（67m）ほどの長さがある。

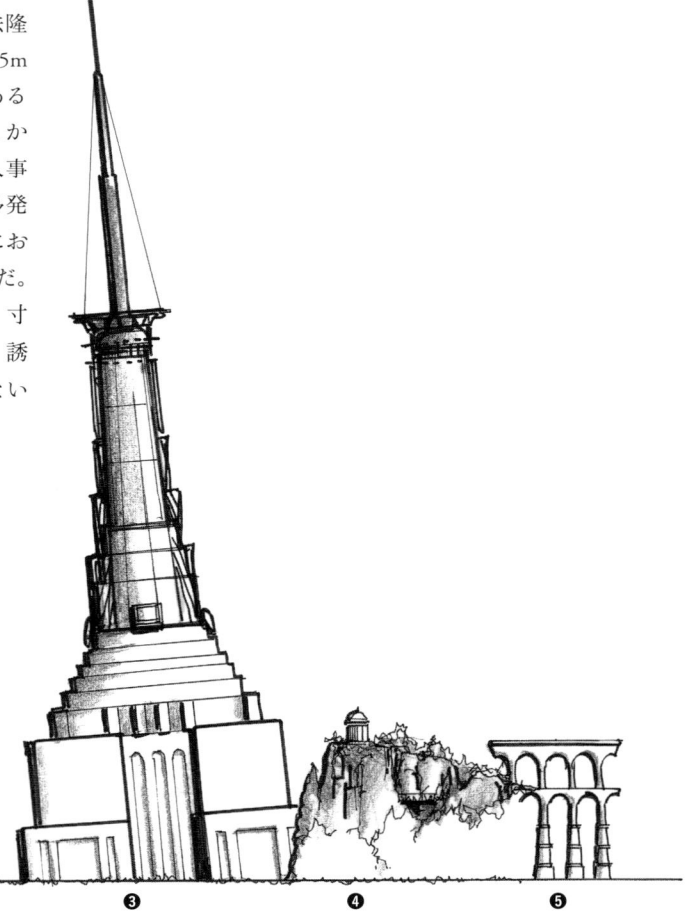

1　銀座「和光」
2　乙女の塔
3　エンパイヤステートビルのアンテナ
4　ビュットショーモン公園展望台
5　悪魔の橋

20m

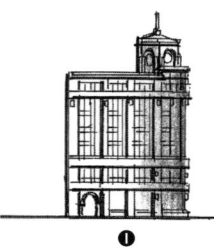

31 シーラカンスオデッセイ
Coelacanth odyssey

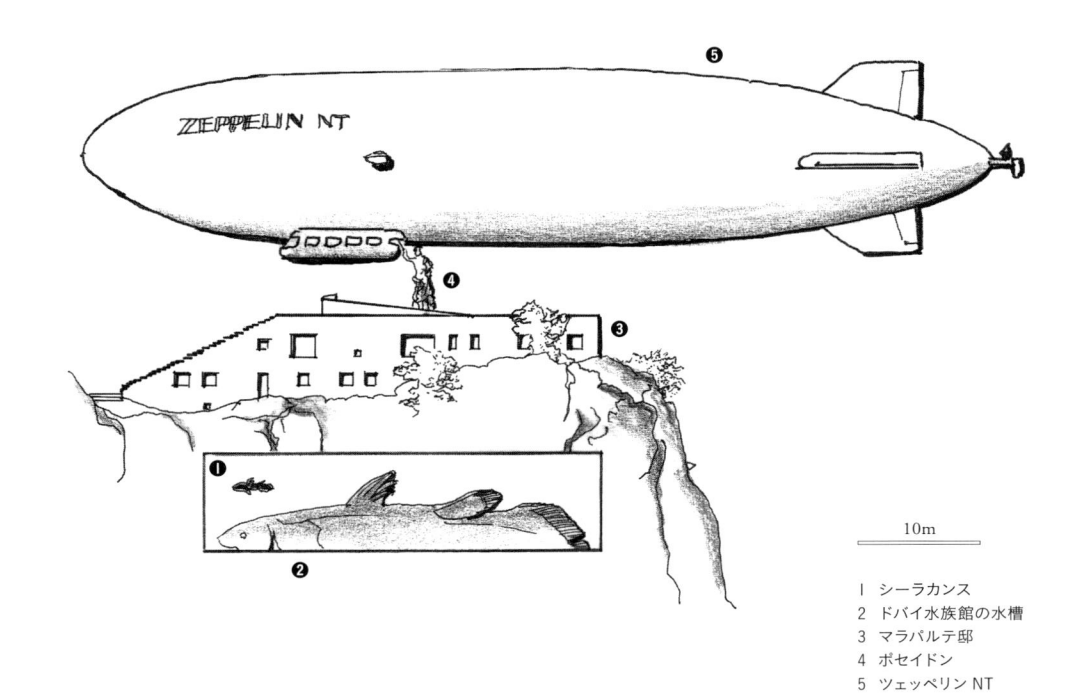

1 シーラカンス
2 ドバイ水族館の水槽
3 マラパルテ邸
4 ポセイドン
5 ツェッペリン NT

　イタリア、カプリ島にあるマラパルテ邸は、イタリア合理主義派の建築家リベラと施主であるジャーナリストのマラパルテによる設計で、紺碧の地中海に張り出す敷地に建てられた、屋上階段部を入れ長さ約38m、幅8.5m、高さ7.5mの家である。その独特の形姿、さらにモダニズム建築のスタイルからは隔世の感もあることから、「岩盤に打ち上げられたシーラカンス」とも呼ばれた。窓が縁取る地中海と岩山の景観が美しい。

　この長さは、船でいえば、香港などでも今も見かける背ビレのような帆を張る中国のジャンク船(もともとは宋代の「戒克」)の長さの1割増し程度のサイズである。

　建物下には、全長3mのシーラカンス(最大級)と、その10倍のサインが、高さ4m、横幅33mに及ぶドバイ水族館の1枚アクリルの開口部の中に収まっている。ピカソの「ゲルニカ」がゆうに8枚入っても余りある開口部である。アクリルの厚みは実に75cmだ。

　マラパルテ邸は、一般的には、1963年のゴダールの映画「軽蔑」(原作アルベルト・モラヴィア)で人口に膾炙している。この幅8.5m、手摺、パラペットなしの屋上テラスで、ブリジット・バルドーとミシェル・ピコリが愛をめぐる不毛な口論をした。同映画では、「メトロポリス」でも著名な監督フリッツ・ラングが実名かつ映画監督役で出演しているが、テラスは映画内のギリシャ神話映画撮影の舞台ともなっていた。ホメロスの「オデッセイア」である。1998年にシチリア沖で像高2.5mのブロンズ製「踊るサテュロス像」が発見されたが、今このテラスには、像高約3m50cmのトリアイナ(三叉矛)をもち陸海を支配するポセイドンが1人立つ。オデッセウスを追放する前か後かは定かではない。

　ジャック・バランス演じる狂った映画プロデューサーが、題材はホメロスであり、ギリシャ考古学といえばシュリーマン、シュリーマンはドイツ人だからドイツ人のラングを監督にする、といった破天荒な述懐もあったが、ポセイドンに係留されている全長75mの次世代飛行船ツェッペリンNTもドイツ製である。クルマもアクセスできない、滑走路もない、唯一入り江に小型クルーザーが寄りつくしかない立地構成では、この邸宅から始まるオデッセイにとって飛行船はかなり相応しい。

32 身体を超えた巨大スケールが誘うもの
What super-scale transcending human body invites

　巨大スケールが誘うものは、宗教的情熱だろうか、共同的激昂だろうか、それとも脅迫的な威圧だろうか？おそらくどこかで両義的なものなのだろう。ここに並ぶ50mを前後する巨大スケールの現実化した実体物にも、そのことは当てはまりそうだ。

　中央にあるのは地震と津波で壊れた高さ約46mの福島第一原発3号機原子炉建屋である。この原発だけMOX燃料（プルトニウムを用いた）発電を行う最も危険な難物装置だ。背後には巨大テクノロジーに反発し、縄文の生命力を賛美した岡本太郎の高さ70mの「太陽の塔」が立っている。台座（高さ47m）をはずした高さ46m（手にもったトーチ先端の位置）の「自由の女神像」は、「太陽の塔」の腕で頭を撫でられた格好になっている。女神のすぐ後ろには、今でもウィーン市街に残る高さ44m、分厚いコンクリート造りのナチの対空監視塔（第2世代L型と呼ばれるもの、底辺は23m×50mある）が控えている。

　原子炉建屋の右隣は、基壇部をのぞいた高さ45m（15丈）の奈良東大寺大仏殿（金堂、大仏殿平面は58m×50m──この間口は京都西本願寺御影堂のそれとほぼ同じである）が建ち、その中に高さ16m（5丈3尺5寸）の大仏が鎮座する。その後ろからチラッと覗いている風情のピサの斜塔は、高さ55m、円柱状の建物直径は17mだ。

　これらはあえていえば、直接的な表現の物体で、視認性にも優れている。サイズ的に近い、たとえばマチルダの丘に建つオルブリッヒ設計の装飾的なルードヴィッヒ大公結婚記念塔（高さ44.5m）、それに姫路城（高さ50m）や今はなき浅草の凌雲閣（高さ52m）などと比べると、別種の存在感があり、むしろ全農の穀物サイロ（高さ45m）やシャルロッテンブルクの給水塔（高さ60m）、あるいはメキシコ、ティオティワカンの月のピラミッド（高さ46m）などの寡黙で野性的な表現に近い。

　空の要塞と呼ばれたB29エノラゲイ（長さ30.2m、幅43.1m、高さ8.5m、6000km近い航続距離をもつ）が上空を飛行しているが、まさか長さ3.12mの「リトルボーイ」を搭載しているわけではあるまい。

1　ナチ対空監視塔
2　自由の女神
3　太陽の塔
4　福島第一原発3号機
5　東大寺大仏殿（金堂）
6　ピサの斜塔
7　エノラゲイ

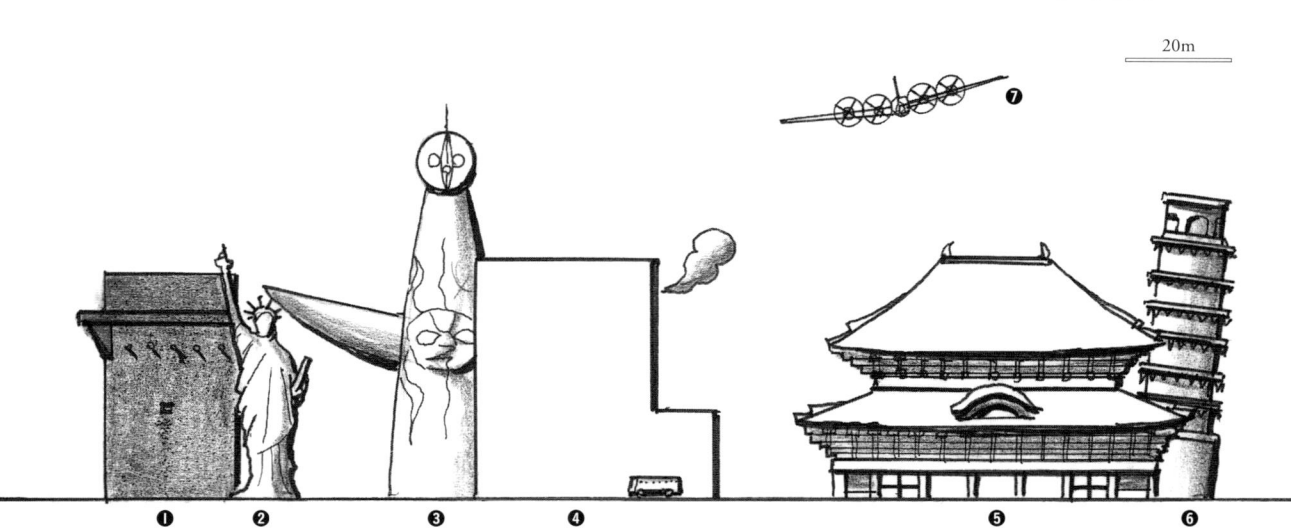

20m

33 神へ向かう
Toward the deity

1　アヤソフィア寺院
2　スペースシャトル
3　モンサンミッシェル

30m

　ビザンチン文化の精華、イスタンブール（コンスタンティノープル）にある高さ56mのアヤソフィア寺院は、正統派キリスト教会にしてモスクであるという極めて特異な宗教建築だ。ミナレットも4本従えている。東ローマ帝国による創建時のドームは高さ41.5mだが、オスマン帝国支配時に何度も改修された。「アヤソフィア」とは「聖なる叡智」の意味である。「天から吊り下げられた天蓋」と言われるドームは、31m四方の構造体によって支えられている。キリスト教徒の尽力とイスラム教徒の畏敬が交錯する、稀有な寺院だと言ってもいい。

　この高さは、オーランドにあるマジックキングダムのシンデレラ城や、スペースシャトル発射ロケット、またオットー・ワグナーのウィーンにあるシュタインホーフ教会堂の高さと同じである（東京ディズニーランドのシンデレラ城は5m低く51m、またシャトルヴィークル本体＝オービターは、長さ37.2mである）。

　同地には、オスマン帝国スレイマンⅠ世の名スルタンモスク「スレイマニエ・ジャミイ」があるが、こちらは高さが47mだ。

　尖塔も含め、あらゆる祈りの場は上昇的なモチーフをもつ。表現の差異は多々あるが、そこには宗教差はあまりない。そして非在の神の所在は、自然に宿る以外は、東方か宇宙（天上）だ。スペースシャトルはその領域へ向けて旅立ち、乗組員たちは、モーゼが山で十戒を授かるように、神秘的な体験をするのである。

　上昇的なモチーフを建築のみならず大地も含めて讃えているのは、今や観光名所となっているノルマンディーのモン・サン・ミッシェル（「聖なるミカエルの山」）であろう。これはエリック・サティがナマコを観察したサン・マロ湾にあり、潮の干満の差は何と15m前後もある。モン・サン・ミッシェルの海面から伽藍尖塔までの高さは152mで、ギザのピラミッドより高い。最初の霞が関ビルが156mだから、岩と石でつくった超高層だ。

　宗教も科学も、あるいは芸術も技術も、神へ向かう。

34 海の劇場
Maritime theater

　アルド・ロッシ設計の世界劇場（テアトロ・モンド）は、シェークスピアの地球座と異なり、可動曳航される高さ23mのユニークな海の家を大きくしたようなシルエットをもつ劇場で、フローティング構造の上にのっている。

　素朴な集団娯楽のための見世物的装置ないし空間が、このあたりのスケールを専有しているのも面白い。1907年にヒューゴー・ハッセによって設計され、まさにこの劇場と同じく、ただし地上を巡回したカルーセル（メリーゴーラウンド）は大衆娯楽の聖地、ニューヨークのコニーアイランドに移設、その後一部の復元再利用と再構築が1970年代日本の豊島園で行われた。台座の直径が24m、アールヌーヴォー装飾をまとった「カルーセル・エル・ドラド」である。可動式ではないが、今はなき浅草の十六角形をした日本パノラマ館も直径約21m（12間）、高さ約11m（6間）の環境劇場型娯楽施設であったと言われている。ちなみに、デン・ハーグにあるメスダッハの大パノラマは、パノラマだけで高さ14m、全周120mに及ぶ。機械設備的な立ち現れ方はしないが、サイズ的には大きい浅草六区にあった木造の張りぼて富士（1887年）でも、高さ32mほどだ。

　長さ4m50cmの手漕ぎボートがこの世界劇場に接近中であり、その下で、長さ18mのマッコウクジラが鯨影を曳きながら水先案内を行っている。天敵の快速キャッチャーボートは40mもの長さがあるが、その姿は見えない。現生のクジラの最長は約30mのシロナガスクジラ（ブルーホエイル）、魚の最長は約14mのジンベイザメ（ホエイル・シャーク）だが、マッコウの潜水能力は桁外れであり、3000mの垂直潜水も可能だ。

　そのやや深い海を全長67mのUボート（Ⅶ-C型）が潜行している。第二次大戦中なら世界劇場の奥を横切ろうとするイギリスのクイーンエリザベスⅡ世号（全長293m）を標的にするだろうが、今はマッコウクジラの頭突きを警戒しつつ世界劇場の護衛を務めている風情だ。世界劇場は自身の見世物を内在化させつつも、これら海に広がる可動的なオブジェをパノプティコン（一望周視）的に管制するデウス・エクス・マキーナ（機械仕掛けの神）のようだ。

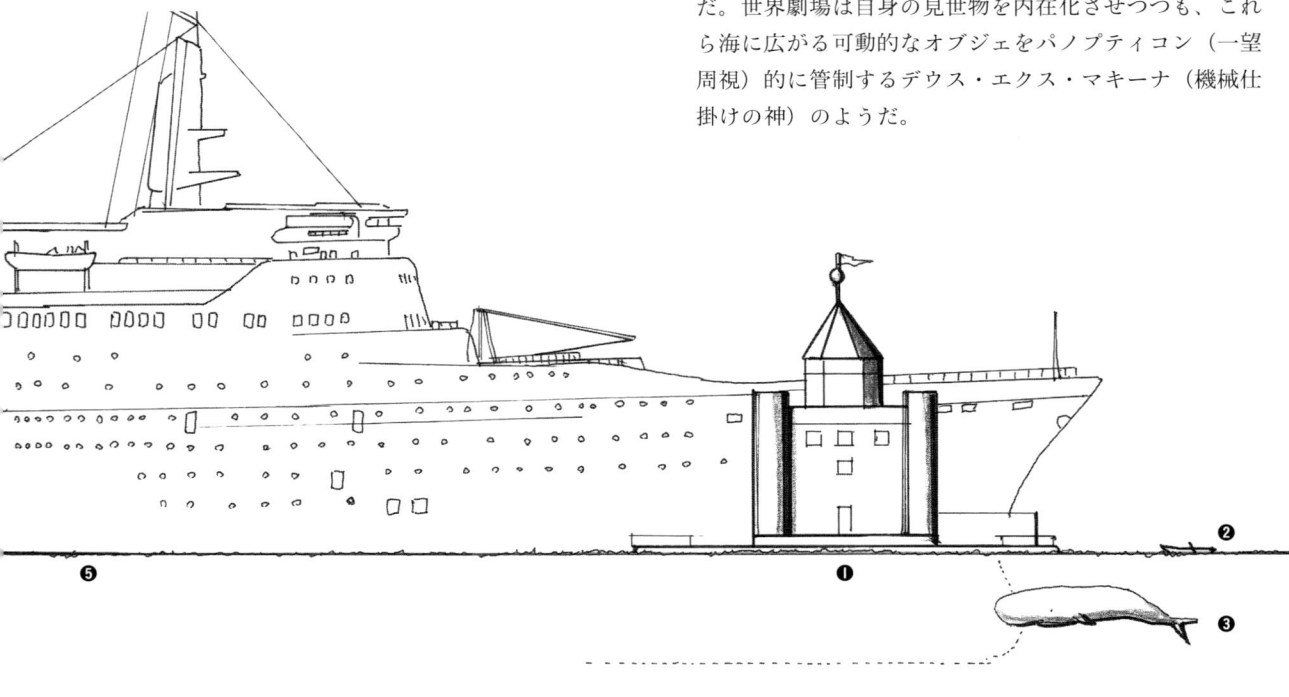

1　世界劇場
2　手漕ぎボート
3　マッコウクジラ
4　Uボート
5　クイーンエリザベスⅡ世号

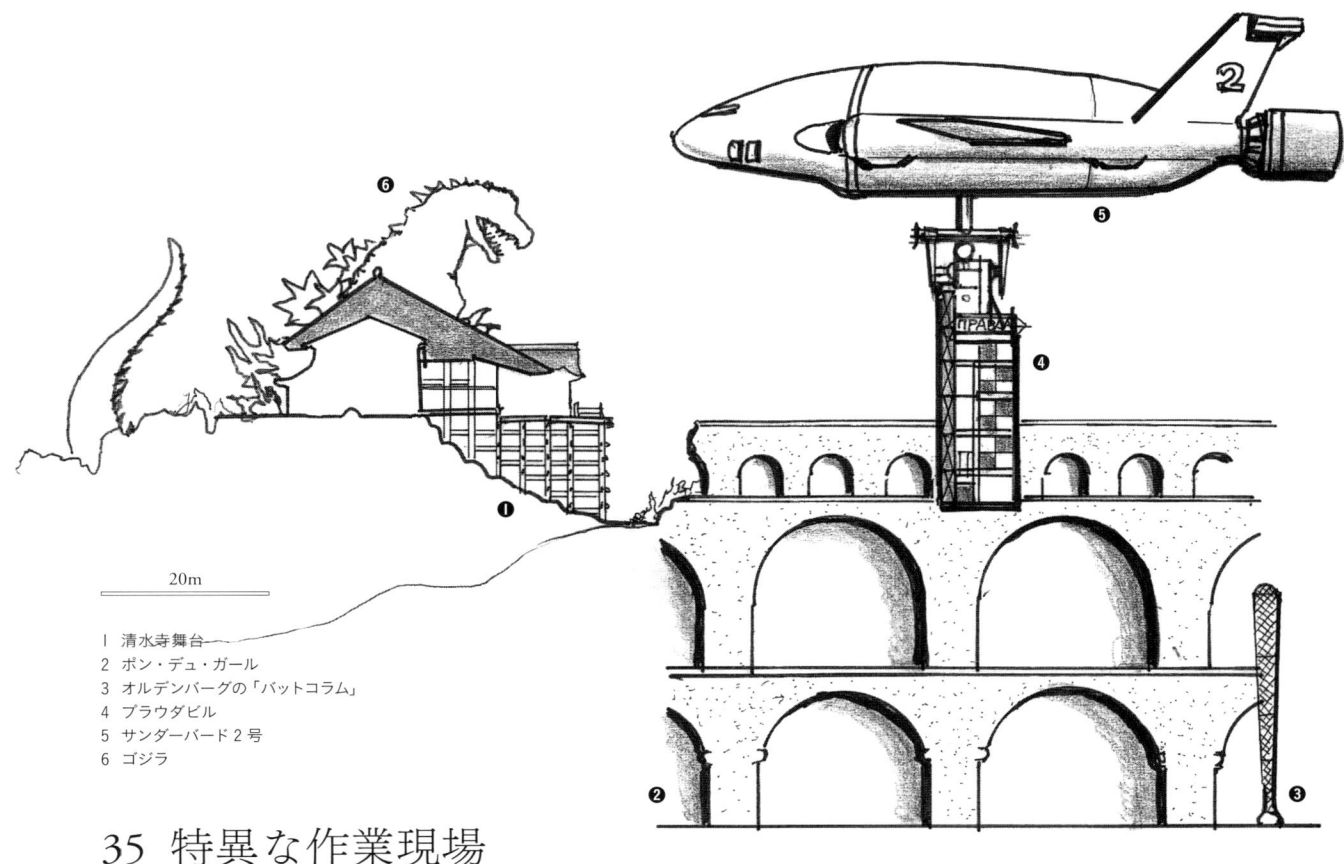

1 清水寺舞台
2 ポン・デュ・ガール
3 オルデンバーグの「バットコラム」
4 プラウダビル
5 サンダーバード2号
6 ゴジラ

35 特異な作業現場
The scene of peculiar operation

　清水寺は平安遷都前からある古い観音霊場であった。東大路からは約1200mの距離。地上まで13m落差のある舞台をもつ本堂は、寄せ棟で檜皮葺きの屋根をもち、入母屋造りの両翼を従え特徴的な形姿を見せている。舞台を支えるのは139本のケヤキで、この「懸造り」は同じく観音霊場である長谷寺や石山寺の本殿と同じである。

　今、ここは大工事（グラントラボー）真っ最中だ。舞台と天端の水平をそろえたニームのポン・デュ・ガール（水道橋）は高さ49mで、その下にスケール変換を得意とする芸術家クラレス・オルデンバーグの鉄網状の「バットコラム」（長さ34.3m、20トン）が設置されているが、シカゴの街中に置かれたときのスケール差のインパクトは薄く、むしろなじんだ感じになっている。しかし、「バットコラム」は神田のニコライ堂くらいの高さ（34.5m）があるわけだから、この現場でなければ日常を脅かすくらいのスケール感は十分ある。

　重量輸送機サンダーバード2号（やはり巨人輸送機であるロッキードギャラクシーC5と同じ長さの76m──この寸法は大型輸送をする航空機の最適寸法のひとつでもある）が、ヴェスニン兄弟が1923年に設計した高さ30mのプラウダビルを吊り上げ、この環境に設置しようとしているが位置が定まらないようだ。プラウダビル（未完）は、ロシア構成主義を代表する建築のひとつでもある。ガラスと鉄材による明快な構成、平面7m×8mの6階建て、ラウドスピーカーやアンテナ、グラフィカルなサインなどの意匠の編入は、メディア企業に相応しいデザインである。30mはミラノのガレリアの天井高やイスタンブールの水面の添景となっている乙女の塔の高さ、イエメンのシバーム古代摩天楼都市群塔の高さ、屋久島の縄文杉の樹高などと同じだが、100フィート級のメガクルーザーの長さにも等しい。テンション材やメカニカルな部材、艤装など船特有のモチーフも、構成主義にとっては重要なものであった。

　ところで舞台の最下部地盤あたりに立つ身長50mの初代ゴジラは何をしているのであろうか？　想像するに、おそらく現場監督をやっているのであろう。

36 シャンゼリゼの見慣れぬ風景
Strange landscape at Champs-Elysées

1 シャンゼリゼ
2 凱旋門
3 ボーイング 747
4 アルゼンチノサウルス

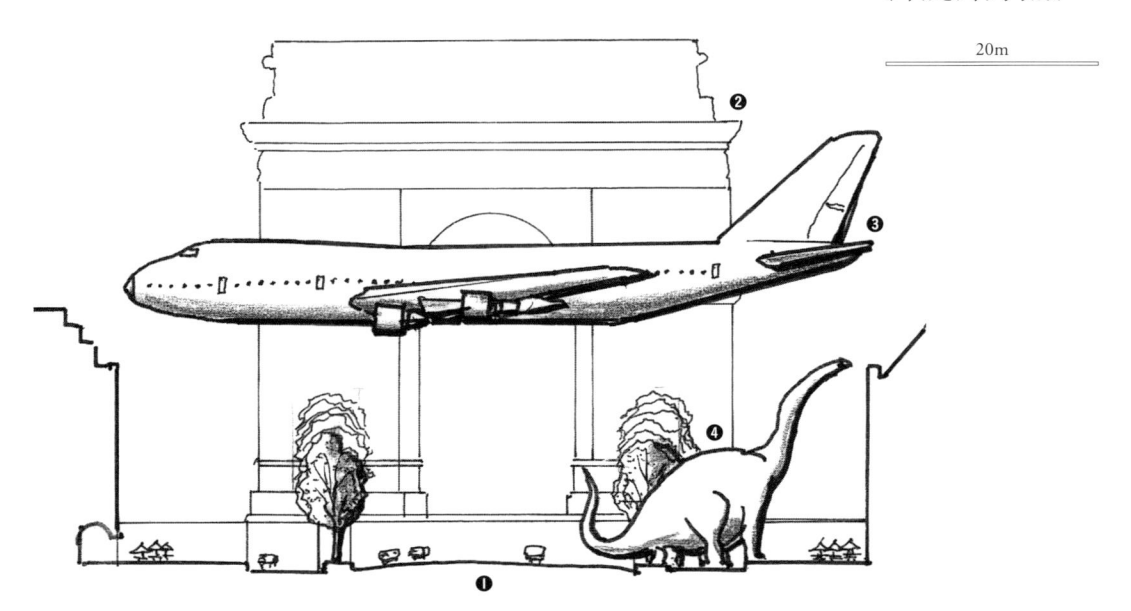

20m

　パリの目抜き通り、プラタナスの並木が美しいシャンゼリゼの結節点、外直径170m、幅員40mのロータリー交差点（シャルル・ド・ゴール広場）には、高さ50mのエトワールの凱旋門が建つ。歴史性のある凱旋門としては、北朝鮮平壌の凱旋門が高さ60mで最大である。

　シャンゼリゼはパリの重要な都市軸で、この凱旋門から緩やかなスロープを下って、ロンポワン（円形広場）、コンコルド広場、テュルリー公園、ルーヴル宮殿と一直線に並ぶ。テュルリー公園には、門頭上の彫像を入れると高さ25m弱のカルーセルの凱旋門がある。軸を逆に見ると、エトワールの凱旋門の先、ポール・マイヨーからセーヌ川とパリの環状線を越えると新ビジネス地区ラ・デファンスが広がる。ルーヴル宮殿からこのラ・デファンスの西端（Aゾーン）までが8kmだ。1989年（革命200年）にこの新都市で門型をした高さ110mのモダンな新凱旋門がこの軸上に建造された。門の空隙部の壁面が6度斜めになっているが、これはセーヌ川と件の都市軸のつくる角度に合わせられている。ルーヴル宮からほぼ倍々のサイズの凱旋門が連なったわけだ。

　シャンゼリゼの幅員は70mで、これも都市や建築の空間でよく見かける寸法である。レベル差20mのローマのスペイン階段の上のテラス（トリニタディ・モンティ寺院のレベル）と下のテラス（バルカッチアの泉のレベル）の水平距離や、ヴェルサイユ宮殿の「鏡の間」（ここはもともと屋外テラスだった場所に増築したものだ）の長さも70mである。七不思議のひとつエフェソスのアルテミス神殿も、プリニウスの推定によれば、70mの間口らしい。長さ73mのスフィンクス像は若干斜めにしないと収まらないが、上空を巡航体勢で飛ぶ約70mの機体長をもつボーイング747は、面白いバランスでシャンゼリゼの風景に異化同化するだろう。747でなくても、ジュール・ヴェルヌの初代ノーチラス号（長さ70m）でも代替可能である。もっとも、航空法では都市部の最低安全飛行高度は300mだが。

　最大恐竜であるアルゼンチノサウルス（全長34m）はブラキオサウルスと同じく前脚が長い竜脚族だから体高がある。シャンゼリゼの街路店舗やカフェ風景、それに3km先のブローニュの森を、プラタナスの樹高を超えて快適に眺めることができるにちがいない。

37 ウルトラ神話のアリバイ
Alibi of myth known as ultra

　パリ、ボーブールにあるポンピドゥーセンターは、図書館を核に美術館や音響研究所が付属した施設だ。高さは約50m（勾配をとったスロープ広場によって、建物は実際入口のある地下レベルからになるので、そこからの高さ）、長手は約150mに及ぶ直方体の巨大な建物だ。この長さはセーヌ川の川幅にほぼ等しい。それよりヴォリュームははるかに小さいが、長さ170m強——これはセンターから約900m離れた位置にあるルーヴル宮殿東面ファサード長さとほぼ同じ——の旧ソ連のタイフーン型原子力潜水艦が下に潜んでいる（映画「レッドオクトーバーを追え！」のものは同タイプのAKULA型戦略原潜で、全長155mの想定）。上空では巨人旅客機エアバスA380（長さ73m——スフィンクス像の長さと同じ、翼幅79.8m——京都鴨川の川幅とほぼ同じ、高さ24.1m）がこちらへ向かっている。この飛行機のキャビンは、やはり巨人機であるボーイング747-400の1.5倍ある。ちなみに機体の表面積は9000㎡に及ぶ。
　センターの横に所在なげに立っているのは、身長40mの初代ウルトラマンだ。ウルトラビルとウルトラ潜水艦、それにウルトラ飛行機も一堂に会した。同じ「超」でも「スーパー」と違って「ウルトラ」にはどこか非現実的な意外性がある。スーパーマンとウルトラマンの違いだ。
　そのウルトラ構造体の極致といえば、幻の出雲大社だろう。現存のものは、江戸期（17世紀）に建立したもので高さ24m（8丈）だが、平安期（10世紀）のものは長大な階段をもつ高さ48m（16丈）あった大社と推定される。中間的に、高さ36m（12丈）の鎌倉期（13世紀）のものを挟む場合もある——これは大社本殿がかなり小振りなもの。さらに平安期以前の幻の構造では、何と96m（32丈）の高さの神社だったという伝説もある。この時代、それだけの建設技術があったのか疑問視されるところかもしれないが、バビロンや現存のピラミッドなどを見ると、古代人の技と情熱はウルトラであるから何とも言えない。隣りに高さ75mの通天閣（1912年当時、現在のものは高さ103m）が幻の2つの出雲の中間的高さで建っているが、エッフェル塔を模して浪速のシンボルにするセンスもウルトラ級と言っていいものだ。

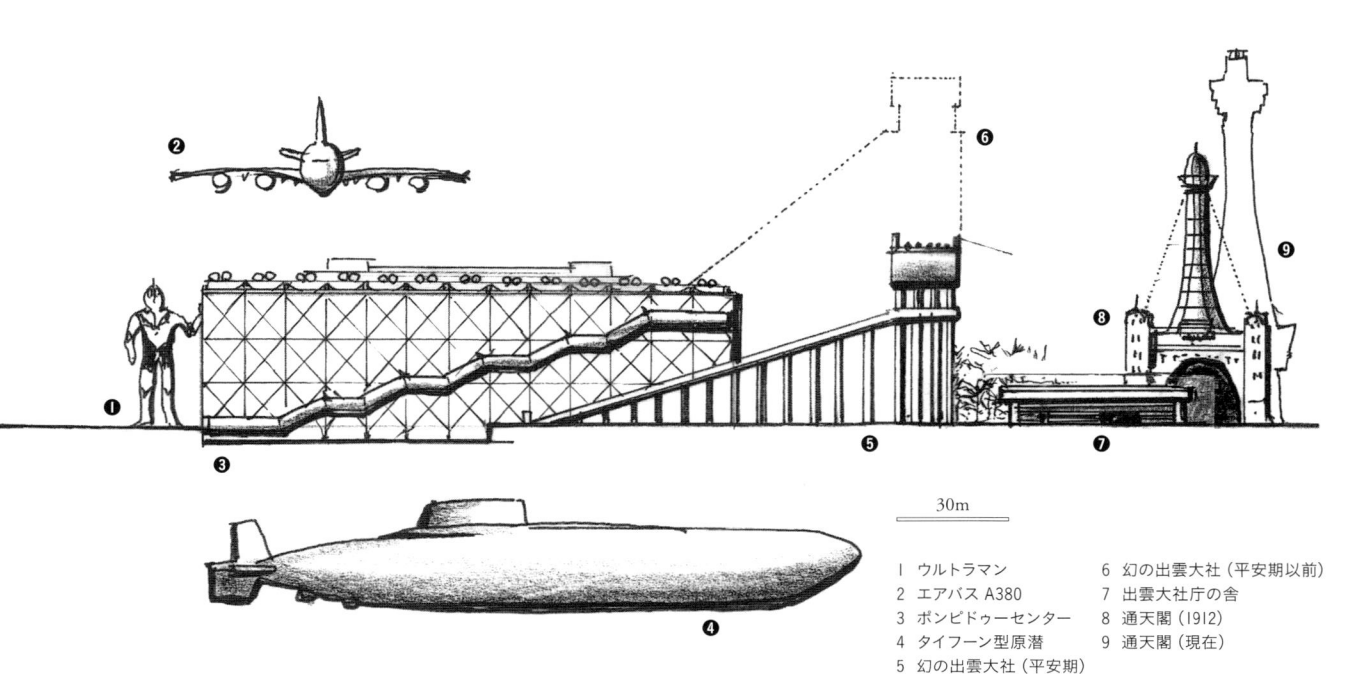

30m

1　ウルトラマン
2　エアバスA380
3　ポンピドゥーセンター
4　タイフーン型原潜
5　幻の出雲大社（平安期）
6　幻の出雲大社（平安期以前）
7　出雲大社庁の舎
8　通天閣（1912）
9　通天閣（現在）

38 円環は宇宙とつながる近道か？
Are any circles the shortcut becoming linked to the universe ?

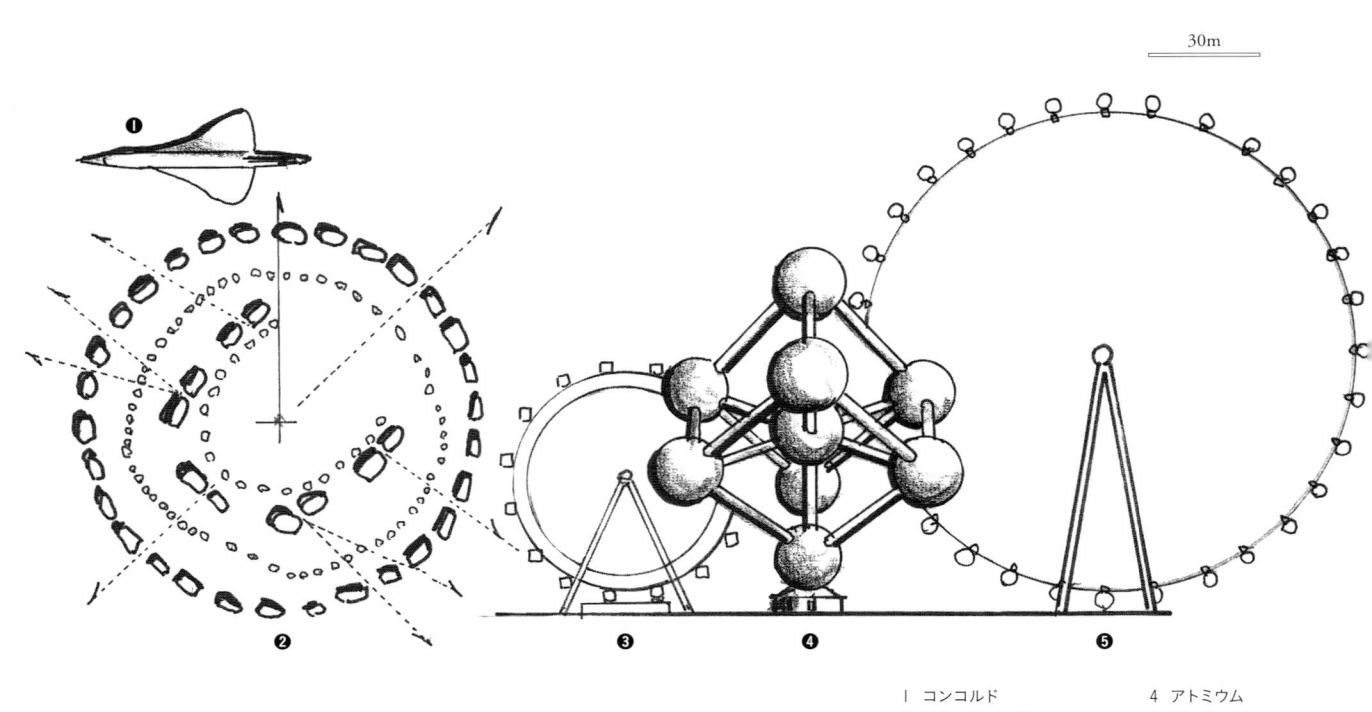

30m

1 コンコルド
2 ストーンヘンジ
3 プラーター公園の観覧車
4 アトミウム
5 ロンドンアイ

　ジャイプールのサムラット・ヤントラやピラミッド、さらにはメキシコ、チチェン・イッツァ遺跡の「カラコル」が天体観測器であったように、ソールズベリーにある直径100mの環状列石ストーンヘンジも宇宙と時間を計る石の測量儀である。円形の広場であるバースのロイヤルサーカスと同じ直径になるが、ストーンヘンジの場合には、外側の列石の内部にも石柱が配置された精緻な構造になっているから、長さ61.7m、翼幅25.6mのコンコルドは入ることができない。猛禽のようなこの超音速機の離陸には、3400mの滑走路がいる（着陸は2200m）。

　円形といえば、土木技師ゲイル・フェリスが発明した観覧車（フェリスウィール）がすぐ頭に浮かぶ。1893年シカゴ万国博覧会で初登場したものは、直径75m、60人乗りのゴンドラが36個連なったものである。シカゴ博のものは、エッフェル塔に匹敵する新しい大規模工構造を訴求することが目論見だった。

　それ以降観覧車建設技術は徐々に発展してきた。直径100mのものは、1989年横浜みなとみらい博で現れた。現在最も大きなものは、直径150m、高さ170mの「シンガポールフライヤー」である。ストーンヘンジと並んだ観覧車は、小さい円環が直径65mのウィーン、プラーター公園の大観覧車、大きいものが川幅約250mあるテームズ川河畔の新しいランドマークにもなっている高さ135mの「ロンドンアイ」である。前者の公園はオーソン・ウェルズの「第三の男」だけでなく、多くの映画の舞台ともなっていることでも有名だ。

　その間に建つのは、1958年ブリュッセル万国博覧会のテーマ館でもある「アトミウム」で、102mの高さをもつ（現存）。すこぶる目立つ形態は、もちろん、原子モデルを形象化したものである。球体をつなぐコネクタ一部分にはエスカレータが内蔵されている。極大宇宙に応答する円形のストーンヘンジと、極小世界（これもまたひとつの宇宙だ）を形象化するアトミウムがここに出会う。観覧車の無窮動性も、言うまでもなく円環によって可能になる宇宙的属性だ。とすれば、円環には宇宙へのゲートウェイの力が宿っているのだろうか。

バルク黙示録（旧約聖書偽典のひとつ）によれば、バベルの塔の高さは468ペーキュス、すなわち1ペーキュス＝47cm強換算で、約220mになる。モスクワ大学の尖塔や東京都庁舎が240m台であることからすれば、現代においては50階建てビルに相当する比較的日常的な高さだが、それが記された時期からすれば驚異的な高さを誇っている。一方、バビロンの城壁の高さは90m程度と推定されている。城壁の厚みは、何と24m近くあった。

　これらの常軌を逸した建造物に比べると、七不思議のひとつであるアレクサンドリアの大灯台（高さ134m）は、横浜マリンタワー（高さ106m）の3割増し程度で合理的な垂直スケールだと言える。大灯台に近いスケールは、雪洞を模した京都タワー（高さ131m）であろうが、こちらはタワー部100mが無鉄骨という見えない驚異を誇っている（下層の建物は百尺＝31m）。

　灯台は光を周囲に投げかけるが、視線を投げかけるいわゆるパノラマ展望塔で、1400年に焼失した京都相国寺の七重塔（109m、史上最も高い日本様式の仏塔、昭和4年までその記録は破られなかった）などもこの部類に属する。有名な都のパノラマである洛中洛外図は、この視点からの等角図法によって描かれた俯瞰図にほかならない。

　大都市の灯台がそうであるように、100mを前後する塔は都市のシンボル構造物ともなる。

　ローマのサンピエトロ寺院（133m）、フィレンツェの大会堂（100m）、ロンドンのビッグベン（97m）及びセントポール大聖堂（111m）、ミャンマーのシュエダゴンパゴダ（99m）、シエナカンポ広場のマンジアの塔（95m）、ストックホルム市庁舎塔（108m）、サンクトペテルスブルクのイサク大聖堂（101m）、ニューヨークの自由の女神像（93m）などは好例だ。サグラダファミリア大聖堂の未完の中心塔（170m）も実は灯台の機能をもつものとして考案されていたし、ケルン大聖堂の双塔（157m）はいわば「音の灯台」のようなものであった。

　ちなみに、グリフィスによる映画「イントレランス」（1916年）の白象が立ち並ぶバビロンのセットの高さは100m、その奥行きは実に1500mにも及ばんとした常軌を逸したものであった。ケネス・アンガーの『ハリウッド・バビロン』は、これをネタにハリウッドに蔓延する放蕩癖とデカダンスを描いたものであったことはよく知られている。

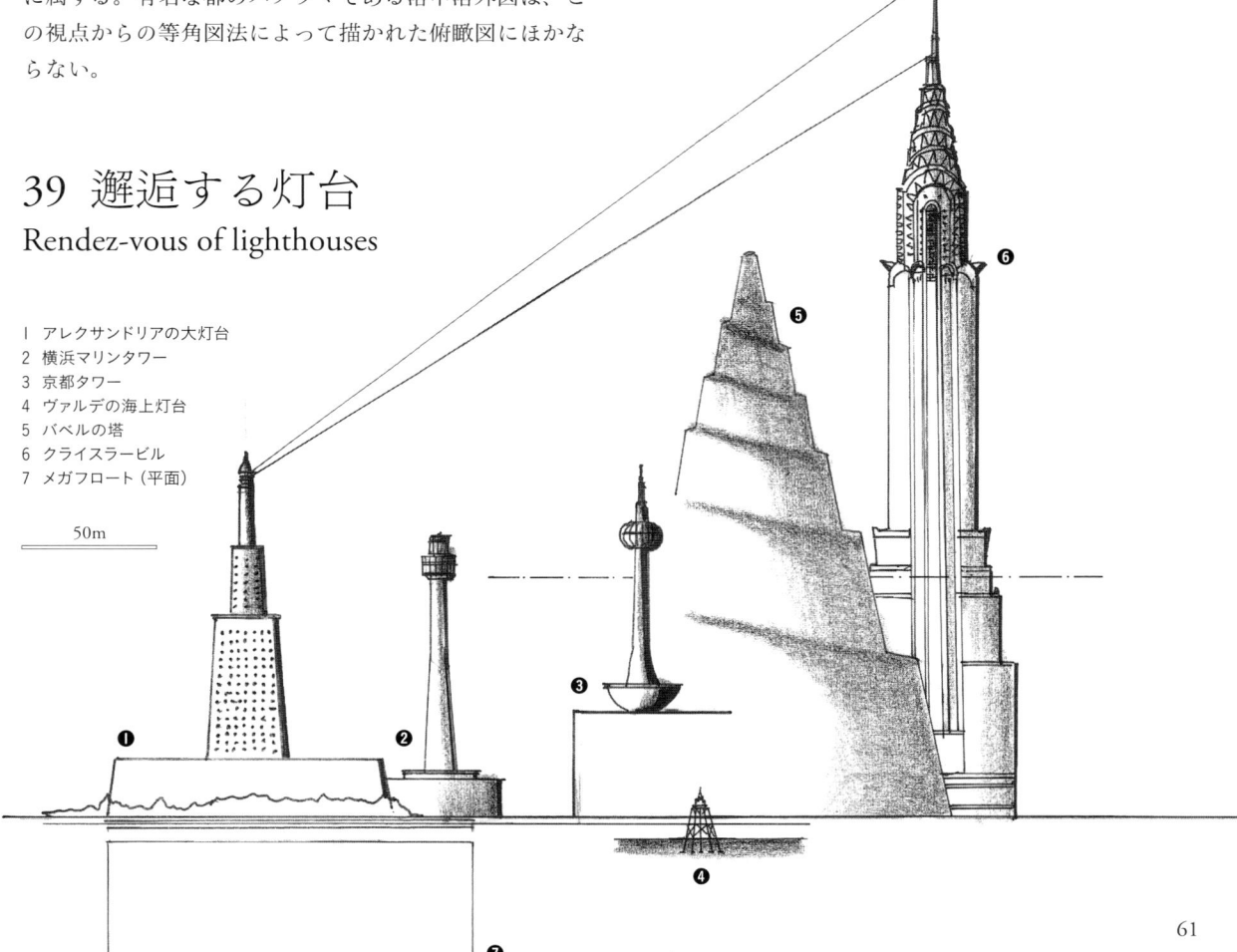

39 邂逅する灯台
Rendez-vous of lighthouses

1　アレクサンドリアの大灯台
2　横浜マリンタワー
3　京都タワー
4　ヴァルデの海上灯台
5　バベルの塔
6　クライスラービル
7　メガフロート（平面）

40 浮遊世界
Suspended world

　宇宙空間は重力緩和された水中世界と同じく、雑多なものが浮遊しながら非日常的な夢想の光景を現出する。

　108m×74m の規模の国際宇宙ステーション（ISS）に、さまざまな乗り物が浮遊しながらドッキングしようとしている。引退したスペースシャトル（長さ 37.2m）ばかりか、サンダーバード 3 号（長さ 90m──これも諸説があるがこの長さが最も妥当である）、ステーション長手とほぼ近い長さでかつサターンⅤロケットとほぼ同じ 110m の想定長さをもつディスカバリー号（キューブリックの映画「2001 年宇宙の旅」で登場した精子型の木星探索機）、変わり種としては、美しい形姿をもつボーイング 727（長さ 47m 弱）であろうか。ステーションは推定直径 102m の重力リングをもつサンダーバード 5 号（1960 年代に考案された宇宙ステーション）と規模的には近似したスケール感をもっている。

　上空 400km を時速 2 万 7700km で移動する ISS と、ミケランジェロ設計、地上にある楕円長軸 60m のローマのカンピドリオ広場を、この被写体間距離 400km を限りなくゼロにするような宇宙の彼方の超望遠レンズで二重映しにすると、意外にステーションがわれわれの日常的な都市空間のスケールであることに驚かされる。

　そしてナスカ高原のハチドリの地上絵は、まるでステーションが地上に焼き付けられたような像として、あるいは突如ステーションの影が宇宙空間に出現し浮遊を始めたように見えるのも不思議だ。このハチドリの絵の長さは約 100m である。ちなみに、同じくナスカのシャチの絵は約 62m（コンコルドの長さとほぼ同じ）、イグアナの絵は約 190m（コロセウムの外長径とほぼ同じ）、オウムの絵は約 200m（国会議事堂のファサード長とほぼ同じ）、最大の紅鶴の絵は約 280m（アルタミラの洞窟の長さとほぼ同じ）である。

　SF 映画でもある「スタートレック」の USS エンタープライズ号想定全長──23 世紀のコンスティテューションクラスで 289m、25 世紀のオデッセイクラスになると 1000m──などと比べて考えてみると、想像世界のスケール感はどちらかといえば膨らむ方に偏向していく性向があるようだ。

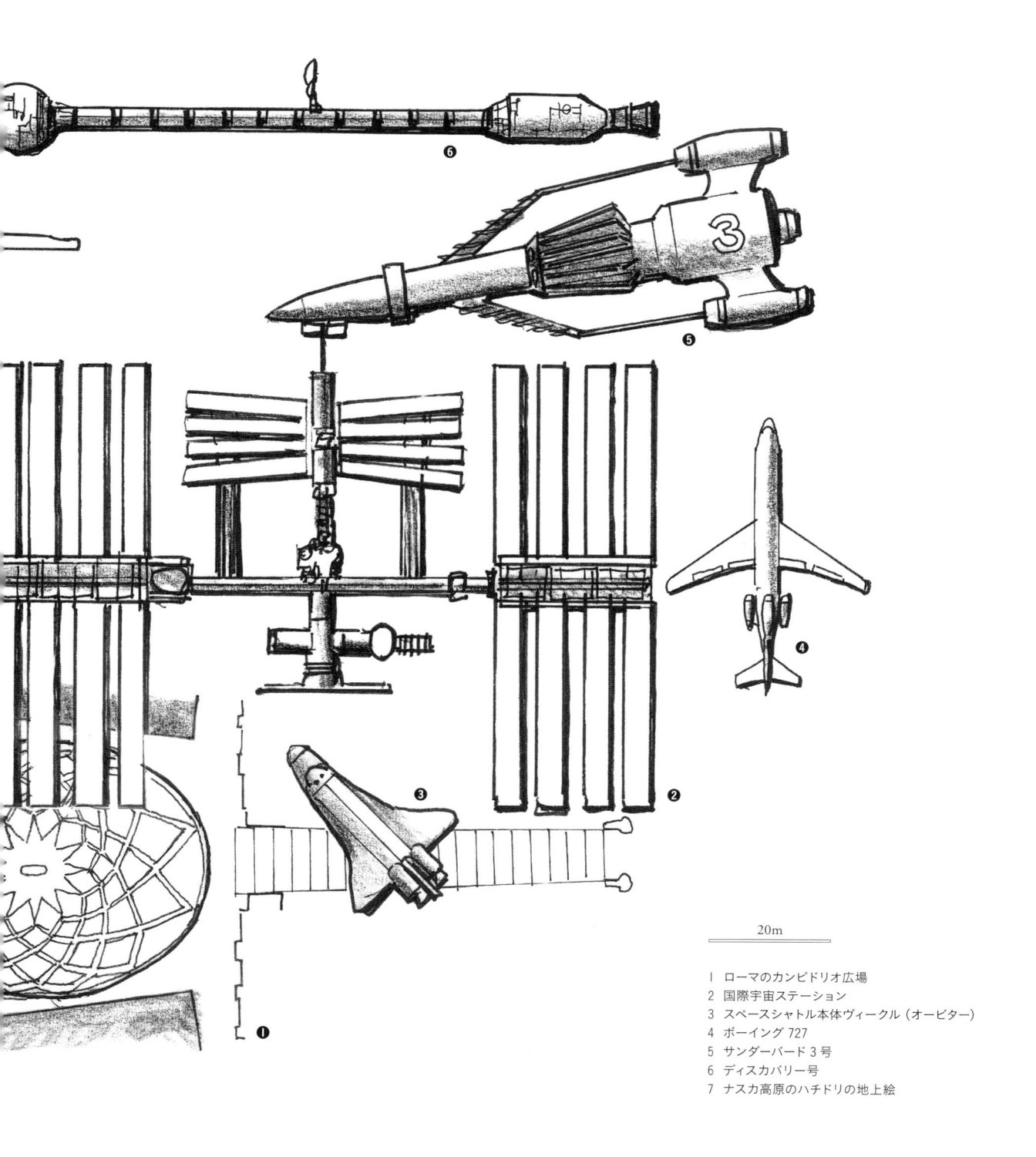

20m

1　ローマのカンピドリオ広場
2　国際宇宙ステーション
3　スペースシャトル本体ヴィークル（オービター）
4　ボーイング727
5　サンダーバード3号
6　ディスカバリー号
7　ナスカ高原のハチドリの地上絵

41 建築と都市のあいだ
Between architecture and city

1 三十三間堂
2 ウフィッツィギャラリー
3 バウハウス校舎
4 DC10
5 ボロブドール
6 400m トラック

50m

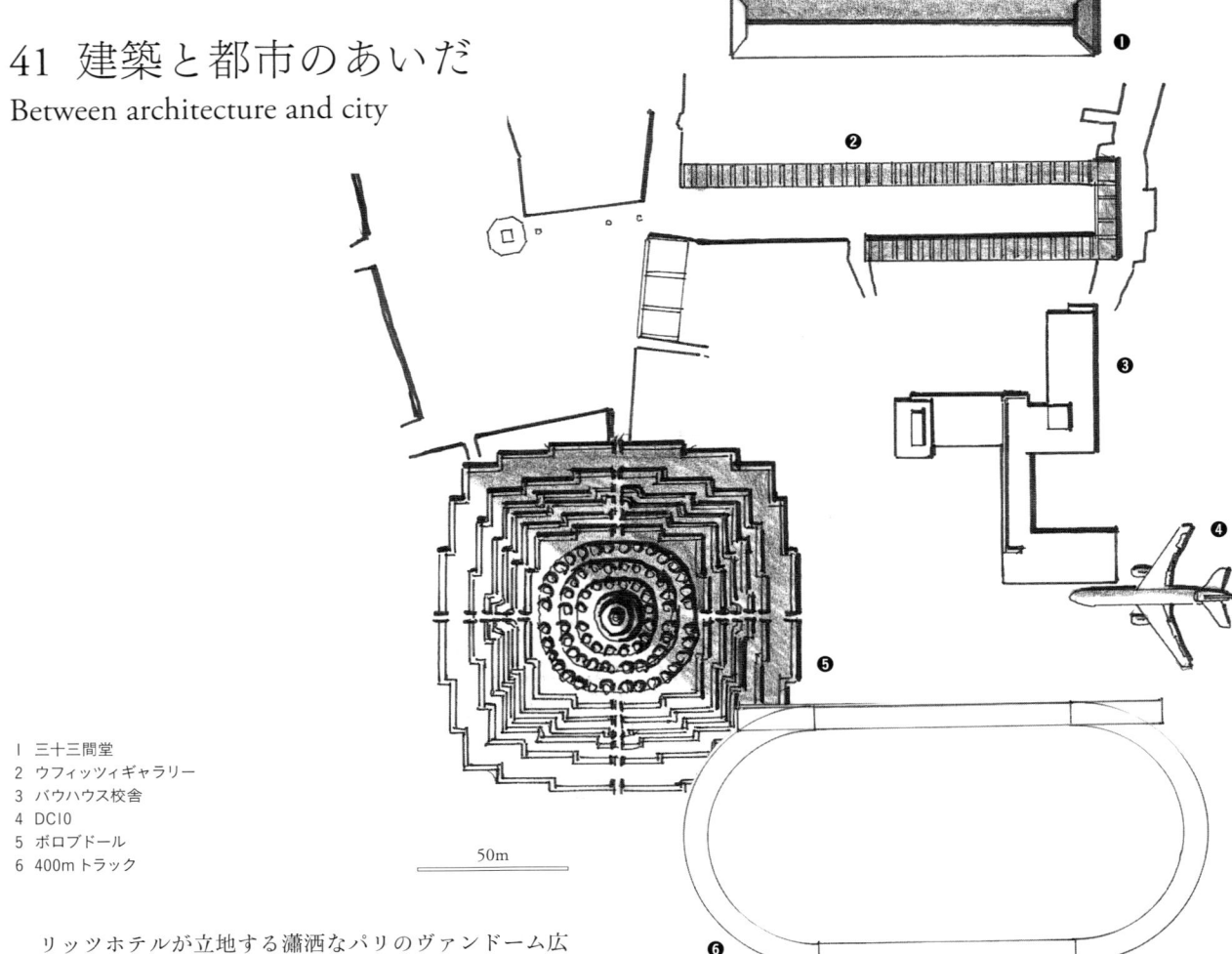

　リッツホテルが立地する瀟洒なパリのヴァンドーム広場は、長手140m、短手120mの方形に囲まれた都市空間を形づくっている。このヴァンドーム広場の短手寸法は、ジョグジャカルタのボロブドール寺院の1辺と同じであり、また長手寸法は、フィレンツェのウフィッツィギャラリーとほぼ同じである。

　140mはイスタンブールの地下宮殿とも呼ばれるイエレバタン貯水池（ここは007の「ロシアより愛をこめて」でも登場した）や1970年大阪万博で月の石を展示したアメリカ館それぞれの長手寸法とも符合する。京都の三十三間堂外形の長さ（約120m）——外形は実際には33間ではなく64間5尺である——や、マルセイユにあるル・コルビュジエ設計の近代集合住宅ユニテ・ダビタシオン（長さ135m）も近いが、これらは長く伸びているとはいえ、ひとつの建築以外の何ものでもない。

　しかし一方で、日本の九龍城とも呼ばれる中野ブロードウェイのアーケードの長さや築地場外市場新大橋通り沿い長さも約140mであり、ポンペイのジュピター神殿のフォーラム長手（120m）、エイゼンシュタインの「戦艦ポチョムキン」の舞台となったウクライナにあるオデッサの階段（142m、レベル差27m）など、都市空間にも頻繁に見られる寸法であり、120〜140mスケールは長大建築と街並みを仲介する媒介的な寸法であると言えるだろう。中型規模の艦船——巡洋艦「アヴローラ」（127m）、青函連絡船「羊蹄丸」（132m）などの規模だ。

　デッサウにあるバウハウス校舎の建物長手立面は95mだが、変形卍！の施設回りを移動する距離は120〜160m、学生たちは近代的街並みを歩く。後のヴァイセンホフ・ジートルンクの多様なモダニスト・ハウジングによって形成された街並みの最長部は、この2倍くらいだ。

　これら長さは、ひとかたまりの実体（建築物）でありながら、都市的な複合性や階層性をその中に孕むことのできるスケールとして考えられていい。ちなみに伝説的な「ノアの方舟」（3階建て）の長さは133.5m（300ピュクト）であると言われている。

42 芸術と技術は新しいスケールを生み出す
Art and technology getting pregnant of new notion about scale

　小松崎茂の発明した海底軍艦「轟天号」は、建築のように多機能性を心象的な形象の中に統合・結晶化している。その長さは150mに達するが（宇宙防衛艦の場合は157m）、タイフーン級の原潜を考えれば非現実的な寸法とは言えない。地上の200mをはるかに超える水平的広がりで展開するビルバオのグッゲンハイム美術館と、巻き貝（上部は40m、下部は30m程度の直径である）をのせたようなニューヨークのグッゲンハイム美術館との中間的サイズだ。

　外装金属素材の観点からすると「轟天号」はビルバオに近いが、開口部の無化志向はニューヨーク的だとも言える。ビルバオは高さ55m、ニューヨークは高さ30m、どちらもフランクによる設計として有名である（ビルバオ：フランク・ゲーリー、ニューヨーク：フランク・ロイド・ライト）。ビルバオが長い、といっても、スミソニアン航空宇宙博物館は間口210m（奥行き65m、高さ24m）くらいあるわけで、現代の大型ミュージアムとしては適正規模である。

　これら三者の魅力は、アイキャッチャー性能——一瞥において他と差別化できる力——である。ニューヨークは控えめだが巻き貝形状（生物的有機性）、ビルバオは3次元生命体（とくにゲーリー好みの魚を想起させる）形状（「バイオモルフィズム」とも言う）で、こうした形状は自己組織的な形態生成プログラムもあるが、外界の力学——エアロダイナミクスやハイドロダイナミクスなど——との相互応答性もあり、その点「轟天号」との類似性も指摘できる。他方、高さ50mのアクロポリスにのるパルテノンほかの神殿群や関東大震災で倒壊した高さ52mの「凌雲閣」（「十二階」とも呼ばれた）とは、この文脈では対極であろう。なぜなら、神殿群は人間寸法を基準にした古典的かつ自律的な尺度原理の顕在化、凌雲閣はある意味、内的に自己完結する機械工学的な力学の産物でもあるからである。

　そして「轟天号」やグッゲンハイムは、先進的なテクノロジーを芸術的に昇華させながら、単なるサイズとの関与で語られがちなスケールが内在する多元性をも暗示する。

　テクネー（創造技芸のこと、ラテン語の「アルス」に対応する）のあり方、方法、現実化へのプロトコルの変革は、また同時にスケール思想の変革でもあるのだ。だから芸術と技術は融合的に在来型のスケール認識を修正していくのである。

1　ニューヨークグッゲンハイム美術館
2　ビルバオグッゲンハイム美術館
3　凌雲閣
4　轟天号
5　アクロポリス

50m

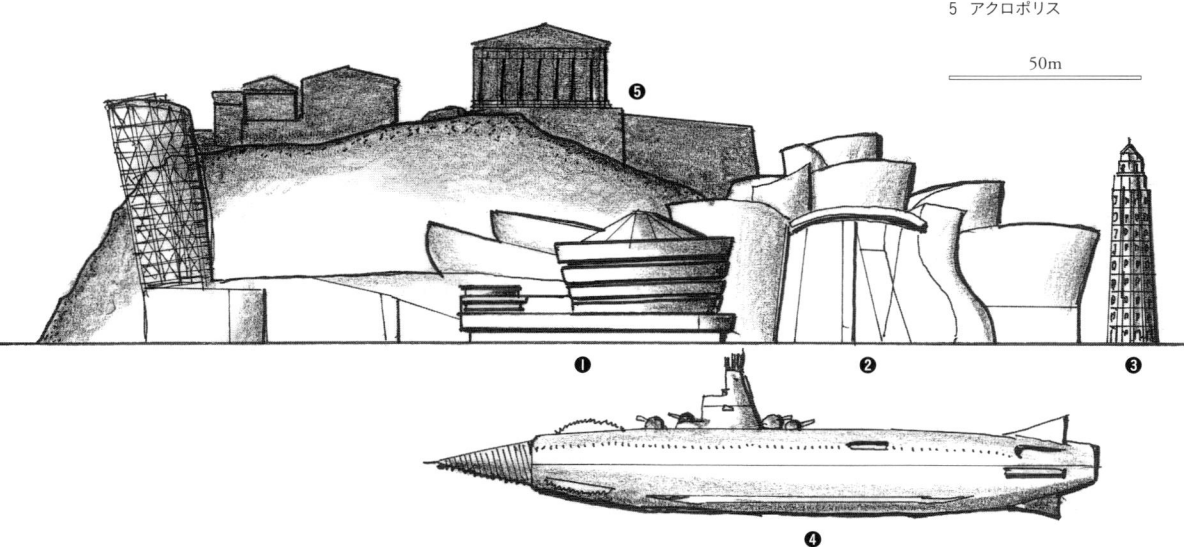

43 文化交通の培養所
Culture ground for cultural blending

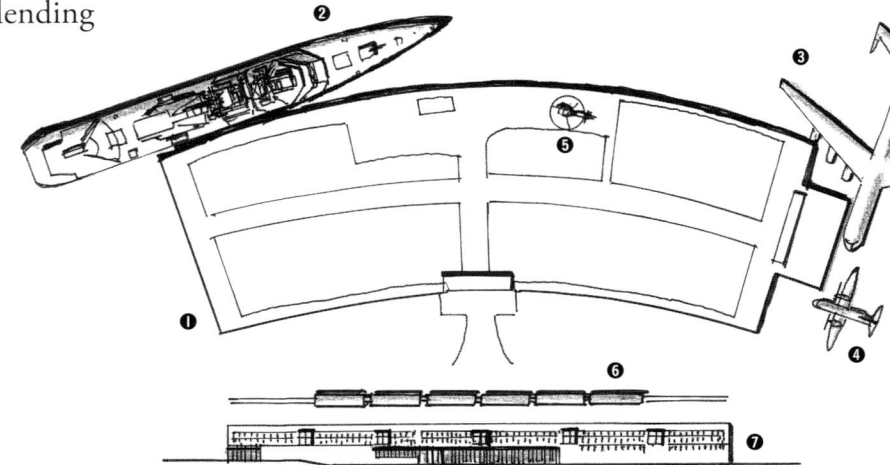

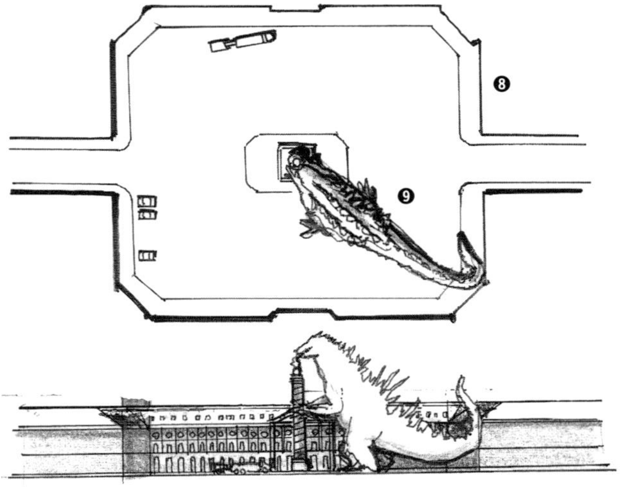

1 出島
2 イージス艦
3 An255（アントノフ・ムリーヤ）
4 ターボプロップ旅客機
5 AS350 ヘリコプター
6 銀座線 6 両
7 ガララテーゼ集合住宅
8 ヴァンドーム広場
9 ゴジラ

50m

　現在でいう特区、長崎の出島は、東と西の直線部がほぼ 70m、南と北の湾曲部がそれぞれ 230m、190m 程度の大きさの扇形画地になっている。東西はボーイング 747 くらいの長さだが、現在、最大離陸重量 600 トンの大型重量輸送機 An255（アントノフ・ムリーヤ、全長 84m）が、全長 26m 程度のターボプロップ旅客機とともに待機し、出島には AS350 ヘリ（全長 11m）が着陸、南には全長 160m 強のイージス艦（「こんごう」型は 161m、「あたご」型は 165m、「ひゅうが」型——ヘリ搭載——は 197m の長さ、なお「イージス」はギリシャ神話でゼウスが娘アテナに与えた盾＝アイギスの英語読み）が接岸している。
　南辺はローマのポポロ広場長辺に近く、また北辺はコロセウムの外長径に近い。異文化がこの中で交錯した。
　この北辺は、ミラノ郊外にあるアルド・ロッシ設計の長大でいささかメタフィジックな表情をもつガララテーゼ集合住宅（長さ 182m、幅 12m、高さ 14m）やサーリネン設計のダレス空港ターミナル（横幅 180m）にほぼ近似する。その半分強が、東京メトロ銀座線車両 6 両連結の長さだ。出島自体もサッカーコート 2 面分くらいでそれほど大きくない。
　出島面積よりやや大きい都市広場が、パリのヴァンドーム広場である。この広場は高級ブランド街ラ・ぺ通りの始点であり、庶民的というより、格式のあるフォーマルな社交性をもつ環境で、ショパンがここに逗留したことでも有名だ。もともとルイ 14 世のために整備されたものだが、この広場くらいで鎖国中の対外貿易をほとんどすべて賄っていたことになる。文化の孵化は空間のサイズの問題ではなく、その情報交通の質量にある。
　ルクソールのオベリスク（高さ 23m）の倍近い 44m の高さをもつヴァンドームのトラヤヌス記念柱は、ちょうど初代ゴジラがかじるのに適した高さにセットされている。ゴジラはここでクールベ化したのだろうか、大砲材再利用でつくられたブロンズの円柱意匠を芸術的価値がなく、かつ共和制前の征服の記憶が残るから壊せと言ったのは、ほかならぬ、画家クールベであった。
　初代ゴジラはおおよそ時速 40km で歩いたと推定されていることからすれば、出島の端から端まで、20 秒かからずにゆったりと横断していたはずだ。

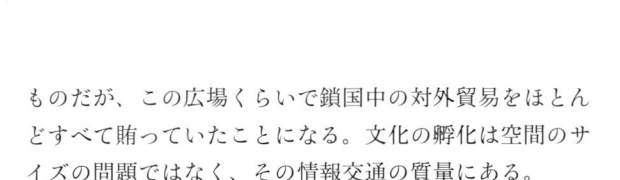

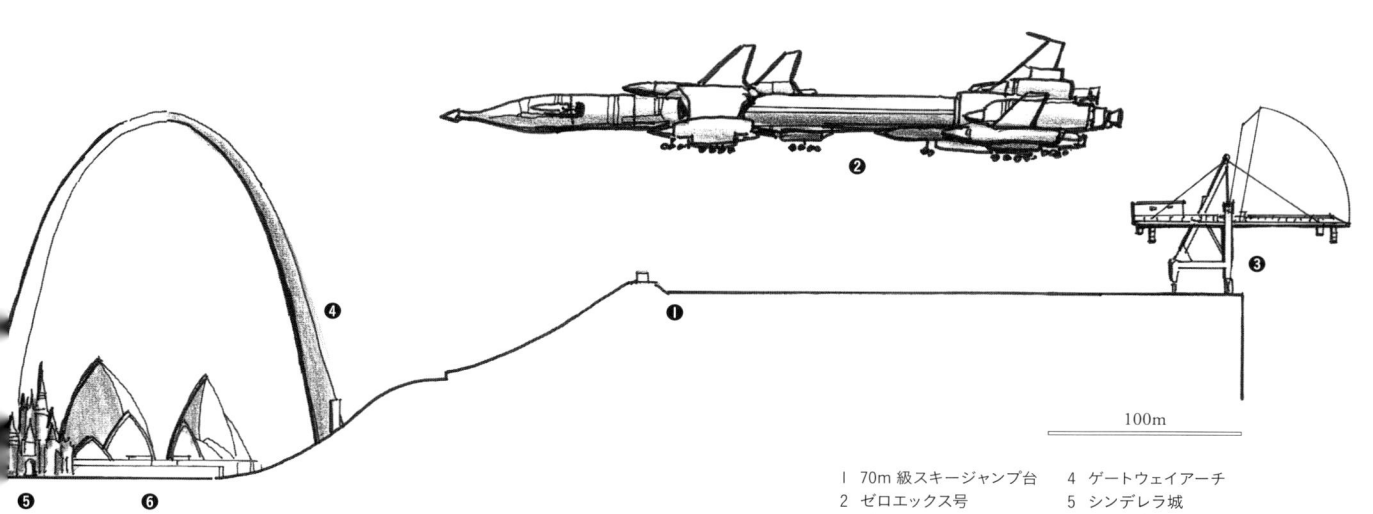

1 70m級スキージャンプ台　　4 ゲートウェイアーチ
2 ゼロエックス号　　　　　　5 シンデレラ城
3 ガントリークレーン　　　　6 シドニーオペラハウス

44 ジャンプ台の回りのランドマーク
Landmarks around a ski jump

　スキーの70m級ジャンプ台だ。70mは、踏切台からP点（着地標準点）までの斜面なりの距離で、水平だと62mくらいである。K点はそれより20m先になる。スタート地点は天候状況などによって変わるが、そこと最下水平面まではおおよそ落差100m前後ある（踏切台からだと落差60m）。スタート地点から助走路（アプローチ）ー踏切台（シャンツェ）ー着陸斜面（ランディングバーン、傾斜は34度前後）ー圏外（アウトライン、水平の地表面）端部までの水平距離は、約350mである。これは上空を飛ぶゼロエックス号（劇場用「サンダーバード」に登場した火星探索ロケット）の想定長さ、あるいはモスクワの赤の広場長手長さ（短手は100m）に等しい。

　最下水平面よりセントルイスのゲートウェイアーチ（高さ192m、アーチ幅もほぼ同じ）が立ち上がっている。このアーチはアメリカの東部と西部を分ける境界のランドマークだ。ジャンプ台上の地盤の端にあるガントリークレーン（高さ約100m）が、そのキリンのような首を目一杯もち上げると、アーチの頂部とほぼ同じになる。

　アーチの下には、マジックキングダムのシンデレラ城（高さ56m）とシドニーオペラハウス（高さ60m）が並ぶが、助走路に入らないと認知できない。しかしそのときの風景は多分刺激的にちがいない。こうしたプロポーショナルなスケールには世界のランドマーク建造物が多い。赤の広場の聖ワシリー大聖堂（高さ47m）、ヴェネチアのサンマルコ寺院（高さ52m、鐘塔高さは96.8m）、サマラの螺旋型ミナレット（高さ54m）、アグラのタージ・マハル（高さ65m、基壇平面は100m角で高さ9m）、カンボジア、アンコールワットの中央塔（高さ65m）、バンコクのワット・アルン大塔（高さ74m）などだ。

　ゲートウェイアーチもかなりの規模だが、イタリアファシズム時代のEUR常設博覧会都市（ローマの南郊外）の入口、ローマの中心に向けたその都市の中心軸上に、サンピエトロ寺院も楽々と跨げる高さ約250mのゲートアーチ――やや扁平アーチでスパンは750mに近い――を建てる計画があった。しかし、ジャンプ台のようなモニュメンタルなアースワークには、そんな形態がよく似合うかもしれない。

45 抗広場恐怖症
Anti-agoraphobia

　閉所恐怖症の対極、すなわち広い場所が恐い広場恐怖症はアゴラフォビアと言う。アゴラとは古代ギリシャの議論や対話をする市民広場で、アテネのアゴラは回廊をもつ各種ストアに囲まれた形で、だいたい120m×150mの規模である。

　19世紀ウィーンで広場研究をし、古典古代や中世の広場がもつヒューマンスケールを核に芸術的・文化的都市空間の創造を求めたカミロ・ジッテによると、欧州の大型広場の平均的なサイズは57.5m×140.9mだそうだ。これは大型であるので、都市の中心的広場であり、それ以外の中小さまざまな広場が、まず基本的な都市の外部空間ということになる。

　これに比して近代的な祝典機能ももつ大規模な平場は、スケールが半桁ないし1桁上がる。ニュルンベルクにあるほぼ400m四方のツェッペリンフェルトも、もともとツェッペリン飛行船の跡地利用で練兵場にも使用された。パリの旧練兵場シャン・ド・マルス（マルスは戦いの神）は現在では500m×1000mの巨大な都市公園になっているが、度重なる万国博覧会会場用地でもあった。東京の代々木公園も、現在は東西950m、南北750mの変形五角形だが、その前はワシントンハイツ、戦後の接収前は90ha規模の練兵場の一角であった。ちなみに、ピラネージの描く「古代ローマのカンポ・マルツィオ」は練兵場が都市空間全体に拡散された非合理の夢想だ。

　ヒューマンセンスの広場は、単なる平場だけではなく、広場と一体になった関連要素が重要となる。広場を囲む親密なサイズの都市型建築はもちろんのこと、150m角のパリのヴォージュ広場（王室広場）には回廊・緑地・小径によるスクエアの階層化と中心のモニュメントがあり、100m×120mのシエナのカンポ広場は広場自体が8mの勾配落差をもち、95mの高さのマンジアの塔が隣接して建つ。横幅170mの三日月状のバースのロイヤルクレセントには、半開放の眺望性があり、最大長手180mのヴェネチアのサンマルコ広場はドラマチックに分節されて海とつながっている。ポンペイのジュピター神殿前のフォーラムは多様な公共施設に囲まれた120m×40mの広場で、ジッテの平均値のひと回り小振りのサイズだ。

　抗広場恐怖症には、そんな要素の統合化が不可欠なのである。

1 シャン・ド・マルス　　6 サンマルコ広場
2 ヴォージュ広場　　　　7 モヘンジョダロ
3 カンポ広場　　　　　　8 ポンペイ
4 アンコールワット　　　9 ツェッペリンフェルト
5 ロイヤルクレセント　　10 C.ジッテ「平均的大型広場」

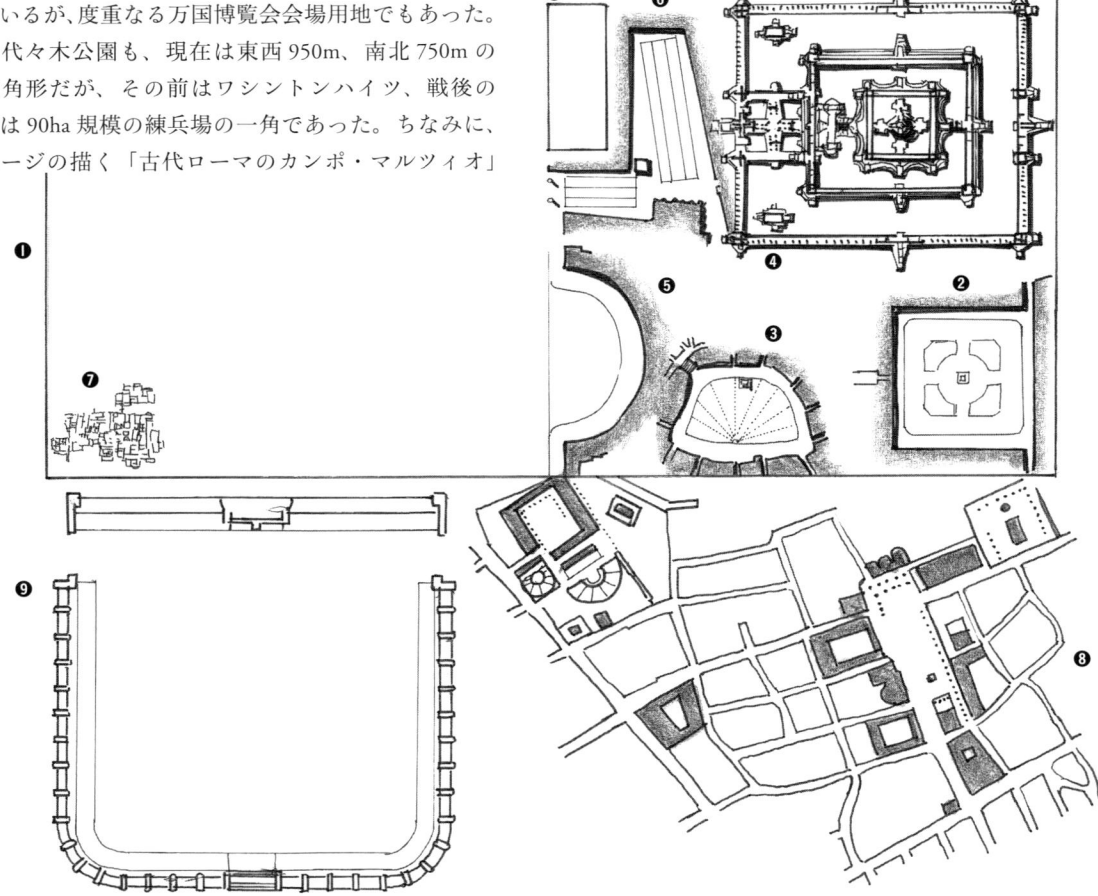

100m

46 野心的建築群にラドンが飛来
Rodan comes flying over ambitious projects of architecture

1 マイヤーの国際連盟案
2 東京カテドラル
3 フジパビリオン
4 大阪万博お祭り広場
5 サグラダファミリア
6 フィレンツェ大会堂
7 ル・コルビュジエ「ヴォワザン計画」の超高層
8 ラドン

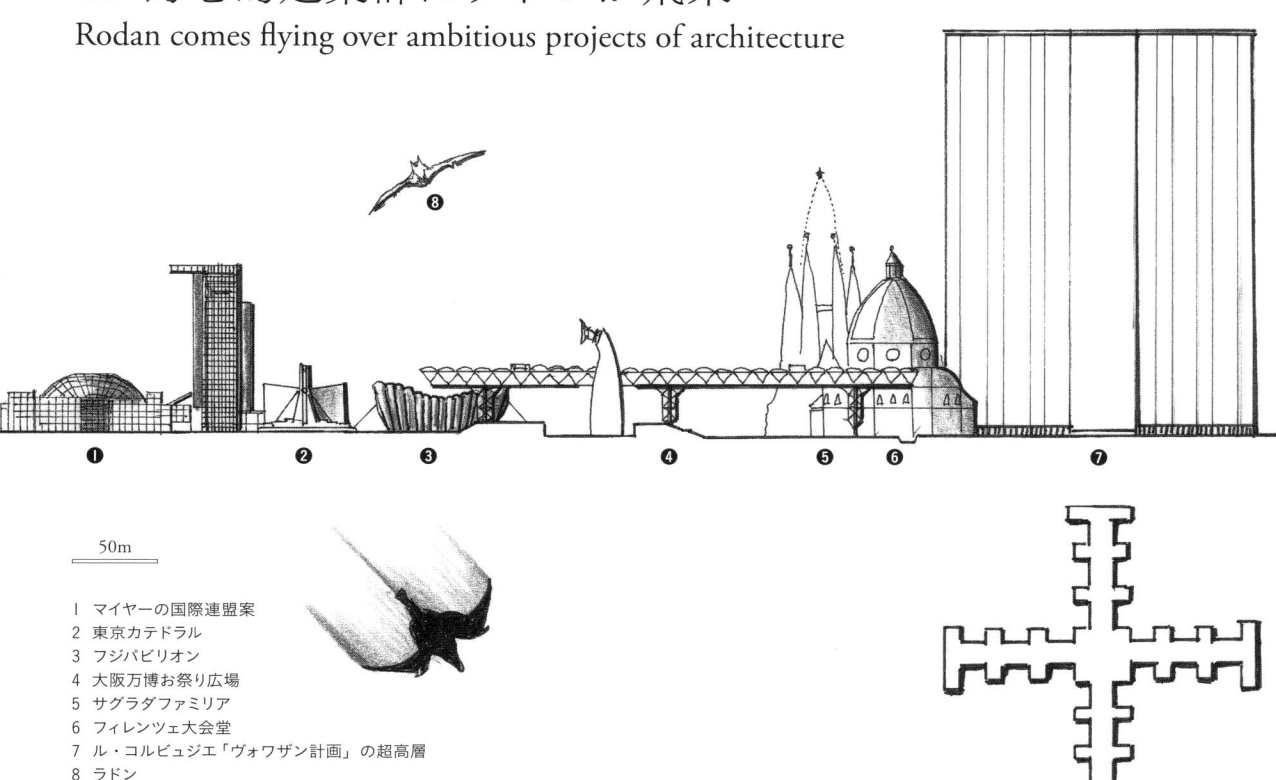

　1970年大阪万博の高さ約40mのお祭り広場の大屋根——292m×108mの広がりをもつトラス屋根が6本の支柱で支えられている——が水平線を形づくる。それよりやや低く、馬蹄形・ロバチェフスキー曲面のシルエットをもつ長さ80m、端部高さ32m、中央高さ25mの村田豊設計のフジパビリオン（外壁ともなるユニークなチューブ空気膜は4mの直径でカラフルだ）がやや遠景にうかがえ、その柔らかな表情は隣の固い最高高さ40mシェル構造の東京カテドラルと並ぶ。代々木のオリンピック体育館の126m離れた2基のコンクリート主塔、カテドラル、大屋根と、丹下健三設計の名建築の高さは不思議と40m程度である。そして革新的な近代建築構想であったハンネス・マイヤーの国際連盟案（実現せず）と革新的なルネサンス建築であったブルネレスキのドゥオモ（フィレンツェ大会堂）は、共に100mの高さで大屋根の端部を固めている。背後遠景においては、ガウディの未完のサグラダファミリアが、170mの主塔を中心に岩山のように屹立する。
　180m×180mの鋸型十字形のプランをもつル・コルビュジエによるガラスの超高層は、高さ240m、「パリのヴォワザン計画」などでも頻繁に登場する建築要素だ。240mの高さはモスクワ大学の尖塔頂部と同じだが、量塊的な超高層の存在感は比べるものを見出せないほどである。超高層の屋上は爆撃にも耐える金属製の屋根構造になっている。
　野心的な建築群は、高さ70mの「太陽の塔」を中心に、地形のような連なりを見せる。
　翼開張81m（270フィート）のラドンがこの人工地形に飛来した。京都の大文字の一画、ブルネレスキのフィレンツェ大会堂横に建つジオットーの塔の高さ（82m）に近似するサイズだ。翼竜プテラノドン（翼開張8m前後、こちらはシンガポールの元祖「マーライオン」の高さと同じ寸法である）を祖型とする最も高貴で受難を抱く怪獣でありながら、怪鳥ロプロプやユビュ王の息子（アルケオプテリクス）のようにイタズラ好きで西海橋などを壊す。超音速の鳥は同じように、その途方もない衝撃波で建築群を破壊するのだろうか。コルビュジエのガラスなどとくに危ない。しかしそれは、野心という受難＝情熱に対する守護神が、ガルーダのように見守りながら滑空しているようにも見える。

47 球体系列
Succession of spheres

球は小さなボールから地球、さらに天球まで、最も少ない表面積で最も大きな容積をつくる「完璧」を形象化した姿であり、ゲーテの『ファウスト』でも扱われたように、われわれはそれに美以上の深遠な魔力や宇宙性を感じる。

ニューヨークのアメリカ自然史博物館のローズセンターでは、外直径26m（87フィート）の球体——内部は、上半球がカール・ツァイス社製高精度プラネタリウム、下部は床下映像をもつ「ビッグバンシアター」——が四角いガラスの箱に収められた。

1939年ニューヨーク博の球体テーマ館ペリスフィアは、直径60m（200フィート）の白球で、高さ210m（700フィート）の尖ったトライロンタワーを従えた。その後の1967年モントリオール博のアメリカ館では、直径82mガラスのフラードームが登場する（完全な球体ではないが、やはりフラーによるマンハッタンの「ジオデシックドーム計画」の直径は、何と3200mに及んでいた）。オーランド、ディズニーワールドEPCOTセンターのAT&Tが提供する球体の「宇宙船地球号」は、このフラードームのシステムを使った直径54m（180フィート）の展示パビリオンだ。球の外装はテトラ型の三角形のアルミパネルで被覆された。一見、巨大な銀のドリアンのようである。

幾何学を革命形態のアルファベットにするロシア構成主義の中でも、イワン・レオニドフによるレーニン研究所の球体は、気球のように大地から遊離せんとするそれをテンション材がつなぎ止めるユニークな形状をしている（通常の気球の直径は約12m）。この中はオーディトリアムで4000人近くを収容し、その推定直径は約100mである。しかし何と言っても球体建築の極北は、啓蒙期のブーレーの構想したニュートン記念堂であろう。理神の権化たるニュートンのための記念堂の内部は、昼はプラネタリウムになり、夜は人工の光（松明）が巨大なホールを照らす。その外直径は推定230mを下らない。

川幅約200mの隅田川にかかる勝鬨橋や東京ドーム直径とほぼ同じ長さをもつヒンデンブルク号（ツェッペリンLZ129型の旅客飛行船、長さ245m）は、これら球体への異常な愛、球への偏執的な博物苑を俯瞰的に眺めているのだろう。

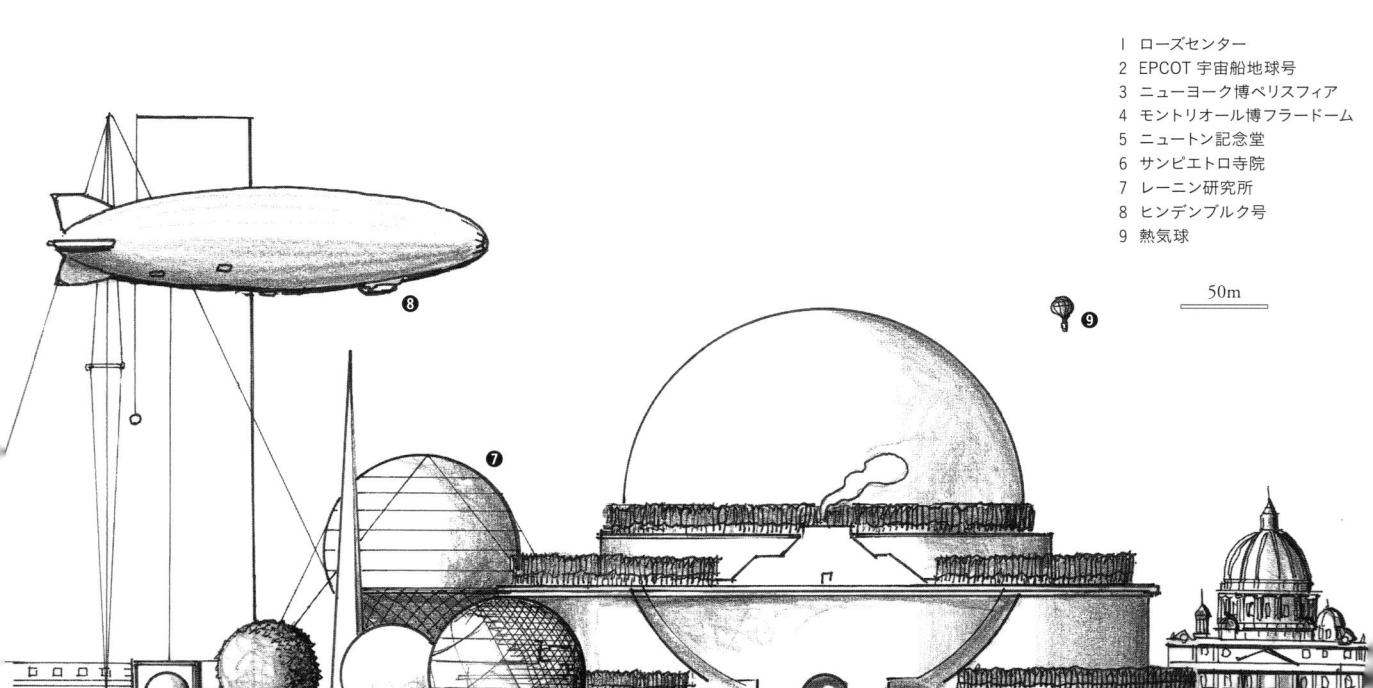

1　ローズセンター
2　EPCOT宇宙船地球号
3　ニューヨーク博ペリスフィア
4　モントリオール博フラードーム
5　ニュートン記念堂
6　サンピエトロ寺院
7　レーニン研究所
8　ヒンデンブルク号
9　熱気球

50m

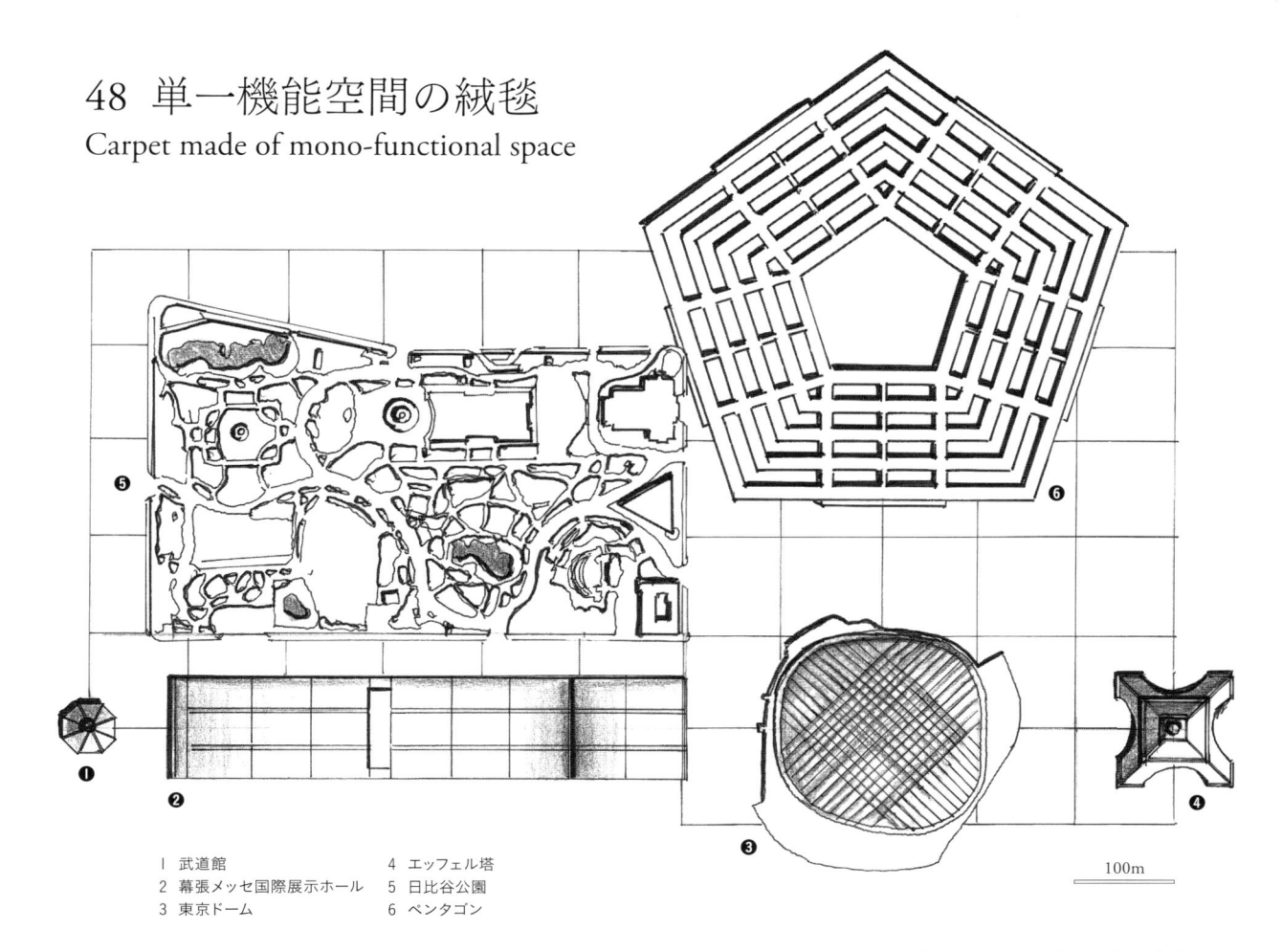

48 単一機能空間の絨毯
Carpet made of mono-functional space

1 武道館
2 幕張メッセ国際展示ホール
3 東京ドーム
4 エッフェル塔
5 日比谷公園
6 ペンタゴン

　都市的な複合を見せる施設や環境より、単一目的のためのシンプルな施設や環境の方が、スケール比較の要素という視点からするとレジビリティ(読みやすさ)が高い。

　八角形の日本武道館(アレーナ客席の1辺は23m)の直径は約60m強、一方東京ドームは直径が244mに及ぶ。これに幕張メッセの国際展示ホール(全長516m、全幅105m)の単一機能空間の3点セットを定規にすれば、民事的な施設関係の規模はあらかた把握できると言ってもいい。エッフェル塔はその高さ(324m)がよく強調されるが――本来は1000フィート(約300m)の塔で、その後通信設備などが付加された――、その4本開脚の120m角(ボロブドール平面と同じ)のスケール感の方が、他との比較においては有用である。

　なお、マスメディアなどで規模を表現する際によく使われる比較単位としての東京ドームの広さは、4万6755㎡であり、体積は124万立米である(ピラミッドの体積は、約倍の260万立米)。

　また幕張メッセ展示館長辺の516mは、プラハのブルタバ川に架かる名橋「カレル橋」の長さと同程度の寸法である。この橋は、1357年9月7日5時31分に完成したと言われている――「回数字」にこだわったのであろう。もう1割半長ければ、ジグザグしたヴェルサイユ宮殿庭園側ファサードの全長(約600m)に届く。また展示館の横幅は、大阪万博お祭り広場の大屋根の横幅(108m)に近い。これもあと少しで、展示ホールと機能的には類似する1889年パリ万博の機械館の鉄骨アーチスパン(115m)に達する。

　一方、公園として定規になりやすい日比谷公園は若干不整形だが、550m×300mであり(東京ドーム3個半分)、1辺280mのペンタゴンと底地面積的には近似したものになっている。木曽中山道妻籠宿の街並みの長さが約270m(2町30間)だから、ペンタゴンの巨大さは半端なものではない。1棟単体で61万6500㎡の床面積(東京ドーム13個分)をもち、階段数131基、廊下総延長が28kmにも及ぶ最大のオフィスビルだ。同じく五辺形であれば、外形の折れ曲がり方は異なるが、土木的構築物でもある函館の五稜郭(1辺が297m)よりやや小さいくらいなのである。

49 ジグザグとその幻影
Zigzag and its illusion

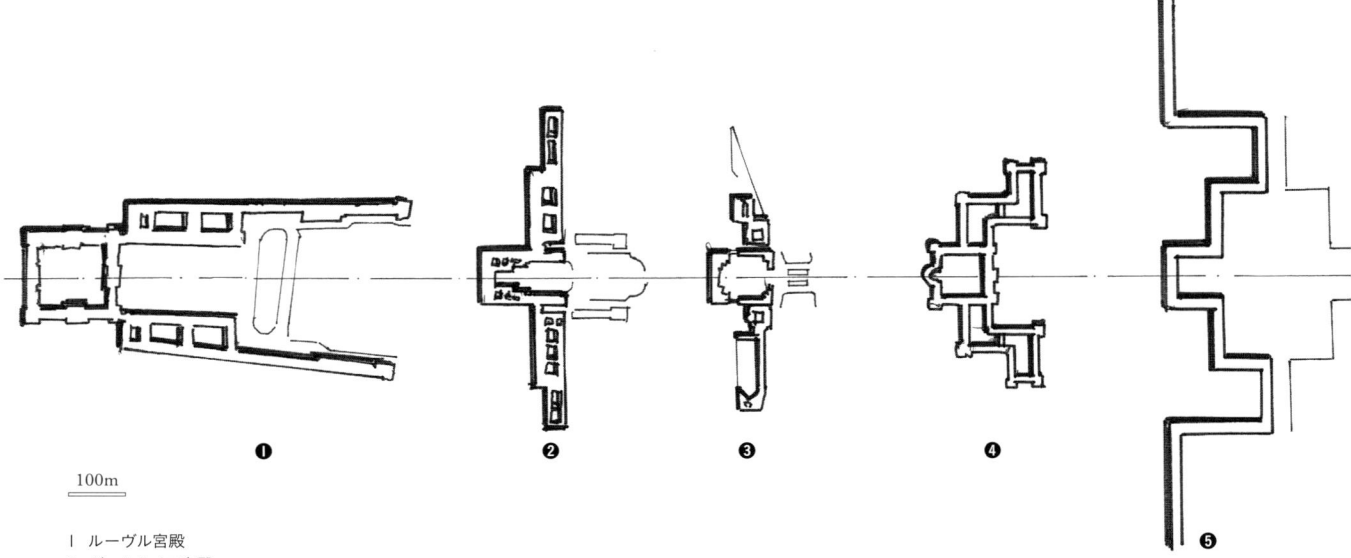

❶ ❷ ❸ ❹ ❺

100m

1 ルーヴル宮殿
2 ヴェルサイユ宮殿
3 シェンブルン宮殿
4 ファランステールの中心共同施設
5 「輝く都市」の屈曲住棟

　規則正しいジグザグは、宮殿施設を含む大規模な建物、しかもいくつかの建物要素が分節接合されている場合に顕著にうかがえるようだ。なぜならそのようなジグザグ構成は、シンメトリー（対称性）や正面性を際立たせ、遠近法的な空間のドラマを生むことができるからである。

　ルーヴル宮殿の170m長の東面は、当時のアカデミーの首領でもあったクロード・ペローによって、ギリシャ風に仕立て上げられた。クロードは童話作家シャルル・ペローの兄である。宮殿は増築を重ね、ティルリー公園からエトワール広場方面に向かい700m近く伸びるジグザグな様相を呈し始める。ジグザグの大建築で有名なヴェルサイユ宮殿も増築を重ね、その立面長は600mに達した。ウィーン郊外にあるシェンブルン宮殿は、さすがにヴェルサイユを範としたのか、オランジュリを抱えた宮殿構成は庭園に向けてジグザグを形成し、サイズ的にはオランジュリをのぞく宮殿本体の庭園側ファサードは250m程度だが、市街地側には約500mの建築的連続を見せている。

　ヴェルサイユに似ていると言われるファランステールの中心共同施設は、実現はしていないが、1500人収容、建物各所はパサージュ的な環境で結ばれた複数の中庭をもつジグザグ建築だ。この長手立面はおよそ400mの長さをもつ。ファランステールはシャルル・フーリエによって構想された19世紀の産業ユートピアで、この中心共同施設の正面中央には、高さ約50mの塔がシンボル的に建っている。

　無辺際のジグザグは、ル・コルビュジエの「輝く都市」の公園内の水平連続住棟のプランで、パターンのピッチは約550m、鏡像のように対称形になりながら、高さ240mの超高層と共に近代衛生的な都市が構想された。実はこのパターンは、彼が行き付けのカフェのテーブルクロスの模様から発案されたとも言われている。「無辺際」であることが、因習的な建築構成の伝統を払拭する大きなファクターになっていると言ってもいい。

　これほど大規模ではなくても、挑戦的なジグザグもある。高さ21.5m、総延長約120mに及ぶリベスキントのベルリンにあるユダヤ博物館で、稲妻のような不規則なジグザグは、切り裂かれた壁面ともどもヴォイド（空虚）的空間性を際立たせ、あたかも歴史の遠近法と建築のドラマツルギーに異議を申し立てているかのようだ。

50 歴史に封印されたメガロマニア
Megalomania being confined under the history

　メガロマニアとは、字義通り、誇大妄想という意味である。あるいは誇大偏執、誇大狂と言ってもいい。
　1851年第1回ロンドン万国博覧会のメイン会場は、近代造園家ジョセフ・パクストン設計による長さ564m（約1851フィート）のクリスタルパレスである。大温室として有名な現存するキューガーデンのパームハウスで長さ113m程度だから巨大きわまりない。総鉄骨量はほぼ東京タワーのそれにも匹敵する。この明るい鉄とガラスの空間は近代空間の祖型になったばかりか、プレファブ技術によって鉄の時代を築いたものとして知られているが、ハイドパークからジデナムに移設されたクリスタルパレスは1936年に焼失する。
　アルベルト・シュペーア構想の第三帝国人民ホールは、高さ300m、下層部が400m角、サンピエトロ寺院（高さ133m、下層部210m×150m）をはるかに凌駕する大ドーム計画であり、千年王国の首都ベルリンの5kmに及ぶメイン街路を受け止める大ランドマークになるはずだった。400m強の高さをもつニューヨークの繁栄のシンボル、ワールドトレードセンターは9・11テロによって姿を消した。1海里の精度で5000海里以上の有効距離の長波長電波によって航路誘導をした高さ455mの対馬オメガ塔はその役割を終え、1998年に解体された。
　ギザのピラミッドはその神聖な意味内容は死滅し、観光名所と研究対象という新しい生の中で生き続けている。現在は頂部が欠け137mの高さだが、本来は高さ147.09m、四周計924.56m（これは147.09×2×22/7［πに近似］にほぼ相当）で、それぞれ地球の極半径、極円周の1/43,200という「地球の表象」であり、ナイルの洪水を告知する巨大な日時計でもあった。なお、最大墓所として、250m直径の円形部をもつ仁徳天皇陵は、長さ480m、幅300mである。──ヴォリューム的にいえば、秦の始皇帝陵（300万立米、高さ76m）＞ピラミッド（260万立米、高さ147m）＞仁徳天皇陵（140万立米、高さ36m）となる。
　メガロマニアは宿業のように、歴史のカタログの中から遠隔的な魔力で、各時代に新しいメガロマニアを堕胎する生理をつくり上げているのだろうか？

1　クリスタルパレス
2　ワールドトレードセンター
3　ギザのピラミッド
4　第三帝国人民ホール
5　対馬オメガ塔
6　法隆寺
7　代々木オリンピック体育館

100m

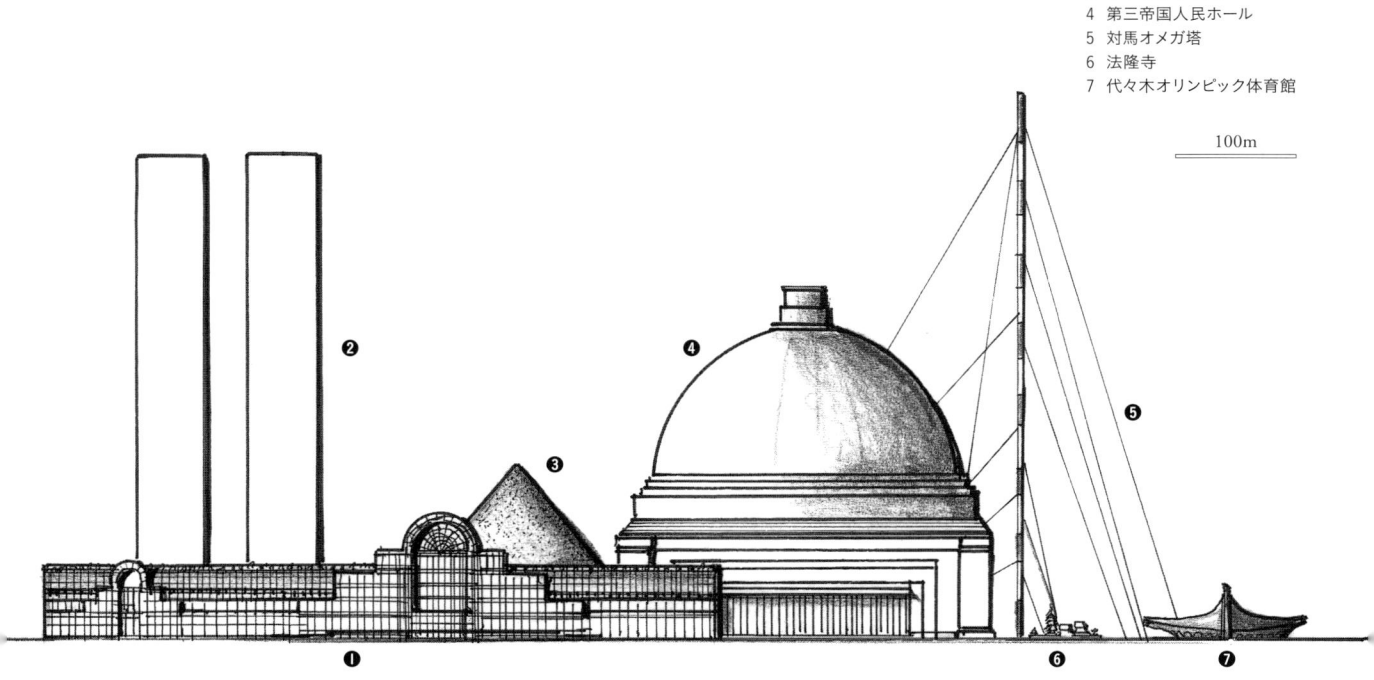

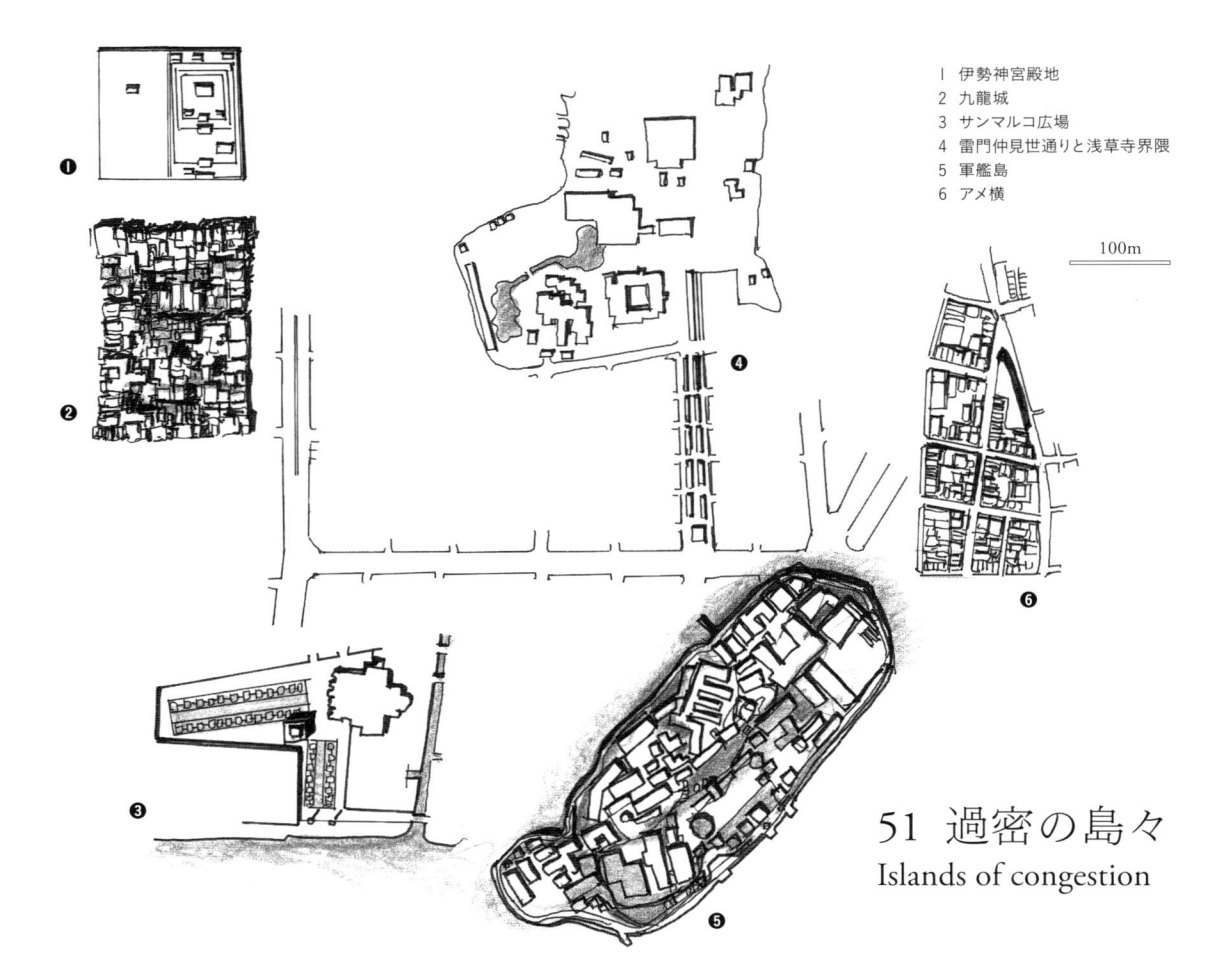

1 伊勢神宮殿地
2 九龍城
3 サンマルコ広場
4 雷門仲見世通りと浅草寺界隈
5 軍艦島
6 アメ横

51 過密の島々
Islands of congestion

　過密な集住や雑居界隈は世界各地に存在する。
　長崎港から約7.5kmにある軍艦島(正確な名称は、端島)は、周知のように、西彼杵炭田の海底炭坑によって繁栄した小さな自足都市である。1890年代より1931年まで6回にわたる埋め立てを続行、480m×160mの大きさで、現在は観光対象の無人島(要は廃墟)になっている。閉山は1974年。ノルウェーの最大タンカー「ノック・ネヴィス号」(長さ458m、幅69m)より長さがやや長く幅の広い島である。ここは日本初のRC(鉄筋コンクリート)造の集合住宅が建ったことでも有名だ。標高は約48m。島は集合住宅や炭坑関係施設のほか、神社などの宗教施設や商業・娯楽施設、小中学校などももっていた。往時の人口密度は8万3000人強／平方キロ。
　しかし、それを上回る非合法の過密集住体が、東洋のカスバと言われた香港の九龍城(1994年解体)である。200m×150mの敷地(伊勢神宮の殿地の1.5倍強)いっぱいに14階建ての狭小なビルが群立・癒着する中、5万人が暮らし、密度は一時190万人／平方キロにも達したという。九龍城は当時の国際空港であった啓徳空港に隣接し、城の中では、居住から雑多な物販や飲食、市場、歯科医院(主として入歯製作)、それに賭博場などが混在し、それらが立体迷路状に錯綜していた。
　ちなみに、現在の世界平均の人口密度は、50人／平方キロ、最も高い国はマカオで1万8000人／平方キロ、日本は336人／平方キロ、東京は6000人／平方キロである。
　市街地は、しかし、ある程度過密・稠密であることによって活力が生まれ保たれるものであることは言うまでもない。実際、軍艦島や九龍城のスケールを前後する規模でそんな状態が局所的に起こっている場合が多い。浅草の雷門仲見世通りもアメ横の中心を走る見世路地長さもほぼ250mだ。この寸法は、桂離宮の竹の垣根である「桂垣」の長さやモスクワのグム百貨店ファサード(と内部パサージュ)長とも同じである。盛り場として有名な新宿ゴールデン街は60m×80m、四谷荒木町は70m×200m、吉祥寺のハモニカ横丁は50m×40〜60mだが、それ自体はややコンパクトに還元された雑居地区だと言っていい。

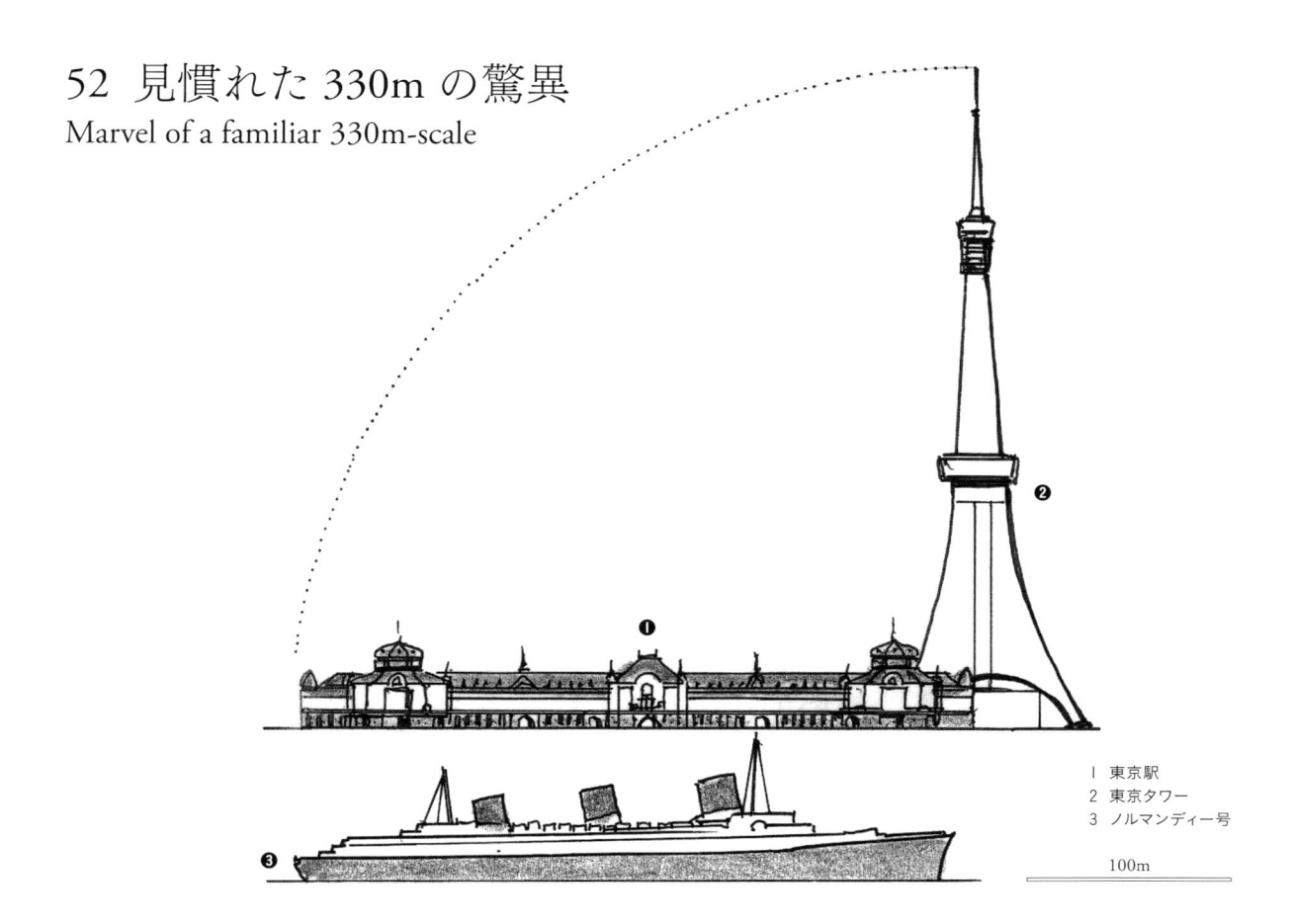

52 見慣れた 330m の驚異
Marvel of a familiar 330m-scale

1 東京駅
2 東京タワー
3 ノルマンディー号

100m

　330mというサイズはオーシャンライナー（遠洋定期船）が専有的にもつサイズのレンジだ、とも言える。27万トンクラスのタンカー（全長330m）、豪華客船ノルマンディー号（全長313m）、QE-Ⅰ（クイーンエリザベスⅠ世号）（全長314m）、QE-Ⅱ（全長293m）、また最近パナマ運河の通行規制の緩和予定とも相まって、クイーン・メリー2号は全長345m、オアシスクラスの客船は全長360mくらいに達する。ちなみに、タイタニック号全長は270m、戦艦大和全長は263m、空母ロナルド・レーガン全長は333mである。

　333mということでわれわれがすぐに想像するのは、昭和33年に建造された東京タワー（高さ333m）であろう。実は、辰野金吾設計の東京駅駅舎の長さは330m強だから、東京タワーを横倒しにすると同じ寸法になる。東京駅は駅ターミナルであると同時にホテルでもあるから、その意味からもオーシャンライナーと似ている。

　横倒し、あるいは縦起こしすると同じ寸法、というものは、当然のことながらいろいろある。まず、東京都庁舎（高さ約243m）を横倒すと、東京ドームの直径（約244m）になる。世界一高いエキバストス第二発電所の煙突を横倒せば、ラスベガスの名所である電飾アーケード「フリーモントストリート」の長さと同じ420mだ。上海浦東にある球状のモチーフを塔に組み込んだ東方明珠電視塔（高さ約468m）は、京都駅ビル幅（長さ約470m）に相当する。シカゴの超高層ジョン・ハンコックセンターは、鎌倉鶴岡八幡宮の段葛にぴったりと収まる（457m）。東京スカイツリー（高さ634m）も、ちょうど大阪の心斎橋から道頓堀橋の間に長々と横たわる。

　本来、長さと高さは異質のものとしてわれわれは認識する。それは水平感覚と垂直感覚という明快な差異のみならず、われわれの視野のレンジも影響している。上下より左右の視野角が大きく、東京駅と東京タワーを一瞥のうちに収めるには、観測点と対象との距離が異なったものにならざるを得ないのである。また同じく水平的な空間でも、その視野のあり方によって全く異なった印象を受けるものになる。東京駅（ソリッド）も330mだが、横浜中華街の本通りや関帝廟通り（ヴォイド）の端から端までも330mなのである。

53 400mを讃える庭で
Above the garden celebrating 400m

　400mは人間の歩行、視野を考慮したときの基準寸法のひとつである。約500〜600歩、5分強で到達する距離であり、公園や都市空間の設計の場合、400mごとに休息施設を設置する場合も多い。要するに、「ひと息」的に移動でき、また400m離れた場所にある対象物は「歩行によって捕獲可能な距離をもつ視認性」において見ることができる寸法である。街並みの連続としても最適値のひとつであるとも言われる。都市を創造するときのモデュールである800mの半分の尺度だ。

　まず1両25mである新幹線が16両並んだときのサイズがわかりやすい。新幹線のホームは、その意味からすれば、必ず400m＋αにつくられている。また、すでに廃墟と化した1934年に建造されたニュルンベルクのツェッペリンフェルトの長大な桟敷建造物立面長さ（正確にはその両脇の結界ウォール間距離）、広島平和公園のハモニカ風の平和記念陳列館から原爆ドームまで、ウィーン郊外のシェンブルン宮殿の本館から庭園の丘の上につくられたグロリエッテ（望楼）まで、サンピエトロ寺院からテベレ川河畔までの「和解通り」（戦時中、ムッソリーニがヴァチカンと和解するために大聖堂をローマ都市計画に組み込むため整備された正面の大通り）長さなどはすべて400mである。マルセル・カルネ監督の「天井桟敷の人々」（1945年）でのニースに建造したパリのセット（街並み）の長さや沖縄首里城東西長さも400mだ。高さでいえば、破壊されたニューヨークのワールドトレードセンターツインビル、リオのパン・デ・アスカール（海に突出した岩盤——リオのシンボル的景観のひとつ）、そして香港のヴィクトリアピークなどが約400mとなる。驚異的な400mは、シイラに追われて42秒間最長飛行をした飛び魚であろう。

　広島平和記念陳列館では25mの高さの原爆ドームを400m離れた視点から見ることになるが、それは比例的には200m離れた厳島神社本殿から16mの高さの海上鳥居を見るのに似ている。東京大学の正門から40mの高さをもつ安田講堂までは約250mだが、アイストップになる対象物と眺望点との距離、アイストップの規模などの関係は、そこで何をどのように伝えたいか、感じさせたいかという設計上の戦略課題ともなるのである。

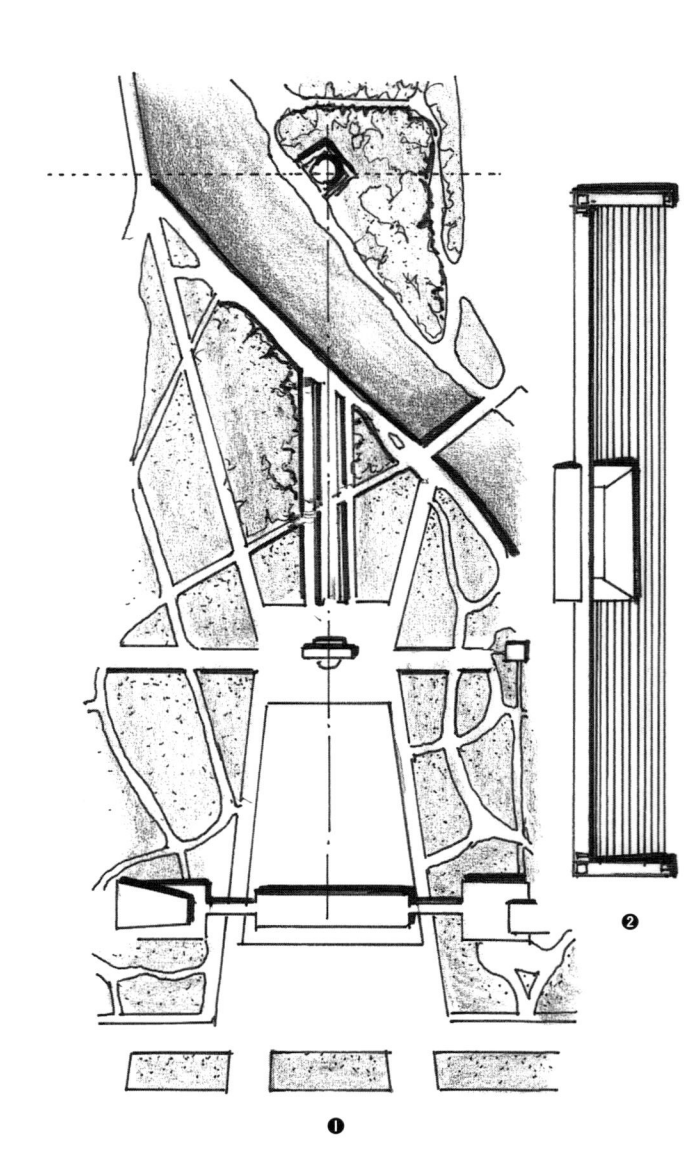

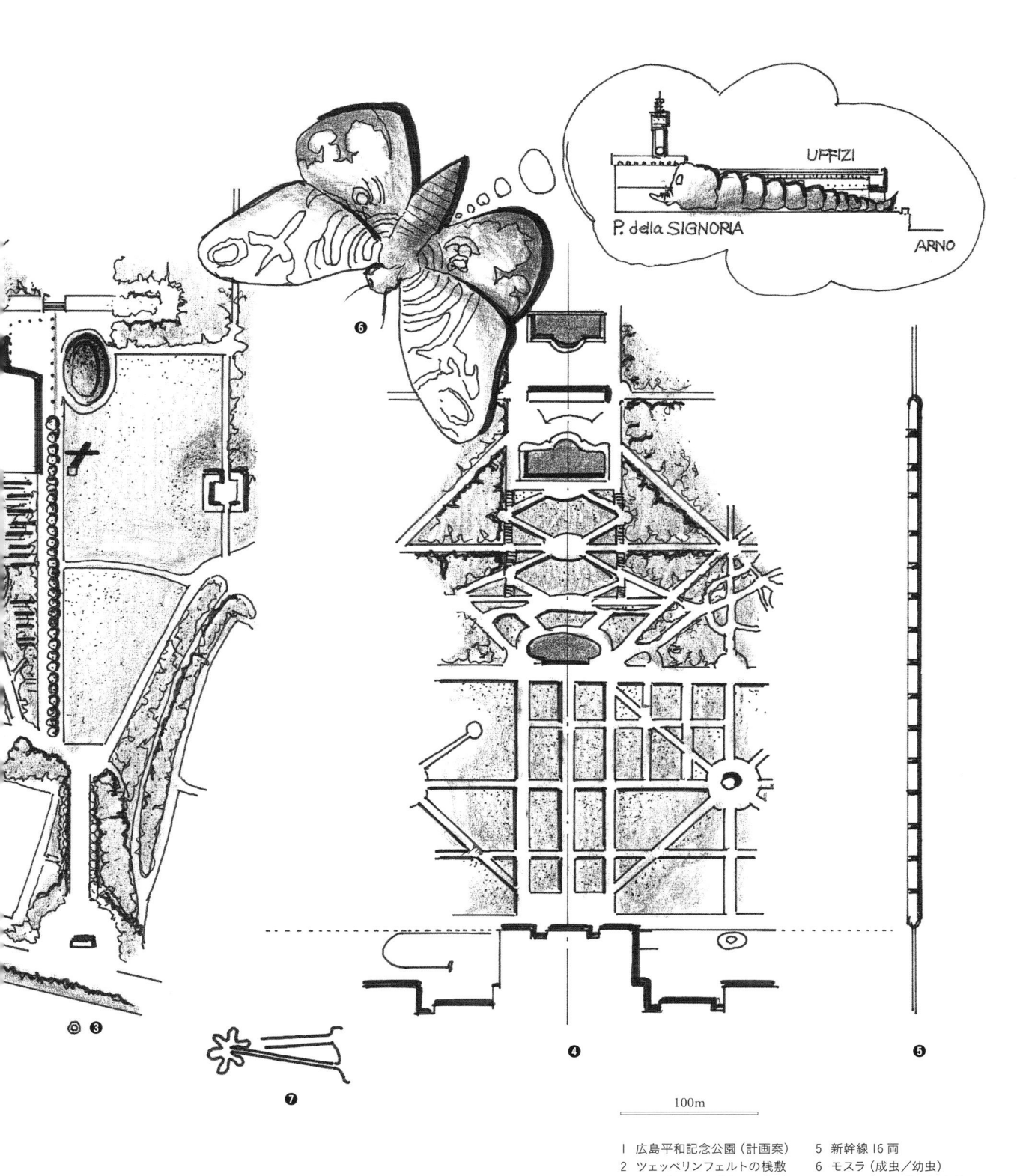

UFFIZI
P. della SIGNORIA   ARNO

❻

❸

❼   ❹   ❺

100m

1　広島平和記念公園（計画案）　　5　新幹線 16 両
2　ツェッペリンフェルトの桟敷　　6　モスラ（成虫／幼虫）
3　アスプルンドの「森の火葬所」　7　ナスカ高原の花の地上絵
4　シェンブルン宮苑

54 地形と競演する煙突
Chimney competing geographical feature

　地形のスケールと比べればどんな巨大な塊をもつ構築物も微細なものになってしまう。この地形と競演できるものがあるとすれば、恐ろしく長い構築物、たとえば、万里の長城（長さに関しては諸説があり、現存は2400kmとか、推定総延長では6000kmとかあるが、とりあえず中国国家文物局の公式見解では8550kmである）、あるいはもっと小規模ではあるが、クリストが北カリフォルニアで仮設的に造営した「ランニングフェンス」（40km）などか、針を刺したような煙突構造物などで、逆にその存在感を示せることが多い。

　世界一の高さをもつと言われるカザフスタンのエキバストス第二発電所の堂々たる煙突は実に420m（第一発電所の煙突は、高さ330m）あり、これはリオのパン・デ・アスカールの岩山や英国管轄のジブラルタルの岩山と並んでも遜色がない。煙突の煙をはく姿は、大地の呼吸器を想像させる。

　大雄院とも呼ばれた日立鉱山の大煙突（1993年に自壊、156m）も、周囲の八角煙突やダルマ煙突とともに、鉱山の野性的なランドスケープに独特な印象を与えている。壊された千住の「おばけ煙突」（4本、高さ83.5m）も、高層ビルのなかった時代の東京下町の風景に刺激的な躍動感をもたらした。かつてドイツ新古典主義の建築家カール・フリードリッヒ・シンケルが、煙突を近代社会のオベリスクと標榜して憚らなかった話を想い起こす。

　現在、最も高い煙突として近未来的に構想されているものは、800mの高さをもつアリゾナのソーラーチムニーで、頂部の集熱機構によって生まれた上昇気流を活用して、クリーンな発電を行おうとするものである。何とH2ロケット15機垂直に重ねた高さだ。

　岩山では、オーストラリアのウルル（高さ348m）、パン・デ・アスカールと並ぶリオの奇観コルコバードの岩山（710m、頂部に両腕を広げた珍しいキリスト像が設置されている――像は高さ30m、左右30m、9.5mの台座にのる）、さらにギリシャのメテオラ（616m、しかも頂部に修道院がつくられている！）などがいわゆる景観岩だ。

　考えてみれば、煙突は「地」や「水」とともに世界を構成する「（空）気」や「火」とも親和的な実体だから、人工と自然という枠組を超越した地平で、地形と拮抗するのだろう。

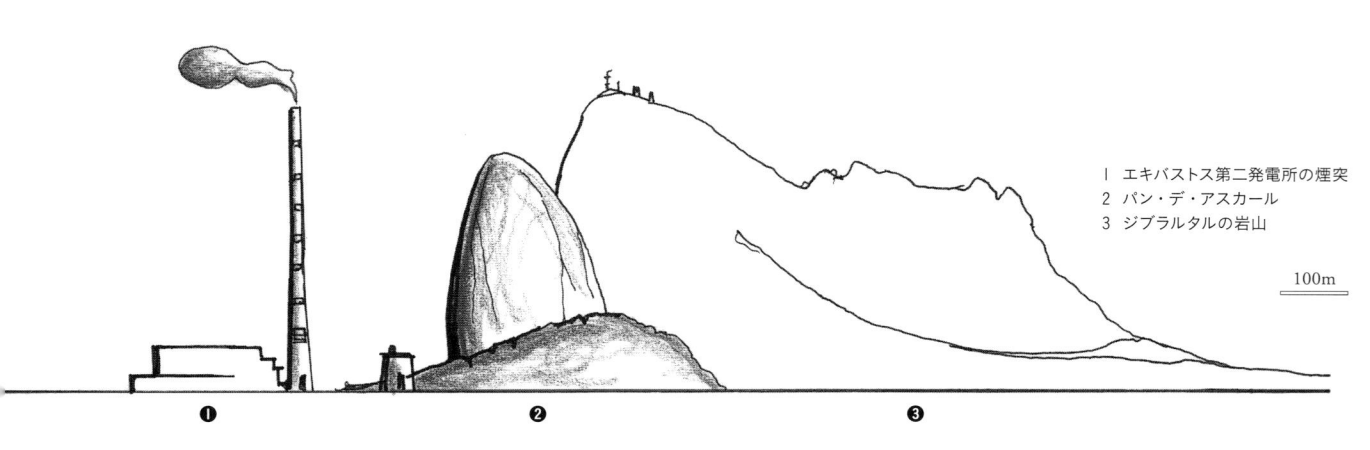

1　エキバストス第二発電所の煙突
2　パン・デ・アスカール
3　ジブラルタルの岩山

100m

❶　　　　❷　　　　❸

塔を並べて描く絵は数多く見かける。「高さ」が挑戦と技術的先進性を代理して顕在化するためだ。いわゆる「高さ比べ」である。エッフェル塔（324m）、上海東方明珠電視塔（468m）、東京スカイツリー（634m）が建っている。本来は、アメリカ塔（307m、1876年フィラデルフィア博のシンボルタワー）、東京タワー（333m）、モスクワのオスタンキノタワー（537m）、トロントのCNタワー（553m）、広州のTV塔（610m）、それに超高層のドバイのブルジュ・ハリファビル（828m）なども入れるべきなのだろうが、単なる数字の高さ比べではない景観がほしい。だからウラジーミル・タトリン構想の「第三インターナショナル記念塔」（高さ約400m）などが入っている。優雅なエッフェル、異形の明珠、木訥なツリーに、コズミックな狂気インターが加わる。

近くでは花火が打ち上げられている。中央が尺玉と言われる10号（直径29.5cmの玉）で、到達高度は330m、開花直径は320mだ。到達高度というのは、開花下限の位置を示す。左は可愛い3号玉で、高度120m、開花直径60m、しかし右の30号玉花火になると、高度600m、開花直径550mに達する大物である。

第三インターナショナル記念塔がコズミックな点は、そのスパイラルの斜行軸が地軸に合わせてある、すなわち北極星を射る構えを見せていることである。純粋言語の構成主義は、古代の想像力と同居し始めたと言うべきか。コズミックということで、小説版『2001年宇宙の旅』の長さ600mのモノリス（映画版ではせいぜい3～5mくらい）も置かれた。モノリスの寸法は、高さ：横：厚み＝9：4：1の相互に割り切れない数字になる。

ところで、これらよりはるかに高く光束を空へ向けているのは、1937年9月11日20時ニュルンベルクで催されたナチの祭典の高射砲用サーチライトによる光演出である。舞台であるツェッペリンフェルト周囲に、8000mの高さの「光の列柱」が突如つくられた、というものだ。この世紀のスペクタクルはレニ・リーフェンシュタールの映像で見ることができる。

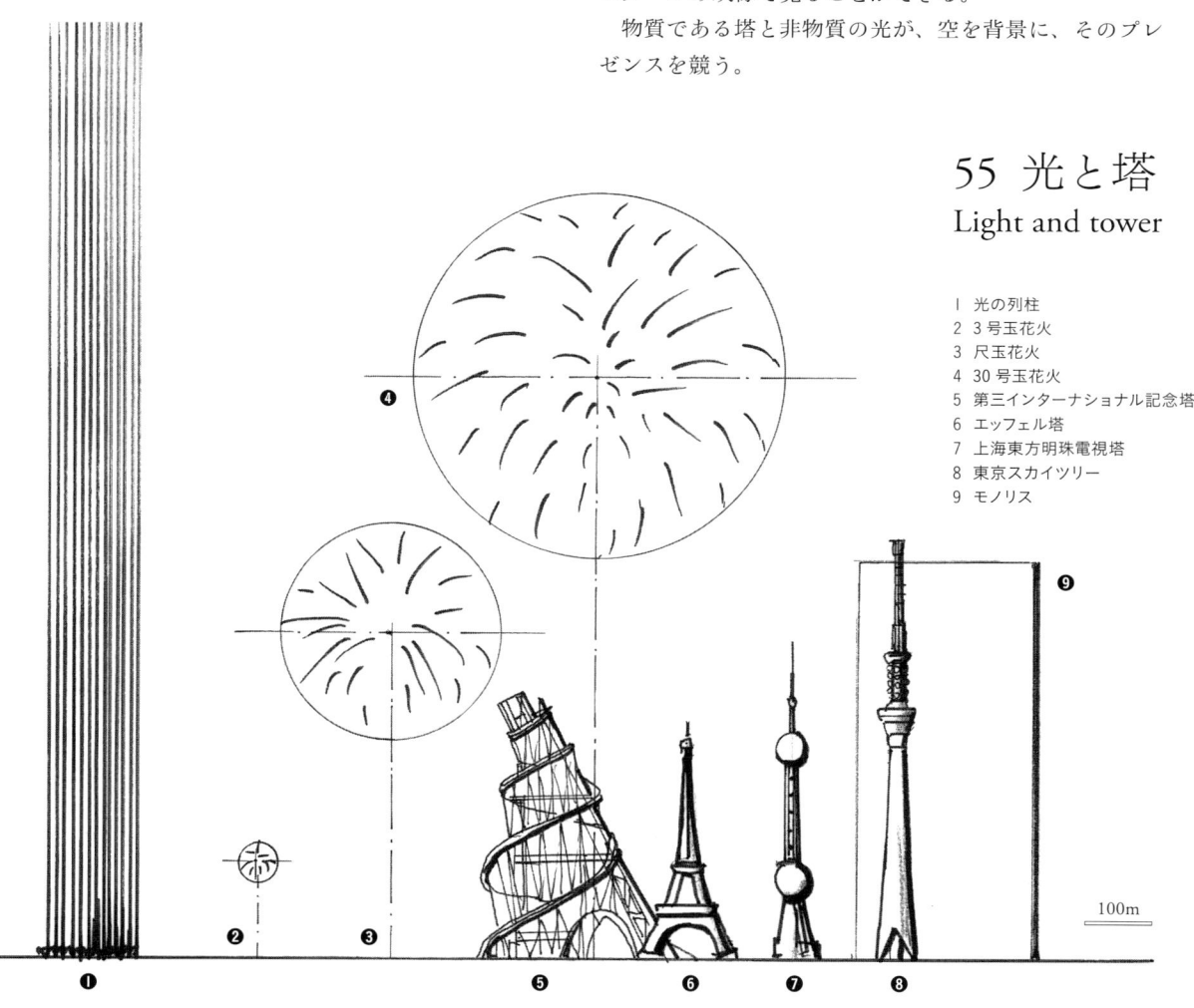

物質である塔と非物質の光が、空を背景に、そのプレゼンスを競う。

55 光と塔
Light and tower

1 光の列柱
2 3号玉花火
3 尺玉花火
4 30号玉花火
5 第三インターナショナル記念塔
6 エッフェル塔
7 上海東方明珠電視塔
8 東京スカイツリー
9 モノリス

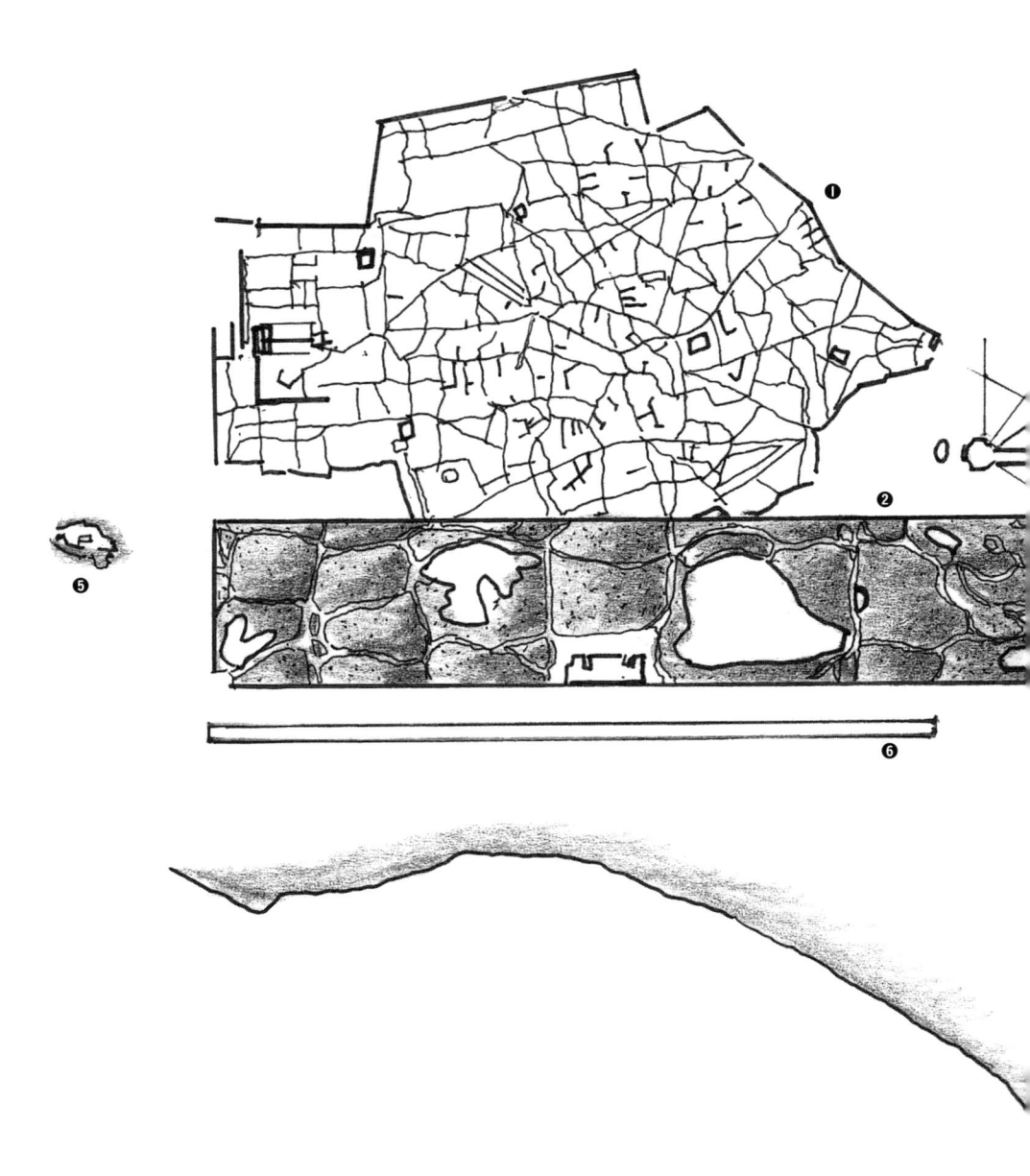

造園家であると同時に社会改革者でもあったフレデリック・ロウ・オルムステッドの慧眼は、まだビルも何もない荒れ地だった時代に、幅800m、長さ4kmの巨大な公園セントラルパークを創造したことだろう。「将来、ニューヨークは巨大な建物で覆われる。そのときこの公園の意味がわかるだろう」と彼は語った。そのセントラルパーク長手は世界基準の3500m滑走路より長い。3500mといえば、新橋・銀座・京橋・日本橋・神田までをつなぐ中央通りの長さであり、モロッコマラケシュのメディナの長辺と同じだ。ウルルの長径（約3600m）、天橋立長さ（約3600m）、もう少しすればアスワンハイダムの全長（約3800m）にも達する。セントラルパークの長辺は、そのままマンハッタン島の短手長さ（ハドソン河岸からイースト河岸まで）とほぼ等しく、自然豊かな公園都市のようなカリフォルニア大学バークレー校キャンパスの東西長とも同サイズである。

　一方、パークの横幅である800mは、「都市のモデュール寸法」とも言われる。多くの近代都市の主要な場所（モニュメント、広場、駅、宮殿など）の間の距離であり、アーバンデザインの尺度のひとつだ。パリのルーヴル～コンコルド～シャンゼリゼ界隈のモニュメント間の距離も、エストニアの美しいタリン旧市街南北の長さも、ペテルゴフのピョートル大帝の「夏の離宮」大宮殿から海の運河端部までも800mとなっている。それは歩行距離

56 セントラルパークは人工と自然のスケールを仲介する
Central park intermediates the artificial and the natural by scale

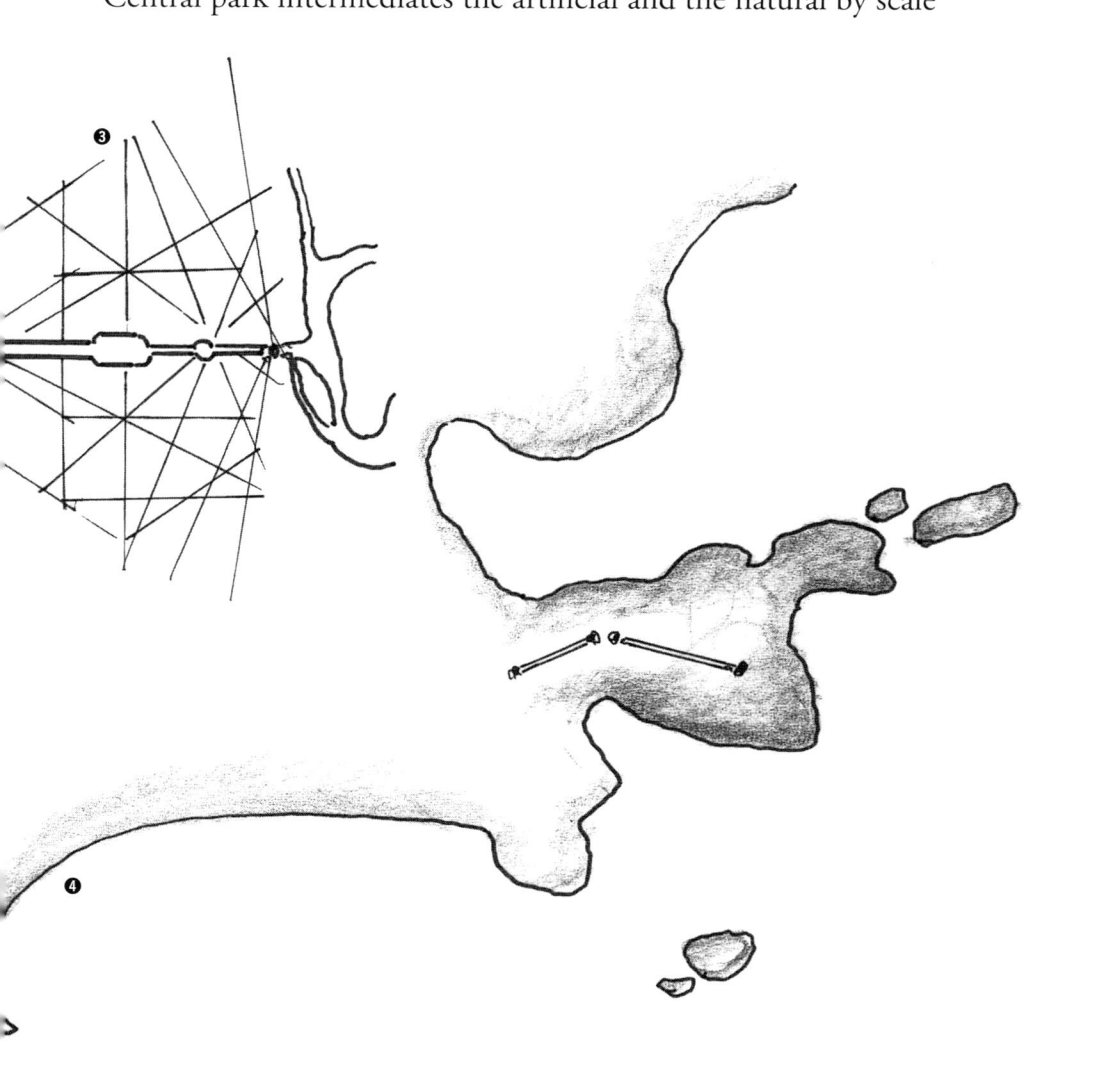

500m

1 マラケシュのメディナ
2 セントラルパーク
3 ヴェルサイユ宮苑
4 リオの海岸線
5 アクロポリス
6 3500m 滑走路

としては少し長いが、ランドマークを明確に目視できる最大寸法だ。ちなみに、エベゼナー・ハワードが『田園都市』の中で構想した同心円構造の都市内の骨格である幅員100mのグランドアベニューの外周半径も800mである。

ヴェルサイユ宮殿付属の幾何学式庭園の大運河は長軸が1650m、幅62m（この長軸上にルイ14世の守護神聖ルイの日——8月25日に日没が捉えられる）、それと直交する横軸が1070m、幅80mだが、ほぼ800mを目処に分節されている。この時代、庭園と都市は、理念上でも同型の関係にあり、そのパターンやスケールはヴェルサイユ市街域にも適用された。一方、リオデジャネイロ

の海岸線は長さ2400m超級のイパネマ・レブロンビーチとコパカバーナビーチが続くが、海岸の半島突端を分節点に約4kmの地勢的連結で構成される。2400mといえば、800mの3倍、パリのシテ島の長さの2倍でもあるが、ポツダム・サンスーシ庭園の東西幅やモントレーのペブルビーチゴルフコースの海岸沿い東西幅にほぼ近似する（コース全18ホール総計移動距離は、約6.17kmとなる）。

セントラルパークの「4km」と「800m」は、奇しくも自然と人工（都市）にまたがる特徴的な寸法なのである。

57 この巨大エリアで何が起こったのか？
What has taken place in these vast areas?

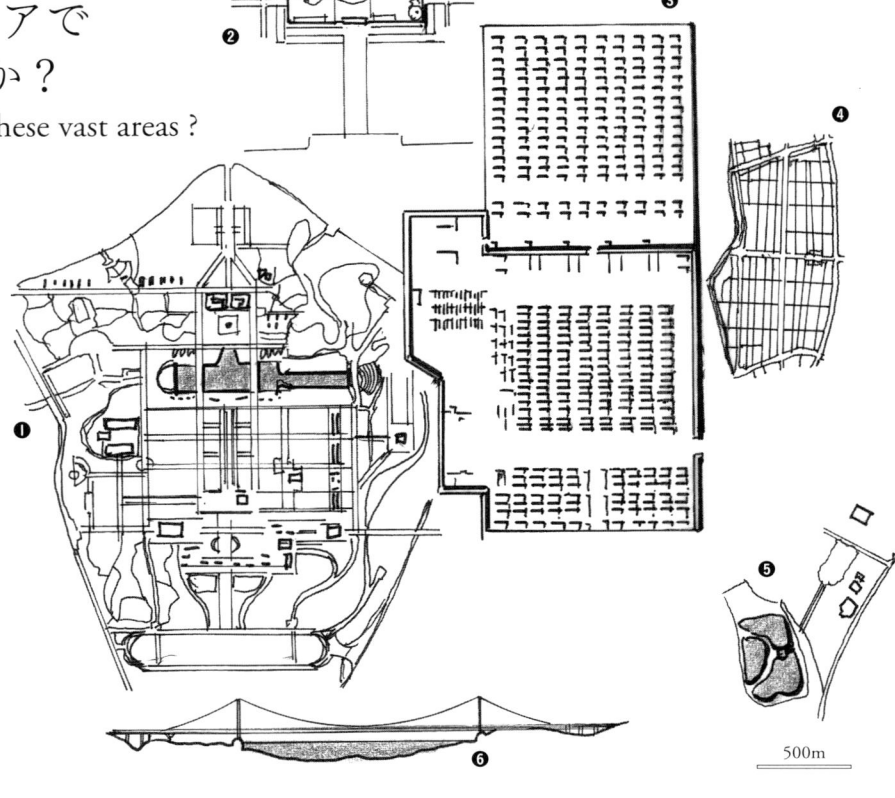

1 EUR
2 紫禁城
3 ビルケナウ強制収容所
4 銀座
5 上野不忍池
6 ゴールデンゲートブリッジ

　ムッソリーニ政権20周年を記念する1942年、EUR（ローマ万国博覧会）を起爆剤に2.4km×1.7km規模の常設博覧会都市が整備されるはずだった。現在、一部の区域や建物（アニタ・エクバーグなどが出演した映画「ボッカチオ70」の舞台ともなったイタリア文明宮など）は残されているが、この計画は頓挫した。完成すれば、巨大なファシスト都市のモデルともなっていただろう。似たようなスケールの2.7km×1.1kmの画地は、アウシュヴィッツのビルケナウ強制収容所である。収容所の中は超過密で不衛生なロッジほか、防疫施設、病院（人体実験室）、クレマトリウム、倉庫、監視所などが無表情に規格化されて配列された状態である。EURもビルケナウも、1丁目端から8丁目端まで1kmの銀座界隈や、1280mの橋脚スパンをもつサンフランシスコのゴールデンゲートブリッジと比較すれば、その広大さがわかるだろう。960m×760mの北京の紫禁城も巨大だが、その比ではない。かつてのバビロンの城壁外形が2.5km×1.6km、ワシントンD.C.のアーリントン墓地が2km×1.8km、巨大迷宮のようなモロッコフェズのメディナが2.4km×1.6kmだから、それに相当するスケールと言える。

　ウィーンに1930年に建てられた城壁のような集合住宅カール・マルクス・ホフ（1400戸収容）の長さなどは1kmに達したが、しかし、それはやはり街路のスケールだ。東京でいえば、原宿駅から青山通りまでの距離である。また、ロンドンのリージェント通りの長さ850mや、バルセロナのランブラス通り、横浜大通り公園の街路、イスファハンのバザール回廊などの長さ1200mはほぼこのレンジに入る。EURは都市だから街路網はあるが、ビルケナウは「道」すらない。

　これら巨大なエリアで起こったことは、記録を丹念にたどることでしかわからない。しかし、人間の欲望や狂気が適正スケールをいとも簡単に狂わしてしまうことは理解できる。

　上野の不忍池は450m×300m程度の大きさだが、オーガニックに構成された環境も含め、このカルチエ的なスケール感は忘れるべきではないだろう。なぜならそこには、人間とその活動となる都市的な舞台のサイズとの控えめだがヴィヴィッドな交感があるからだ。

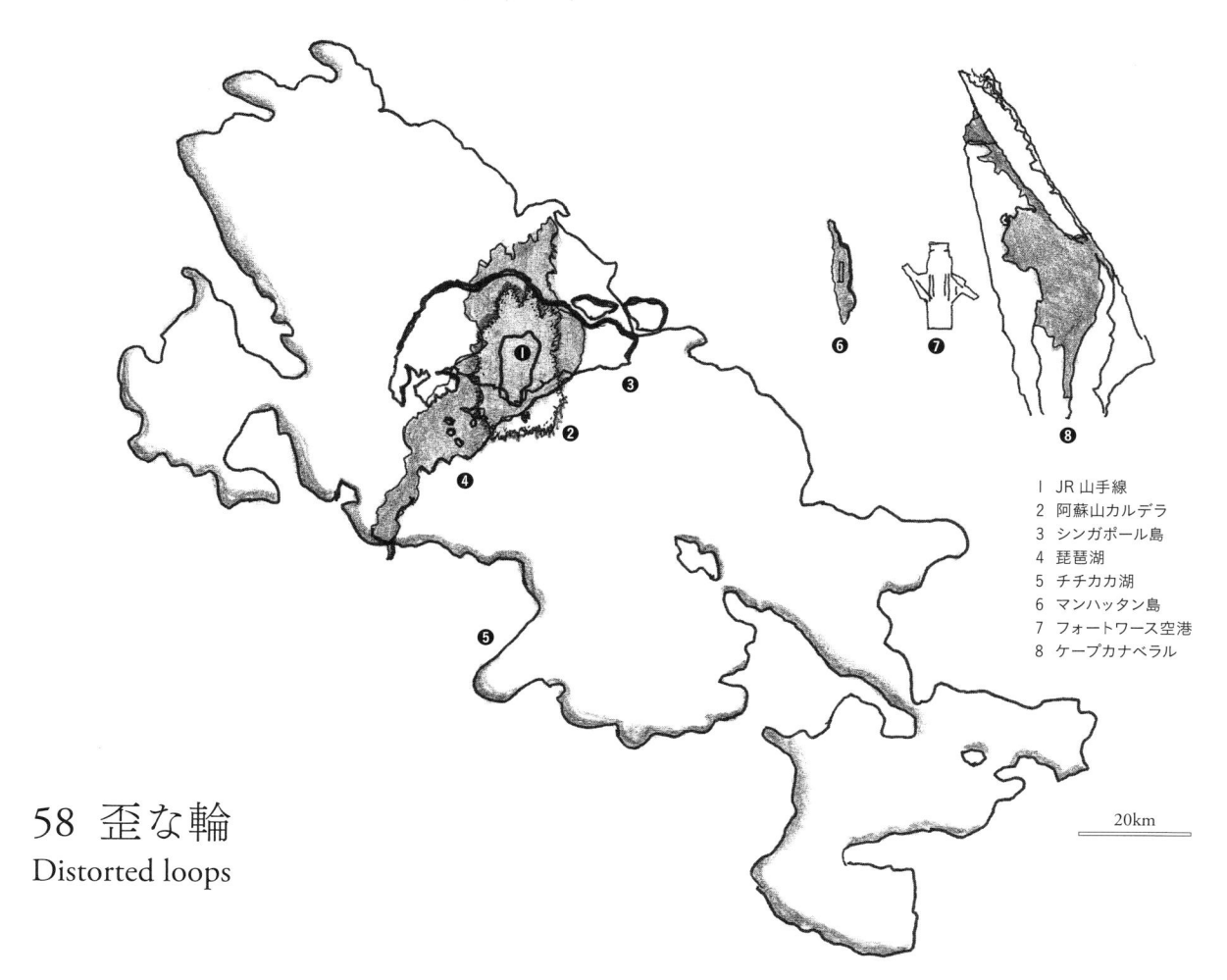

1 JR 山手線
2 阿蘇山カルデラ
3 シンガポール島
4 琵琶湖
5 チチカカ湖
6 マンハッタン島
7 フォートワース空港
8 ケープカナベラル

20km

58 歪な輪
Distorted loops

　幾何学形ではない歪な輪が何重にも重ねられている。
　最も小さい輪は、JR 山手線であり、1 周 34.5km ある。次が阿蘇山のカルデラで、1 周 80km。これに東西 42km、南北 23km のシンガポール島と、1 周 250km の琵琶湖がのる。格段に大きい歪な輪は、アンデス山脈中部にある周長 1125km のチチカカ湖（200km×80km）だ。バイカル湖に至っては 1 周 2100km、そして最大塩湖であるカスピ海周長は 7000km、さらに、日本列島海岸線総延長は 3 万 3900km、カナダは 20 万 2080km にも及ぶ。
　人間の歩行や走行の移動距離も半端ではない。フルマラソンが 42.195km、箱根駅伝（往復）が 217.9km、アイアンマンディスタンスのトライアスロンは Swim／Bike／Run でほぼ 226km、しかしサンディアゴ・デ・コンポステーラの聖地巡礼は 900km、四国八十八箇所巡礼（お遍路さん）となると道行全行程で 1200〜1400km、極めつきは比叡山延暦寺の千日回峰修行行程（7 年間）で 3 万 8300km にもなる。しかしこうした移動になると時間の要素が大きく介入してくる。F1 モナコグランプリは 1 時間 40 分前後で 260km を走破（これは 1968 年からの規約で、78 周——1 周 3340m、本来原則は 305km 以上であるが、モナコは特例）、インディ 500 は 806km（2.5 マイル 200 周）を 3 時間前後、ツール・ド・フランスは 24 日間で約 4500km、パリ〜ダカールラリーは 20 日間で約 1 万 km である。ル・マン耐久レースでは、24 時間で 13.48km のサーキットを何周し距離を伸ばせるか、という競技だ。
　生物へと目を向ければ、ヌー（オグロヌーは体長 2m 前後）の年間移動距離は 3000km、オオカバマダラ蝶（前翅開張幅 8cm）は 3500km、また鰻の回遊移動距離（幼体レプトケファルスから産卵までの往復）は 6000km、そして渡り鳥キョクアジサシ（全長 38cm）の年間移動距離は 3 万 2000km である。
　実際の比較はかなり感覚とずれる。世界最大 16km の長辺をもつダラスフォートワース空港も、実はその空港より面積的に小さいマンハッタン島（幅 4km×長さ 21km）も、また、南北 55km、東西 10km のケネディ宇宙センターも、チチカカ湖の歪な輪の中にいとも容易く飲みこまれてしまうのである。

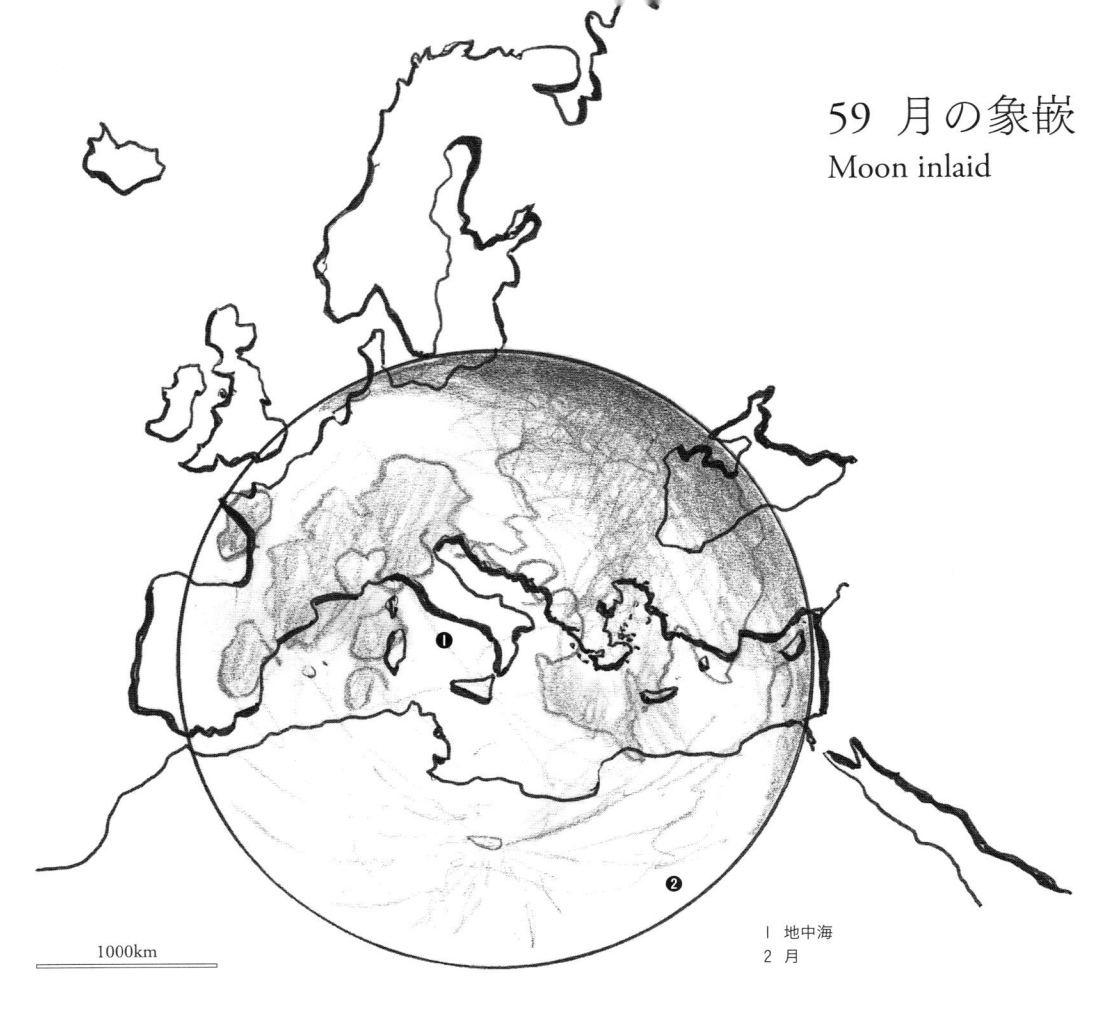

59 月の象嵌
Moon inlaid

1 地中海
2 月

　月の直径（3476km）は地球のそれの約27%、4分の1強である。小さい感じもするが、大きい感じもする。見た目の大きさは視差0.5度で太陽と変わらない。27日7時間43分で地球の周りを公転する。月期（Lunation）となると約29.5日だ。これは19太陽年を235月期とする「メトン周期」に対応する。

　地中海は東西3500km弱（ジブラルタルからシリア西岸まで）×南北1700km強（トリエステあたりからリビア北岸まで）くらいだから、スッポリ月が嵌った形で地中海を覆う。同じように、ロシア北岸、グリーンランド北岸、カナダ北岸にほぼ内接する形で、月の円は北極海を覆っていく。大陸でいえば、オーストラリアの東西はこの直径に近いから、まるまる内包できる。日本列島の長さは3000km強だから、月の直径までは及ばない。その表面積（3795万平方キロ）も日本の国土の100倍に相当する。

　このレベルのスケールでは月の直径が有効な比較定規だろう。たとえばサンタモニカとシカゴを結ぶルート66（3755km）、サンフランシスコとホノルルの距離（3860km）などは、この直径より1割前後大きく、パリ～イスタンブール間を結ぶオリエント急行走行距離（1800km）はその半分強くらいの長さだ。日本で最も長い奥州街道（800km = 200里）は、直径の4分の1弱である。また、世界最長のナイル川（6700km、ちなみに日本最長の信濃川367kmの18倍の長さ）は直径の2倍弱、シベリア鉄道（9300km）は直径の2.5倍強になる。なお、静止衛星の軌道は、10倍強の3万6000kmの赤道上の高さだ。

　比較としてイメージがわきにくいかもしれないが、現在、旅客機の最長飛行航続距離（ボーイング777-200LR）が2万1600kmだから、これは月の表面を赤道に沿って2周したことになる。東京からカプクレまでつながるアジアハイウエイ構想（A1ルート、全長2万710km）も雑駁に同じくらいである。また1904年秋から翌年の初夏にわたり喜望峰回りで日本海海戦までたどり着いたバルチック艦隊の航海距離（3万3340km）は月を3周した。

　月時計や太陰暦があったように、38万4000km離れた月が尺度になる体系は悪くない。

60 光跡の尾が通過する
Caudate trail of light passes

　宇宙スケールを視覚的に理解するのはほとんど不可能だ。寸法単位も変わってくる。1AU という単位があるが、これは「天文単位」と言われ、地球の公転軌道の長半径である。よく使われる 1 光年は 6 万 3238AU に相当する（約 9 兆 4600 億 km、超遠寸法パーセクを使えば、約 0.30659pc、なお可視宇宙の直径は 28 ギガパーセクである――もはや抽象的想像力も超え数字の世界だ）。

　何となくイメージがつきそうなところでいえば、月の直径の約 3.7 倍が地球、地球の直径の約 11 倍が木星、木星の直径の約 10 倍が太陽（太陽の直径は地球のそれの 109 倍）だ。この太陽の直径の 10 倍にあたる 1400 万 km のイオンの尾の長さをもつハレー彗星が観測されたのが、1986 年 3 月 9 日である。地球などの惑星は、その尾の中に一時包含されたが、ほとんどの人は気づかない超現象である。地球～火星間距離（衝平均で、約 7800 万 km）、地球～太陽間距離（約 1 億 5000 万 km）、地球～木星間距離（約 7 億 4000 万 km）に対応し始めるスケール感だ。ちなみに「はやぶさ」が 7 年で宇宙空間を飛行した距離は、約 60 億 km、1977 年に NASA が打ち上げた太陽系外惑星探索機「ボイジャー 1 号」は、現在 180 億 km 弱の彼方を航行中であり、2020 年時点での地球からの距離は 224 億 4000 万 km と予測されている。

　しかし、未踏エリアに対する科学の急速進歩の黎明期でさほど情報公開のなかった時代、ジュール・ヴェルヌの『海底二万哩』（8 万 km）ですら想像射程外の荒唐無稽な話だった。

　地球に最も近い太陽以外の恒星のケンタウロス座の「プロキシマ」ですら 4.22 光年（太陽系直径の 3400 倍に近い）、ポラリス（北極星、現在は小熊座 α 星）までは 800 光年、銀河系中心までは 3 万光年にもなる。

　宇宙スケールのドラマツルギーは、当面数字的想像力を活性化することでしかなかなか生まれない気もする。

1 地球
2 月
3 木星
4 太陽
5 ハレー彗星

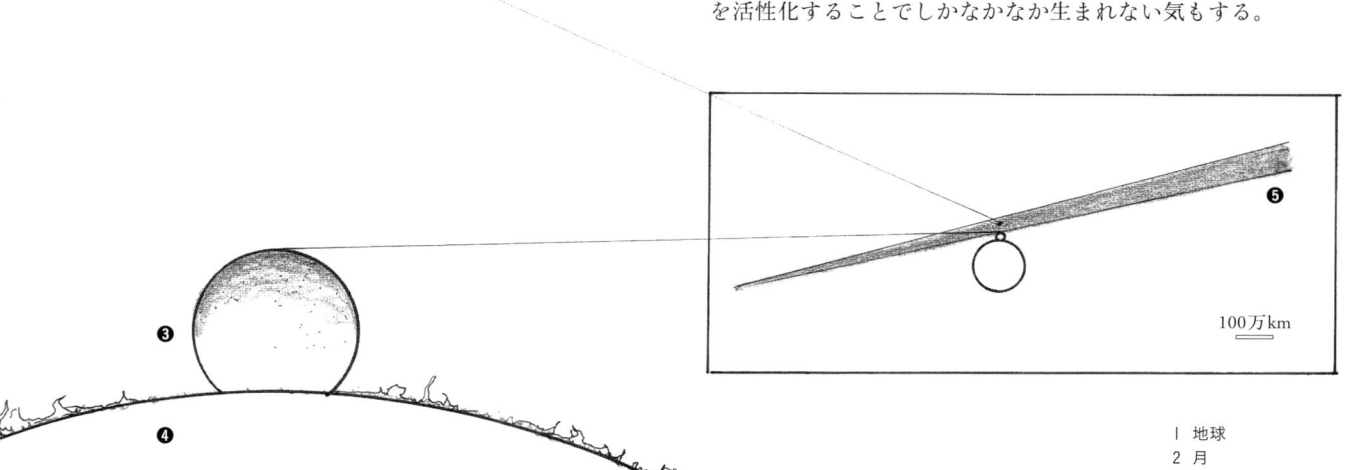

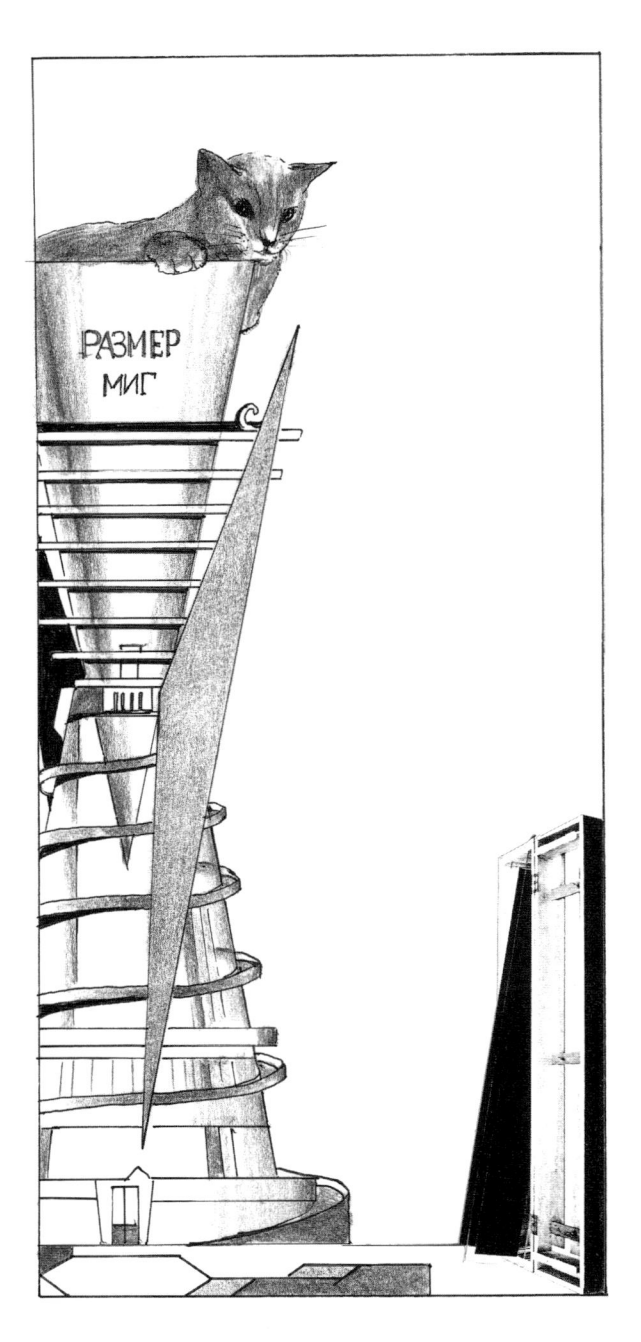

世界でもっとも美しい風景を眺め渡してみたいなら、チトールにある勝利の塔のてっぺんに登ることだ。そこで、円形のテラスに立つと、地平線がすっかり一目でみられる。螺旋階段がこのテラスに通じているが、伝説を信じない者でなければあえて登っていくことはしない。（中略）一段ごとにこの生き物の色合いが強烈になり、その形が完全なものとなっていき、それが放つ青味を帯びた光が輝きを増す。しかしそれが究極の姿になるのは最上段においてのみであり、そこへ登りついた者は涅槃に達した人間となり、その行為はいかなる影も投じない。

ホルヘ・ルイス・ボルヘス、マルガリータ・ゲレロ
『幻獣辞典』（柳瀬尚紀訳）

III 見えないスケール
Invisible Scale

「規則第四十二条。身の丈一キロメートル以上のものは、すべて法廷を出なくてはならない」
みんなアリスの方を見ました。
「あたし、身長一キロメートルもないもん!」とアリス。
「あるね」と王さま。
「二キロメートル近くあるね」と女王さま。
「ふん、どっちにしても、あたしは出ていきませんからね。それに、いまのはちゃんとした規則じゃないわ。いまでっちあげただけでしょう」
「法律書で一番ふるい規則じゃ」と王さま。
「だったら規則第一条のはずだわ」とアリス。
王さまはまっさおになり、ノートをあわててとじました。
ルイス・キャロル『不思議の国のアリス』(山形浩生訳)

近代は、中空の形に鋳造されている。
ヴァルター・ベンヤミン『パリのパサージュⅠ』(浅井健二郎訳)

街区　Size of Block

グリッドパターン（格子状パターン）の街区割りは古典古代の世界から存在したが、以後、とりわけ首都を含む大都市や植民地都市の整備にも数多く適用された。アレクサンドリアでは、このグリッドの1街区の平均サイズは、約300m×250mであったが、長安の都では、約450m×900m程度の大型街区が採用されている。もちろん、この街区内に下位のスケールをもつ道路や路地が敷かれる場合も数多い。平安京の場合の平均的街区は、だいたい140m角であったようだ。

近代型の都市では、歩行より高速な馬車をも採り入れた街区形成が考えられたが、スケール的にはより小さいサイズ——あるいは1辺が小さいサイズ——が採用されている。これは街区への馬車（後には車両）のアクセス等も考えられたことが起因していると考えられる。

スペインの交通技師イルデフォンゾ・セルダは、1850年代に近代都市の道路割り＝街区割りを創案したが、彼が実践したバルセロナでは、100m×100mの方形が基本街区であり、現在でもバルセロナの一部の都市基盤となっている。この方形は角が15m近く切り込まれ（いわゆる「角切り」）、現在はクルマなどが数台駐車するスペースになっているが、本来は馬車などの高速交通の円滑化が目的である。100m×100mは、1975年沖縄海洋博でつくられた海上テーマ館である「アクアポリス」の平面と同サイズであり、また大型墓地の区画割りにもよく使われる。

一方、もうひとつの近代化都市でもあったパリは、むしろバロック的な放射状パターンの街路と同心環状ブールバールによる全体編成が行われたため、グリッド型の街区は登場していない。しかし19世紀末にはウジェーヌ・エナールのような交通技師がロータリー交差点など独自の都市交通要素を開発し、それらが速度の異なる移動系で占拠される都市を緩衝していた。

ニューヨークのマンハッタンは60m（200フィート）×300m（1000フィート）の街区割りが基本であり、アベニュー幅員30m、ストリート幅員18mとともに、1811年の市の計画委員会で決定された。もともと荷運びのための道であったブロードウェイは、このグリッドパターンをイレギュラーに横切る形で、市内約25kmにわたって延びている。

なお、シカゴやサンフランシスコのグリッドパターンは、一部にはニューヨークのような細長いものもあるが、概して70m×50m前後の街区サイズが多い。よく知られたノルウェー・ベルゲンにある木造アートヴィレッジの「ブリッゲン」街区はおおよそ100m×70mだが、このスケールは小コミュニティには最適な大きさを提供するものとも言えそうだ。

東京銀座の街区は、現在ほぼ40m×120m程度のものが多く見出されるが、これはもともと家康が町人地の街割りを京間60間（120m）角で整備したなごりである。60間の幅に20間ごとに細街路（街区3分割）がつくられ現在の形になったもので、ニューヨークの街区に比して、短辺が3割、長辺が4割程度小型化している。

イルデフォンゾ・セルダによる「バルセロナ拡張計画」（1859年）
旧市街の古い都市組織を一部残しながら、格子状街区とダイアゴナル（斜行）幹線街路の組み合わせ、新たな緑地の確保によって近代化を施す試み。

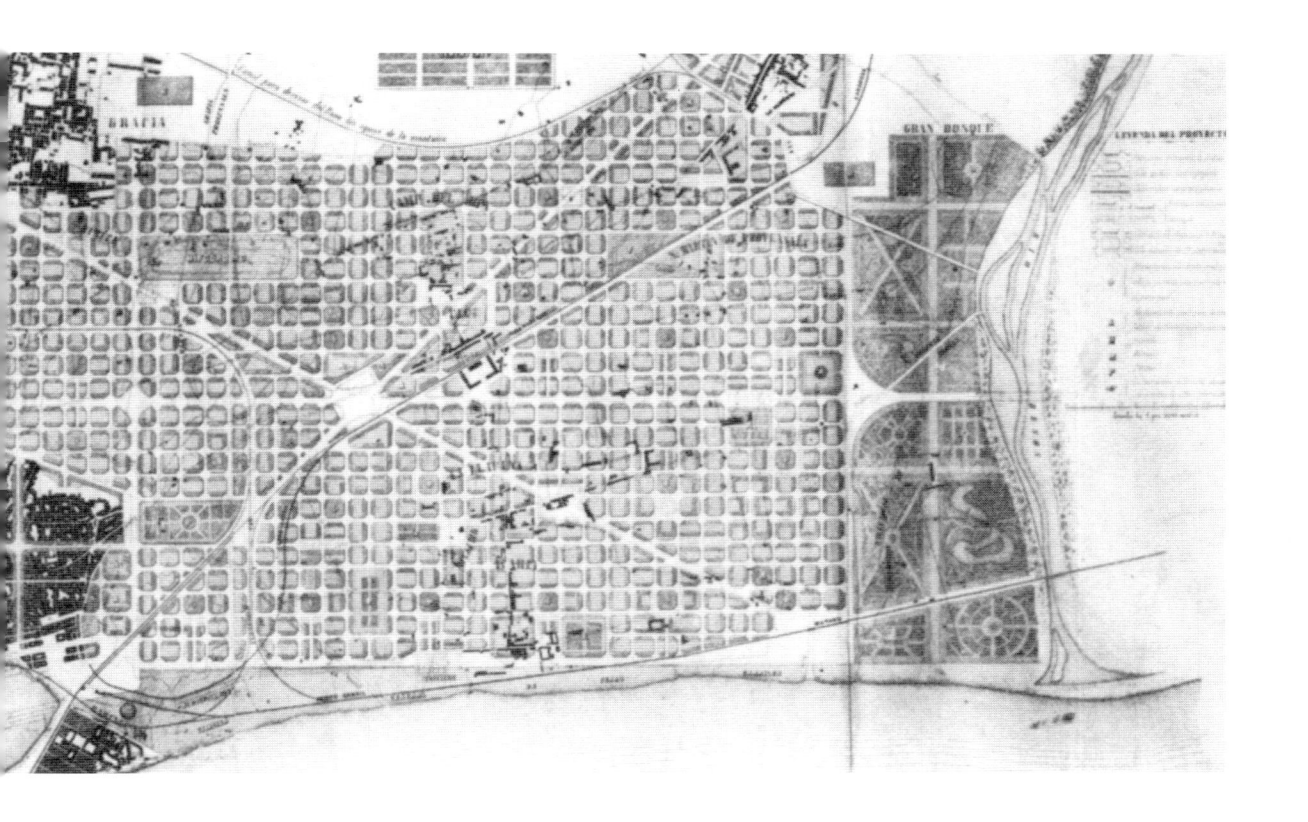

街路・道路［幅員］ Width of Street / Road

　物流、人流の基盤である道の幅員は、断面交通量の基本寸法としてその道のキャパシティを規定するが、そのような実用性だけでなく、祝典パレードや都市広報の拠点ともなるフォーマルな性格もその幅員設定に影響する。

　なお、街路や道路の幅員は、付属する歩道や植栽・植樹帯も基本的に含む。

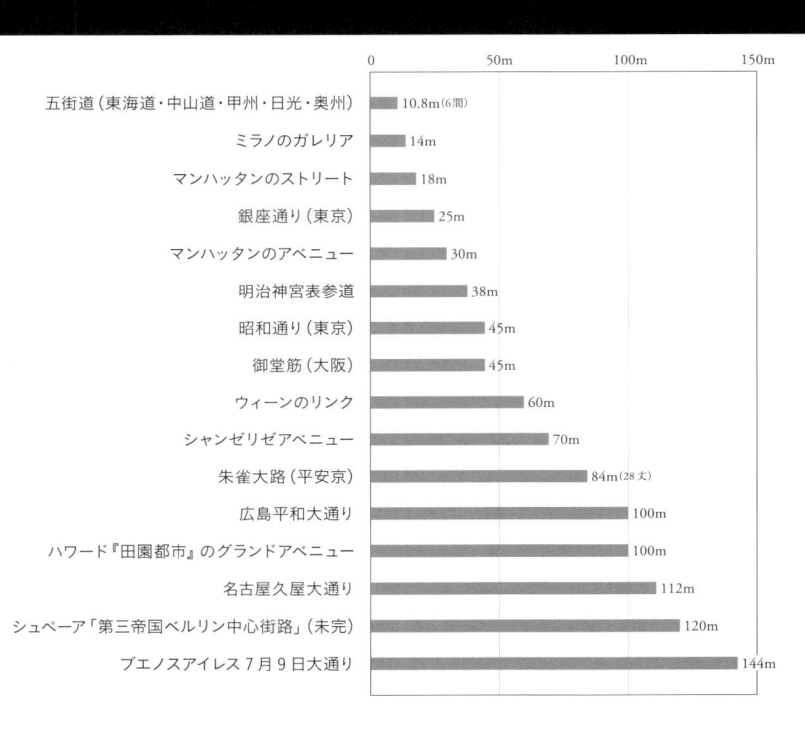

街路・道路	幅員
五街道（東海道・中山道・甲州・日光・奥州）	10.8m (6間)
ミラノのガレリア	14m
マンハッタンのストリート	18m
銀座通り（東京）	25m
マンハッタンのアベニュー	30m
明治神宮表参道	38m
昭和通り（東京）	45m
御堂筋（大阪）	45m
ウィーンのリンク	60m
シャンゼリゼアベニュー	70m
朱雀大路（平安京）	84m (28丈)
広島平和大通り	100m
ハワード『田園都市』のグランドアベニュー	100m
名古屋久屋大通り	112m
シュペーア「第三帝国ベルリン中心街路」（未完）	120m
ブエノスアイレス7月9日大通り	144m

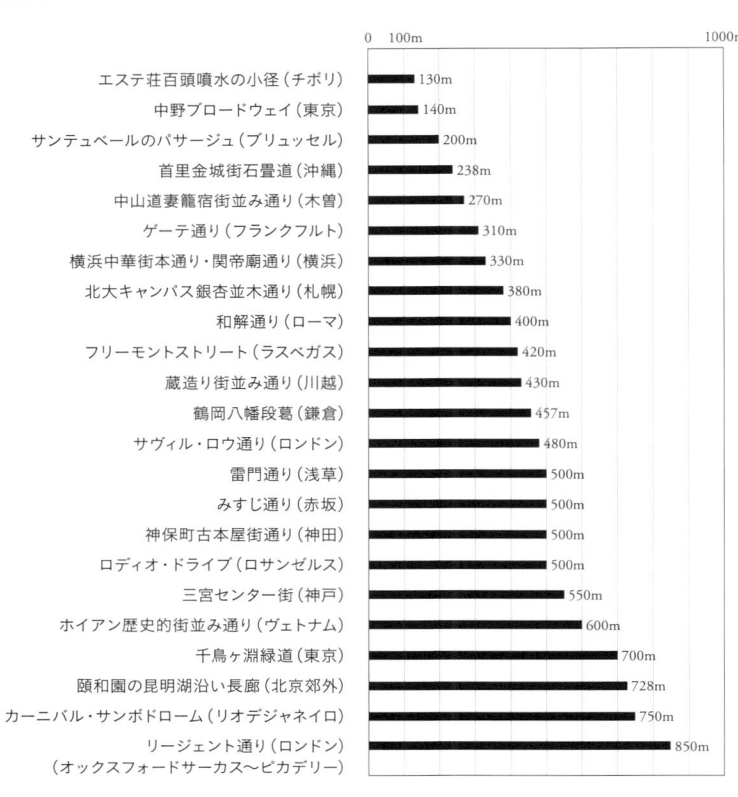

街路・道路 [長さ]　Length of Street / Road

【100m～1km】

このサイズの街路は、散策、逍遥、歩行回遊が主たる目的のもので、多くは古い街並みや連続商店街、プロムナードなどに見出される。1000mサイズに近づくものは、大都市の目抜き通りなどにも散見され、街路建築と一体化した長い広場的な様相を呈する。

エステ荘百頭噴水の小径（チボリ）	130m
中野ブロードウェイ（東京）	140m
サンテュベールのパサージュ（ブリュッセル）	200m
首里金城街石畳道（沖縄）	238m
中山道妻籠宿街並み通り（木曽）	270m
ゲーテ通り（フランクフルト）	310m
横浜中華街本通り・関帝廟通り（横浜）	330m
北大キャンパス銀杏並木通り（札幌）	380m
和解通り（ローマ）	400m
フリーモントストリート（ラスベガス）	420m
蔵造り街並み通り（川越）	430m
鶴岡八幡段葛（鎌倉）	457m
サヴィル・ロウ通り（ロンドン）	480m
雷門通り（浅草）	500m
みすじ通り（赤坂）	500m
神保町古本屋街通り（神田）	500m
ロディオ・ドライブ（ロサンゼルス）	500m
三宮センター街（神戸）	550m
ホイアン歴史的街並み通り（ヴェトナム）	600m
千鳥ヶ淵緑道（東京）	700m
頤和園の昆明湖沿い長廊（北京郊外）	728m
カーニバル・サンボドローム（リオデジャネイロ）	750m
リージェント通り（ロンドン）（オックスフォードサーカス～ピカデリー）	850m

【1km～10km】

1km～10kmのレンジは、自転車や自動車のスケールに対応し始める。比較的長い歩行空間としても多くの事例があるが、それらは参拝、観光、街歩きなどの目的性をもったものや都市のショーケース通りとなっている場合がほとんどだ。

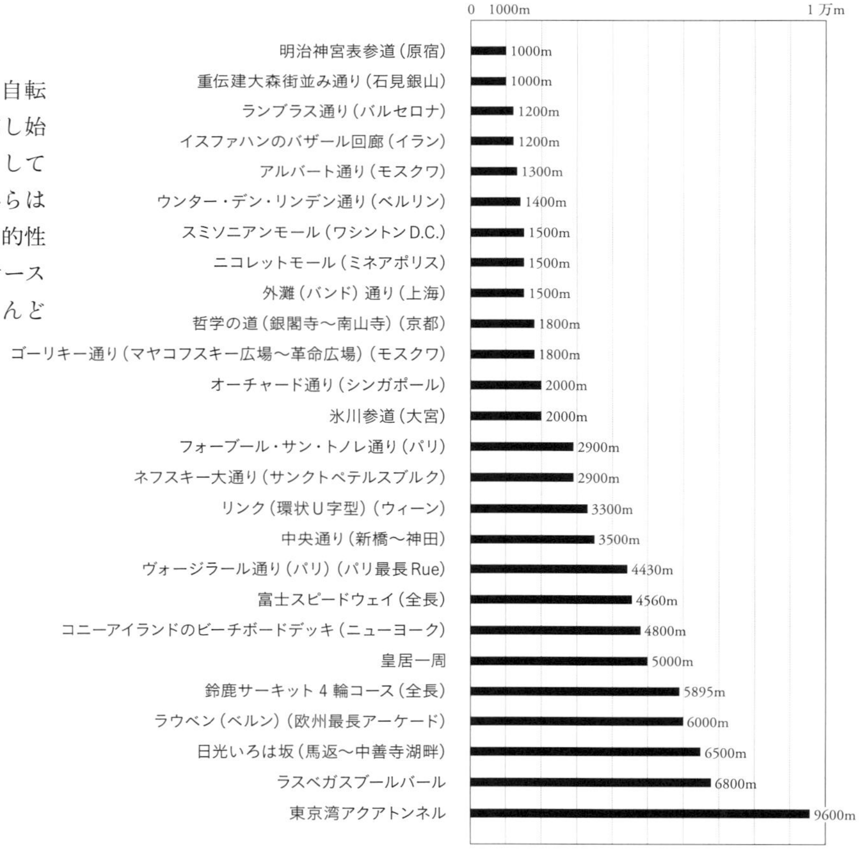

明治神宮表参道（原宿）	1000m
重伝建大森街並み通り（石見銀山）	1000m
ランブラス通り（バルセロナ）	1200m
イスファハンのバザール回廊（イラン）	1200m
アルバート通り（モスクワ）	1300m
ウンター・デン・リンデン通り（ベルリン）	1400m
スミソニアンモール（ワシントンD.C.）	1500m
ニコレットモール（ミネアポリス）	1500m
外灘（バンド）通り（上海）	1500m
哲学の道（銀閣寺～南山寺）（京都）	1800m
ゴーリキー通り（マヤコフスキー広場～革命広場）（モスクワ）	1800m
オーチャード通り（シンガポール）	2000m
氷川参道（大宮）	2000m
フォーブール・サン・トノレ通り（パリ）	2900m
ネフスキー大通り（サンクトペテルスブルク）	2900m
リンク（環状U字型）（ウィーン）	3300m
中央通り（新橋～神田）	3500m
ヴォージラール通り（パリ）（パリ最長Rue）	4430m
富士スピードウェイ（全長）	4560m
コニーアイランドのビーチボードデック（ニューヨーク）	4800m
皇居一周	5000m
鈴鹿サーキット4輪コース（全長）	5895m
ラウベン（ベルン）（欧州最長アーケード）	6000m
日光いろは坂（馬返～中善寺湖畔）	6500m
ラスベガスブールバール	6800m
東京湾アクアトンネル	9600m

US-1 オーバーシーズ・ハイウェイ（フロリダ）	11km
ニューヨーク5番街（ワシントンスクエア～134丁目）	12km
サルトサーキット1周（ルマン）	13.48km
ル・コルビュジエ「アルジェ計画」の帯状ハイウェイ	15km
岩木山桜並木通り（弘前）	20km
ニューヨーク市内のブロードウェイ	25km
ニュルンベルクサーキット（南北合計長）	30.51km
パリ環状線1周	33km
丹下研究室「東京計画1960」都市軸道路	33.5km
日光杉並木通り（今市）（並木道世界最長）	37km
サンセット通り（ロサンゼルス）	38km
ユーロトンネル	50km
青函トンネル	54km

【10km～100km】

　10km～100kmは、自転車、自動車、バス、LRT、さらには鉄道などを含む乗り物移動のスケールである。歩行や走行においてはスポーツ的な特性が目立つ。

【100km～】

　聖地巡礼や徒歩の旅などをのぞき、このレンジは完全に乗り物をベースとしたスケールで、都市間・地域間をつなぐ道路機能が重視される。

日光街道	150km
ロマンチック街道（ヴァルツブルク～フュッセン）	350km
東海道（五十三次）	492km
アッピア街道（古代ローマ軍道）	590km
奥州街道	800km
エルベ川サイクリングロード（全長）（ドイツ）	860km
ルート66（サンタモニカ～シカゴ）	3755km

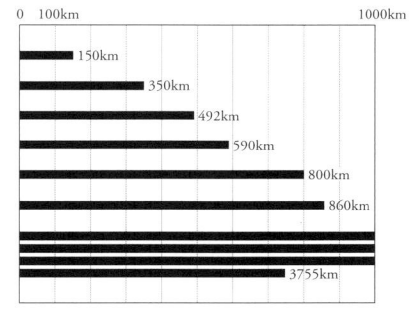

航続距離　Crusing Radius

「航続距離」とは1回の燃料で航行可能な距離を指すが、ここではメルクマールになるであろう航海距離や飛行距離も同時に列挙した。また航続距離もさまざまな環境条件によって変化するが、平均的な値を記している。

DH82 タイガーモス飛行航続距離	443km	Uボート（VII型）水上航続距離	1万5170km
ユーロコプターヘリ航続距離	830km	エアバス A380-800 飛行航続距離	1万5200km
セスナ（172R）飛行航続距離	1080km	旅客機最長飛行航続距離（B777-200LR）	2万1600km
DC3 飛行航続距離	2420km	グラーフ・ツェッペリン（LZ127）世界1周距離（1927年）	3万2790km
零戦二一型飛行航続距離	3550km		
V22 オスプレイ飛行航続距離	3900km	バルチック艦隊日本海海戦までの航海距離	3万3340km
F15 イーグル飛行航続距離	4600km	巡視船しきしま航続距離	3万7000km
ブラックバード（SR71-A）飛行航続距離	5150km	気球無着陸世界1周距離（1999年）	4万880km
コロンブス第1回航海距離	5700km	伊400型潜水艦水上航続距離	6万9450km
B29 飛行航続距離	5750km	エンデバー OV105 総飛行距離	1億4000万km
戦艦大和航続距離	1万3370km	はやぶさ宇宙空間総飛行距離	60億km
ツポレフ（Tu95）飛行航続距離	1万5000km	ボイジャー宇宙空間総飛行距離	180億km（現在）

軌道系長さ　Length of Track

軌道系の中心は鉄道（市電、地下鉄ほかも含む）であるが、ここではアミューズメント系のライド、機械輸送も入れた形で、スケールを考える上で有効な事例を整理する。ストラスブールのLRTをはじめ、多くの事例がその長さを延伸中であり、現時点のものをベースとした。

項目	長さ
ミッドレベル・エスカレータ（22連）（香港、中環）	800m
スペースマウンテン軌道（TDL）	925m
海洋公園ロープウェイ（香港）	1500m
キング・オブ・コースター（富士急ハイランド）	2045m
木造コースター"ビースト"軌道（アメリカ、オハイオ）	2243m
バナケーブルカー（ベトナム、ダナン）	5.04km
東京モノレール羽田空港線全長	17.8km
JR中央線新宿〜立川間距離	27.8km
えちぜん鉄道勝山永平寺線全長	34.5km
JR山手線一周	56km
ストラスブールLRT（路面電車）総延長	192km
ベルリン市電路線総延長	214km
ブタペストトラム（BVK）総延長	223km
マドリード地下鉄総延長	256km
モスクワ地下鉄総延長	270km
氷河鉄道全長（ツェルマット〜サンモリッツ）	304km
東京地下鉄総延長（東京メトロ、都営）	408km
ロンドン地下鉄総延長	438km
中央新幹線（リニア）路線全長（東京〜大阪）	500km
インディアン・パシフィック鉄道直線線路長（オーストラリア）	500km
旧都電路線総延長	785km
マレー鉄道全長（バターワース〜シンガポール）	1140km
チベット鉄道総延長	1800km
オリエント急行路線全長（パリ〜イスタンブール）	2860km
アメリカ大陸横断鉄道全長	4000km
タイ国有鉄道総延長	9300km
シベリア鉄道全長	1万75km
日本国内鉄道旅客営業路線総延長	2万7600km

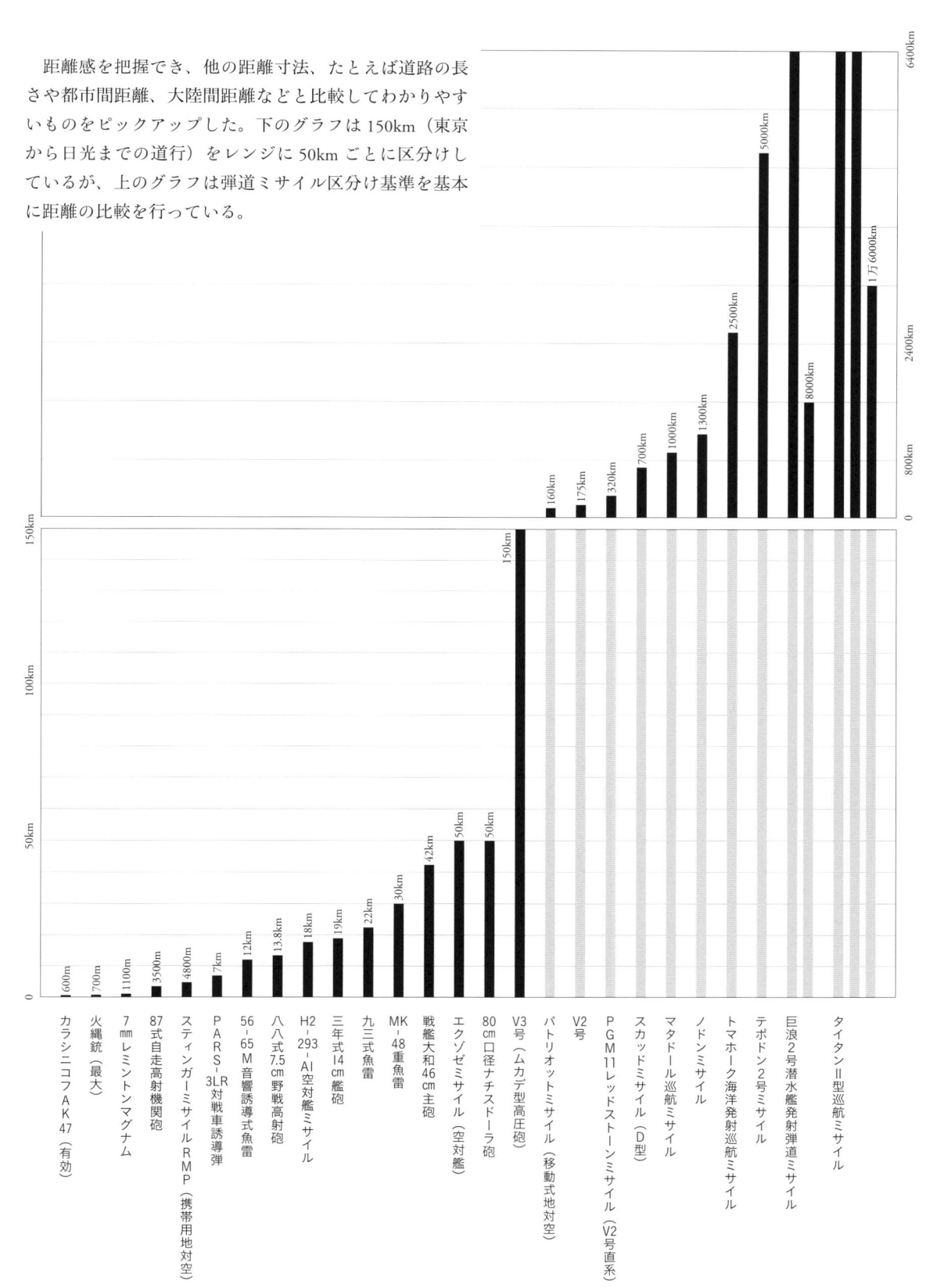

射程距離　Range (Shooting / Torpedo / Missile)

距離感を把握でき、他の距離寸法、たとえば道路の長さや都市間距離、大陸間距離などと比較してわかりやすいものをピックアップした。下のグラフは150km（東京から日光までの道行）をレンジに50kmごとに区分けしているが、上のグラフは弾道ミサイル区分け基準を基本に距離の比較を行っている。

兵器	射程
カラシニコフAK47（有効）	600m
火縄銃（最大）	700m
7mmレミントンマグナム	1100m
87式自走高射機関砲	3500m
スティンガーミサイル（携帯用地対空）	4800m
PARS-3LR対戦車誘導弾	7km
56-65M音響誘導式魚雷	12km
八八式7.5cm野戦高射砲	13.8km
H2-293-AI空対艦ミサイル	18km
三年式14cm艦砲	19km
九三式魚雷	22km
MK-48重魚雷	30km
戦艦大和46cm主砲	42km
エクゾゼミサイル（空対艦）	50km
80cm口径ナチスドーラ砲	50km
V3号（ムカデ型高圧砲）	150km
パトリオットミサイル（移動式地対空）	160km
V2号	175km
PGM11レッドストーンミサイル（V2号直系）	320km
スカッドミサイル（D型）	700km
マタドール巡航ミサイル	1000km
ノドンミサイル	1300km
トマホーク海洋発射巡航ミサイル	2500km
テポドン2号ミサイル	5000km
巨浪2号潜水艦発射弾道ミサイル	8000km
タイタンII型巡航ミサイル	1万6000km

93

主要 2 点間距離 Distance between the main points

　都市内部で主要な地点間の距離を、ある程度身体化したレベルで知っていることは、都市を考えたり、体験したりする上でかなり重要である。もちろん都市地図を広げて距離を測ることも可能だが、これらが記憶にあれば、それを定規として多様な想像力をわかせることができる。

【都市域】

サンマルコ広場〜サン・ジョルジョ・マジョーレ教会（ヴェネチア）	500m
東京駅八重洲口〜昭和通り	520m
心斎橋〜道頓堀橋（大阪）	650m
シュテファン教会堂〜国立オペラ座（ウィーン）	650m
都市内主要施設間（都市のモデュール）	**800m**
銀座 1 丁目端部〜8 丁目端部（東京）	1000m
オペラ・ガルニエ〜パレロワイヤル広場（パリ）	1000m
新宿伊勢丹百貨店〜東京都庁舎	1100m
シテ島東端〜西端（パリ）	1200m
オークランド〜デヴォンポート（ニュージーランド）	1500m
JR 上野駅〜東武浅草駅	1900m
ポポロ広場〜ヴェネチア広場（ローマ）	1900m
乙女の塔〜トプカプ宮殿（イスタンブール）	1900m
香港島〜九龍半島（ヴィクトリアハーバー）	2000m
ダイアナ噴水〜クアウデモック記念塔(レフォルマ通り)（メキシコシティ）	2200m
庄川合流点〜城山展望台下（白川郷）	2500m
メトロポリタンミュージアム〜ロックフェラーセンター（NY）	2700m
両国国技館〜門前仲町交差点（深川回廊）	3000m
テトゥアン広場〜スペイン広場（バルセロナ）	3100m
グランドセントラル駅〜ウォール街（NY）	6km
新宿駅〜東京駅	6km
クレムリン〜ヴェーデンハー（モスクワ）	7.5km
（ヴェーデンハー（ВДНХ）＝ 1959 年国民経済達成常設博覧会場）	
ルーヴル宮殿〜ラ・デファンス A ゾーン（パリ）	8km
上野寛永寺〜芝増上寺（東京）	8km
東京タワー〜東京スカイツリー	8.4km
バッキンガム宮殿〜グリニッジ天文台（ロンドン）	10km
グランドセントラル駅〜コニーアイランド（NY）	18km
サンタモニカピア〜ハリウッドボウル（LA）	19km
東京〜小田原	100km
ローマ〜ナポリ	220km
マイアミ〜ディズニーワールド	300km

パリの中心部主要施設／広場間距離（単位：m）

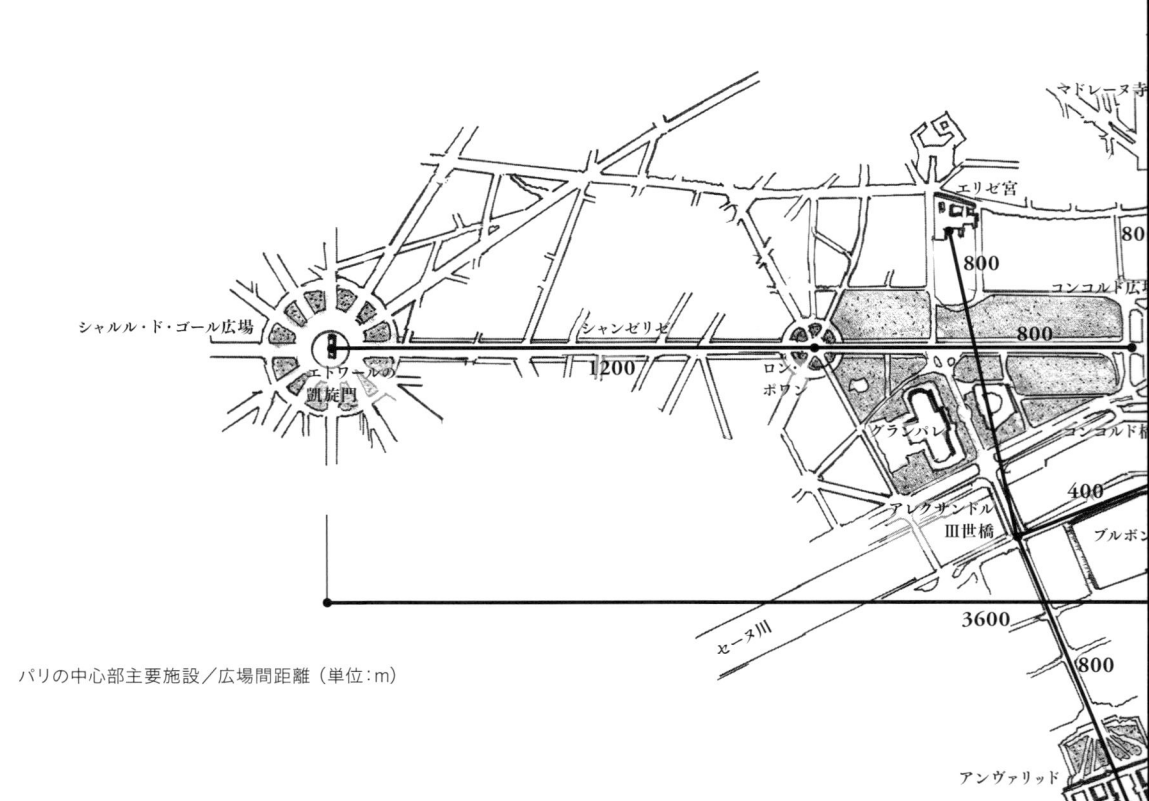

海峡を含め、国境をはさんだ都市間の距離や大陸間の距離は、都市域での2点間距離と比べると日常性はうすいが、別の意味での大スケールの定規になるだろう。ツーリズムにとってはかなり重要だ。

【大陸間、海峡】

ボスポラス海峡最狭部（イスタンブール）	750m	マダガスカル〜アフリカ東岸	420km
ジブラルタル海峡最狭部（イギリス／モロッコ）	14km	ドレーク海峡最狭部（チリ・アルゼンチン／南極）	650km
浦賀水道幅（洲崎〜剣崎）	20km	那覇〜台北	700km
ホルムズ海峡最狭部（イラン／UAE・オマーン）	33km	新潟市〜ウラジオストック	820km
ドーバー海峡最狭部（イギリス／フランス）	34km	東京〜札幌	830km
マラッカ海峡最狭部（マレーシア／インドネシア）	65km	ガラパゴス〜エクアドル西岸	1000km
ヘルシンキ〜タリン	95km	シンガポール〜バリ島	1720km
台湾海峡（福建省／台湾島）	150km	東京〜上海	1780km
キーウエスト（米国）〜ハバナ（キューバ）	150km	北京〜杭州（京杭大運河沿い）	2500km
ソウル（韓国）〜平壌（北朝鮮）	193km	東京〜マニラ	3000km
対馬海峡（日本／韓国）	200km	サンフランシスコ〜ホノルル	3870km
ブエノスアイレス〜モンテヴィデオ	208km	ロンドン〜ニューヨーク	5570km
アテネ〜イラクリオン（クレタ島）	300km	東京〜サンパウロ	1万8550km

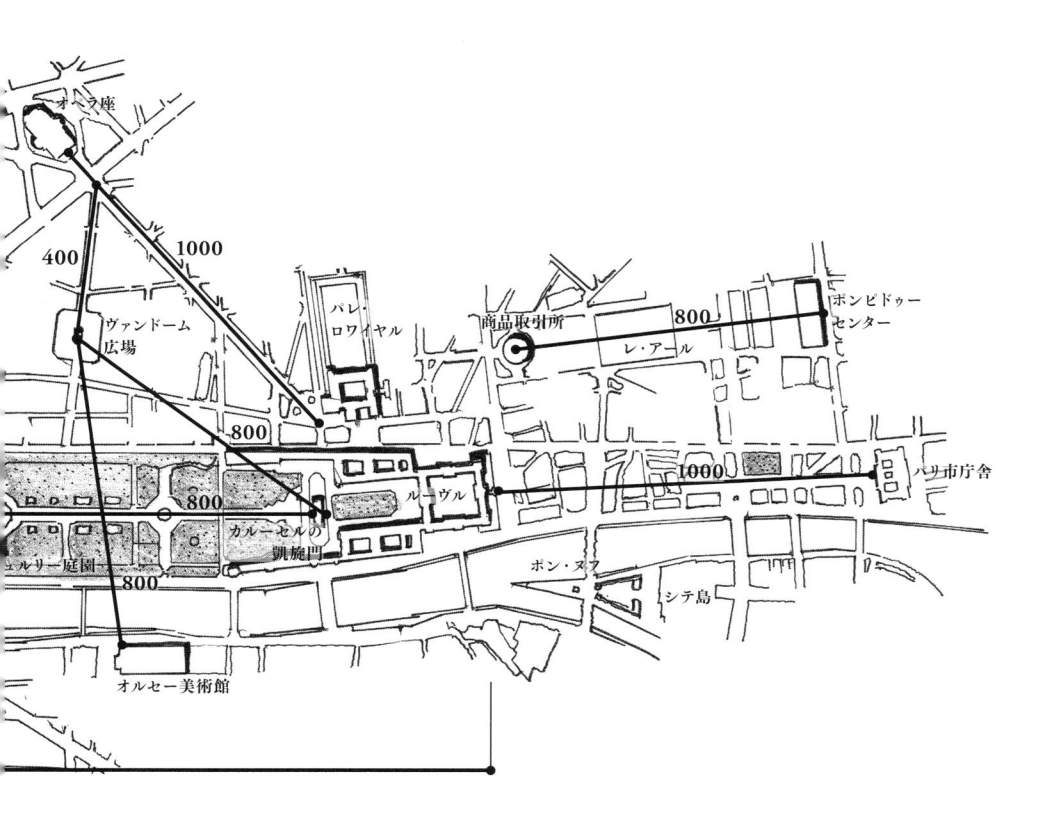

都市比較　Comparative Central Urban Tissue

FIRENZE

400m

フィレンツェの中心市街

　ルネサンスの栄華の痕跡を色濃く残すフィレンツェ、その中枢的都市施設はダヴィデ像の立つシニョリア広場を中心に、ほぼ800m四方で収まるコンパクトさだ。自動車交通を第一義にしない旧市街は、迷路状の路地、サイズ・形状さまざまに異なる広場、200mと離れぬうちに見出される歴史的モニュメントに彩られている。この旧市街地においては、開放率の低い街路や広場と、開放性に充ちた空地骨格となるアルノ川や南に広がるボボリ庭園が、ヒューマンスケールの中で対比的共存を見せる。都市河川を媒介に宮殿域と市民市街域を分ける構造はプラハ、ブタペストなど歴史的都会に多い。

NEW YORK

ニューヨークの中心市街

マンハッタンの中心部は均質な碁盤の目街路と天を突く摩天楼の過密さ、過熱化したアクティビティを緩衝する巨大なセントラルパークが特徴的で、フィレンツェより1桁以上大きいサイズの都心部が形成されている。都心フォーカスはいつも流動的だ。2000％を超える容積率は、街区をひとつの「島」として認識させる。街路を運河に見立て「近代のヴェネチア」と考えられた所以だ。マンハッタン自体も幅約4kmの細い島である。空間的制約、民事施設のヴァラエティの多さ、せめぎ合う街区同士の商業的競合、超大幅員をもつ街路の不在が、活力のエンジンともなる。

都市比較　Comparative Urbanism

TOKYO

凡例:
- 地上露出軌道（鉄道）
- 高架道路
- 幹線道路
- 水、緑（河川、公園等）

東京：
渦巻き構造の街路と高架軌道・高架道路の氾濫、自動車・地下鉄・在来線・トラムのハイブリッドな都市内交通、西側エリアの微地形、都心部の種地緑地の多さ、海上地区の人工性、「中心の空虚（皇居）」（ロラン・バルト）、結界としての都市河川（隅田川／幅約200m）

【東京駅〜勝どき橋＝ 2km】
【四ッ谷駅〜上野駅＝ 5km】
【六本木交差点〜錦糸町駅＝ 8km】

PARIS

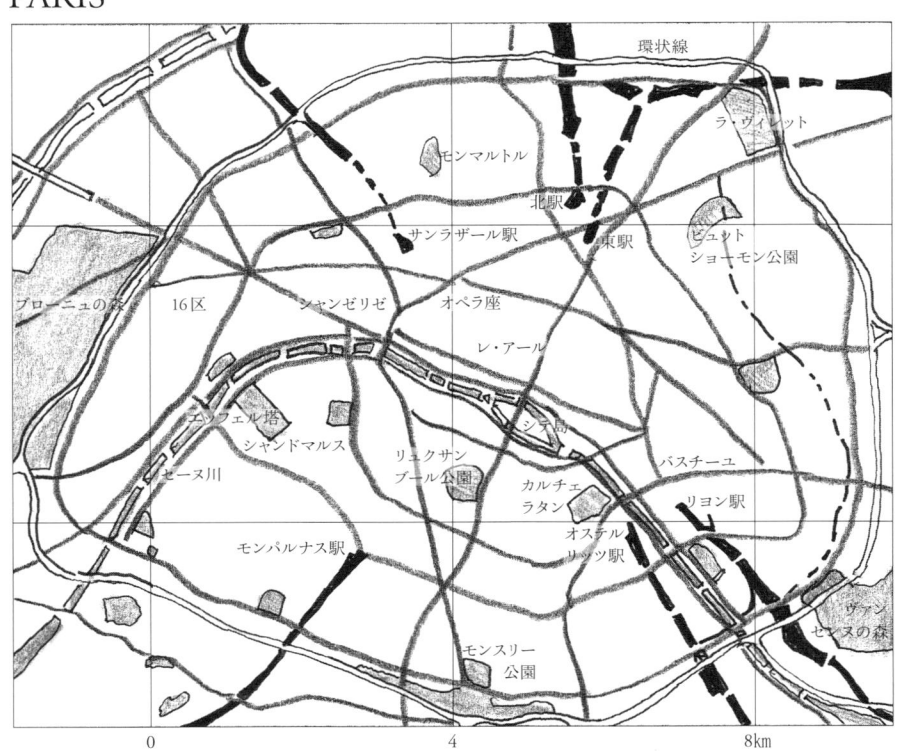

パリ：
環状壁による旧市街のエンクロージャー、同心円状のブールバール（旧城壁跡）、都心部高架交通インフラの不在、自動車と地下鉄網による都市内交通、周界の巨大緑地（森）、都心の空地回廊としての都市河川（セーヌ川／幅約150m）

【コンコルド広場〜リュクサンブール公園＝ 2km】
【エッフェル塔〜バスチーユ広場＝ 5km】
【モンパルナス駅〜ラ・ヴィレット＝ 8km】

SHANGHAI

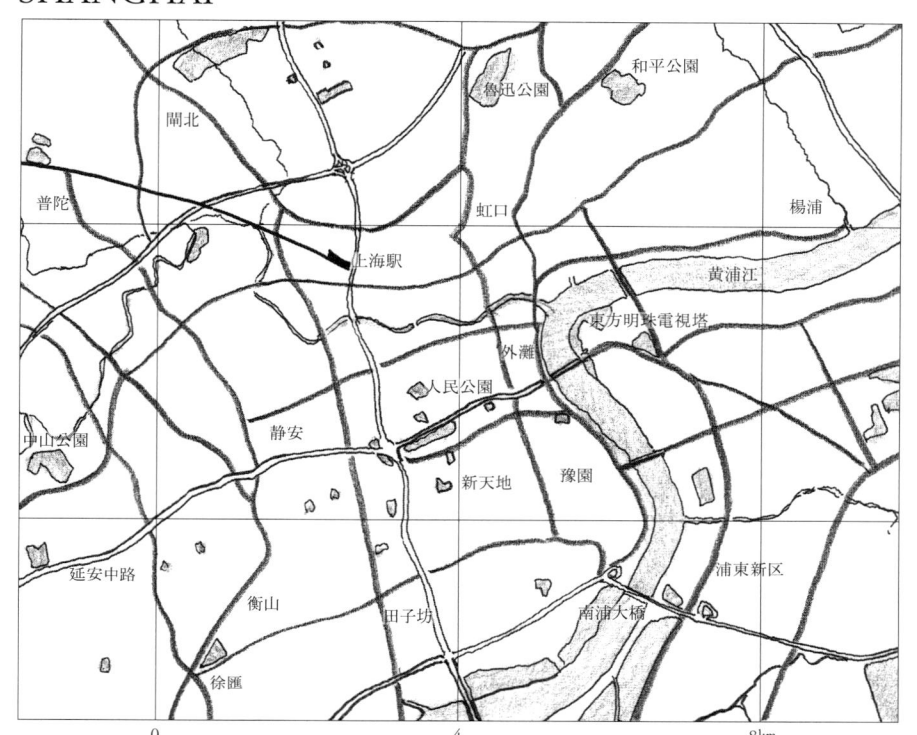

上海：
過密を維持した際限なきスプロール、スーパースケールの格子状高架道路、自動車と地下鉄による都市内交通、散逸する緑地と歴史資産、新市街と旧市街のボーダーラインとしての都市河川（黄浦江／幅約600m）

【外灘〜新天地＝2km】
【人民広場〜中山公園＝5km】
【上海駅〜世紀公園（浦東）＝8km】

ISTANBUL

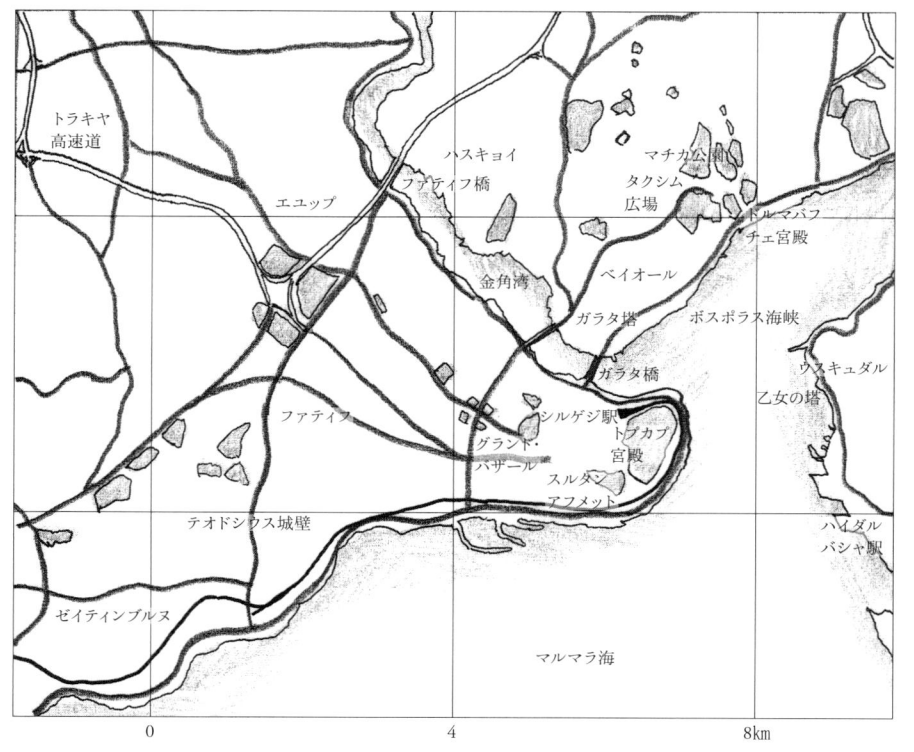

イスタンブール：
地形線や起伏に順応する街路構造、迷路的な細街路と断絶する広域道、自動車・トラム・船を基本とする都市内交通、性格の異なる地区を分節する都市河川的な金角湾とボスポラス海峡（水域による都市空間の分割）

【ガラタ塔〜トプカプ宮殿＝2km】
【アヤソフィア寺院〜ドルマバフチェ宮殿＝5km】
【エディル門（テオドシウス城壁）〜乙女の塔＝8km】

99

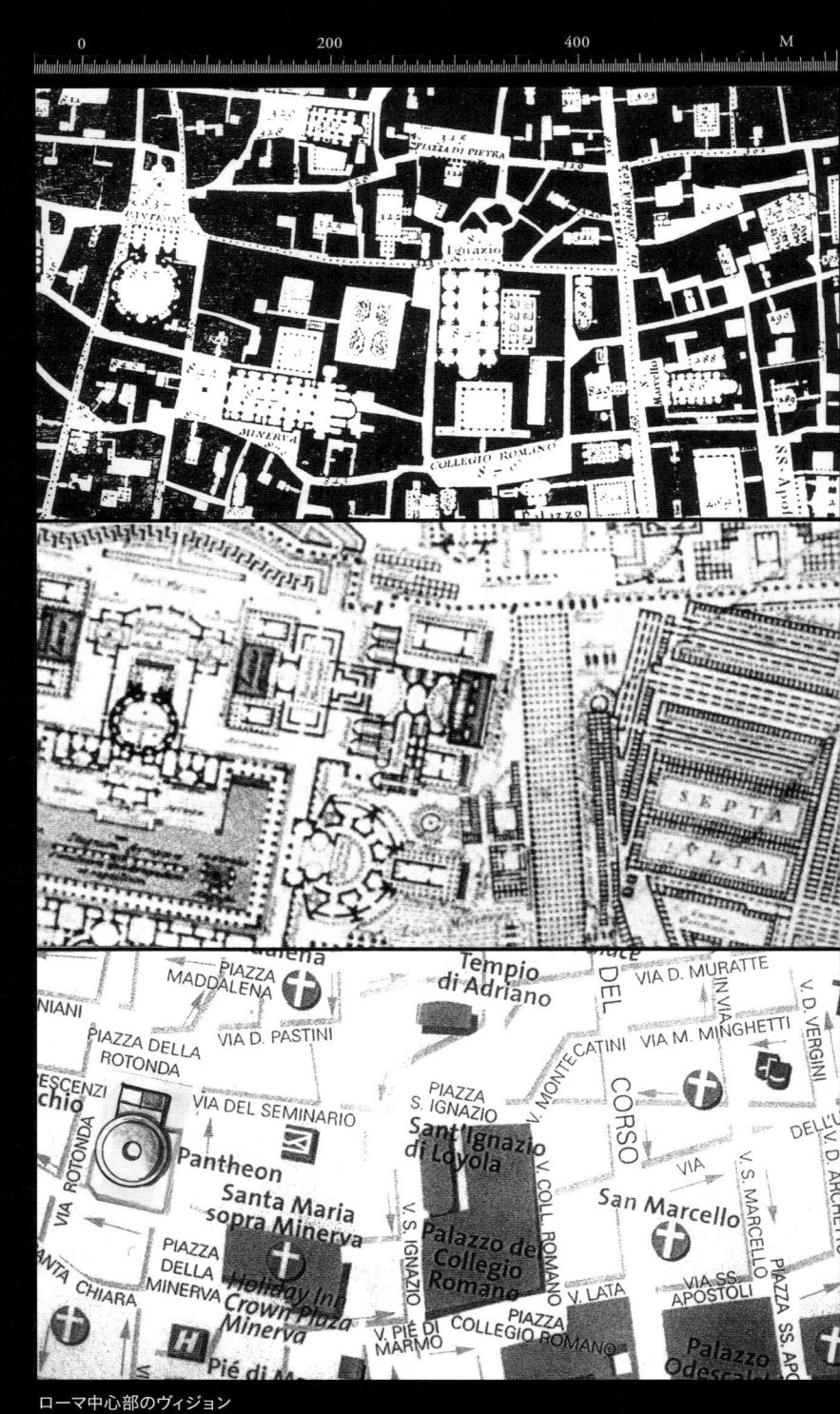

ローマ中心部のヴィジョン
上：17世紀ノッリによるローマ市街図（ゲシュタルト的な陰陽構造）
中：18世紀ピラネージによる虚構のローマ「古代ローマのカンポ・マルツィオ」（モニュメンタルな施設の

IV 寸法・サイズの記憶リスト
Archive for Measurements and Size

　私たちが子供だったとき、あの大きな事典類、たとえば『万有と人類』や『地球』を、あるいは『新しい宇宙』の最新巻をプレゼントされると、誰もがまず、色刷りの「石炭紀の風景」とか「氷河期におけるヨーロッパの動物界」とかに夢中にならなかっただろうか。一見たちまち、イクチオザウルスとシダとの、マンモスと森林との、漠然たる親和性に魅了されなかっただろうか。だが、これと同じ共属性および根源的親和性を、一本のパサージュの風景が私たちに明かしているのだ。有機世界と無機世界、卑俗な生活必需品と思い切った贅沢品が、きわめて矛盾した結合を作り出し、商品は、支離滅裂な夢のなかの映像のように、まったく遠慮なくごちゃごちゃにぶら下がっていたり右往左往したりしている消費の原風景。
　　　　　　　　　　　　　　　ヴァルター・ベンヤミン『パリのパサージュⅠ』(浅井健二郎訳)

　入江は、いかめしい燈柱の立ち並んだ波止場の間に、船も浮べず、蒼然とした靉の水面を展べている。短い橋は『聖堂』の円天井の真下の暗道につながる。この円蓋の骨は、精緻な鋼鉄で組まれ、径ほぼ一万五千尺に及ぶ。
　銅の歩橋、物見台、会堂と列柱を取巻く階段、これら二、三の状態からでも、俺はこの街の厚さが見当がついたと信ずる。
　　　　　　　　　　　　　ジャン・ニコラ・アルチュール・ランボウ『飾画』(小林秀雄訳)

寸法、サイズに関しては、規約など正確をきすもの以外はニアリーイコールとして表示した。これは生物などの個体差、測定の方法の差異、さまざまな情報からの想定の域を超えないもの、あるいは同じ項目でも複数の見解が生まれているものなどがあるためである。また筆者の情報不足で不正確な数字になっている可能性も免れないと思われ、この点は読者の叱責を甘受したいと思う。建物の高さに関しても避雷針などを含めた最頂高さ、一般の最高高さ、あるいは軒高などさまざまな見解があるが、ここでは最も実体に則した寸法を記す（エンパイヤステートビルは最頂では447.7mだが、記載はアンテナ部をのぞいた381m、また破壊された同地のワールドトレードセンタービルも最頂では417mだが、400mと記載。一般的な聖堂などは基本的に尖塔頂部までの数字としている）。またサイズを示す〇〇m×〇〇mは、不整形の場合にも特記なき限り、基本的にその最大部を扱うこととする。

立体的サイズを示す場合には、高さをベースにするが、高さ以外が重要な場合はその寸法を基本的に表示し、補助的な寸法は（）内で記す。なお、＊の付いた項目は、基本的に架空（フィクション）のものか、計画案や絶滅・消失実体をのぞいた伝説的な実体（推定寸法）である。また［ ］内はⅡ編に登場する番号を示す。

H＝高さ・落差、L＝長さ、W＝幅・間口、D＝厚み・奥行き

【～1cm】

0.5cm	NTカッターピース刃渡り
0.6cm	紙パンチの穴直径
0.7cm	汎用丸鉛筆直径

【1cm～】

1cm	ピアノの黒鍵幅 [02-❹]
1.1cm	パチンコ玉直径
1.2cm	セロテープ幅（細型）
2cm	1円玉直径
2.25cm	ピアノの白鍵巾 [02-❹]
4cm	ピンポン玉直径 [01-❷]
4.267cm	ゴルフボール直径
5cm	単三乾電池長さ [01-❹]
5.5cm	畳の厚み
6cm	初代スマホ平均横幅 [01-❶]
7.32cm	野球のボール直径 [03-❸]
8cm	煙草（マイルドセブン）長さ [01-❺]
8.5cm	クレジットカード長辺 [02-❺]（8.5cm×5.4cm）
9cm	ピンコロ石1辺 [03-⓫]（9cm×9cm×9cm）

【10cm～】

10cm	トイレットペーパー直径 [03-❹]
	ゴルフボール直径
	いざり魚体長
	普及版PMN2対人地雷直径
11.5cm	多用丼（汎用型どんぶり）直径（3寸8分）
12cm	CD・DVDの直径 [03-❽]
	ティッシュ箱短辺 [03-❺]
15cm	千円札長辺 [03-❷]（15cm×7.5cm）
15.5cm	ワルサーPPK全長 [01-❸]
21cm	割り箸・元禄箸長さ
	バレーボール直径
22cm	サッカーボール直径 [12-❼]
23cm	縄文火焔土器の口径（栃倉遺跡）
	七輪こんろ高さ（23cmH×29cmΦ）
24cm	バスケットボール直径 [03-⓬]
25cm	将棋盤・碁盤の高さ
28cm	アレクサンドラ・トリバネアゲハ（雄）翼開張（最大蝶）[04-❼]
30cm	真ナマコ全長（伸縮性）[02-❸]
	ロシアンブルー猫尻尾長さ [03-❶]
	ペットボトル（2リットル）高さ [03-❻]
	LPレコード直径 [03-❼]
	歩道用コンクリート平板1辺 [03-❿]（30cm×30cm）
	公衆電話機高さ [03-❾]（30cmH×20cmW×25cmD）
30.5cm	LPレコードジャケット1辺 [02-❶]
32cm	旧式ミシン本体長さ [05-❷]
32.2cm	M19対戦車地雷1辺（32.2cm×32.2cm×9.4cmH）
32.5cm	フォーミュラカー後輪トレッド幅 [14-❶]
35cm	ミーアキャット体長 [04-❻]
36cm	公園ベンチの座板高 [13-❻]
40cm	ニワトリ体長 [08-❷]
	一升瓶高さ
	秋刀魚全長
	テアトロ・オリンピコ客席段差（ヴィチェンツァ）（蹴上×段幅）（40cm×53cm）

【50cm～】

50cm	嘴細カラス全長（嘴太55cm）[08-❼]
54.5cm	尺八長さ（1尺8寸）
55cm	軍鶏体高 [08-❶]
	座布団（銘仙判）短辺 [12-❷]（55cm×59cm）
60cm	西表山猫体長 [02-❽]
	ヴァイオリン長さ [04-❽]
68cm	フランスパン（パリジャン）長さ
69cm	草庵茶室にじり口高さ [12-❸]（69cmH×66cmW）
72cm	バラライカ（ロシアの三弦楽器）長さ [02-❻]
73cm	マルセル・ブロイヤーチェア高さ（73cmH×79cmW×70cmD）
75cm	テリジノサウルス（大鎌恐竜）爪長 [02-❼]
	昭和小型3人用ちゃぶ台直径 [04-❹]
	ダルマストーブ（7号型）高さ [14-❹]

76cm	救命用浮き輪外径 [13-❹]			
77cm	ミース・ファン・デル・ローエのバルセロナチェア高さ [04-❺]（77cmH×76cmW×76cmD）			
80cm	リートフェルトの「ジグザグ椅子」高さ（80cmH×46cmW×58cmD）			
85cm	解剖台高さ [05-❸]			
	大型三脚折りたたみ長さ [06-❻]			
90cm	35mmシネカメラ長さ [06-❼]			
	俵（60kg）長さ [14-❺]（90cmL×40cmΦ）			
	ドラム缶（200リットル）高さ [04-❸]（90cmH×57cmΦ）			
98cm	ダ・ヴィンチ「受胎告知」（1473年）高さ（ウフィッツィ美術館）[09-❷]（98cmH×2m17cmW）			
99.9cm	アーマライトM16（軍用小銃）長さ [09-❺]			

【1m〜】

1m	コウモリ傘（大）長さ [05-❶]
	フラフープ直径
1m10cm	ゴルフクラブ1番ウッド長さ [08-❺]
	グリーンイグアナ全長 [03-⓭]（通常1m〜1m80cm）
1m14cm	ロゼッタストーン高さ（大英博物館）[02-❾]
	100号絵画（仏式風景画仕様）短辺 [09-❶]（1m14cm×1m62cm）
1m20cm	竹刀長さ
1m25cm	エリクセン「人魚姫」高さ（コペンハーゲン）
	シタール（インドの弦楽器）長さ
1m32cm	エアバスA340タイヤ直径 [06-❶]
1m35cm	ヴィークル・ユネ（卵形乳母車）長さ [03-⓮]
	郵便ポスト（差出箱1号丸型）高さ
1m37cm	M1-60mmバズーカ砲長さ
1m40cm	フライロッド長さ [04-❷]
	マッキントッシュのラダーバックチェア高さ [06-❷]（1m40cmH×42cmW×35cmD）
1m43.5cm	標準軌ゲージ幅 [09-❼]
1m50cm	スティンガーミサイル長さ [08-❹]
	2トン型テトラポッド高さ [13-❼]
	イボイノシシ体長 [16-❹]
1m69cm	ミュロン「ディスコポロス（円盤投げ）」像高
1m74cm	ミケランジェロ「ピエタ」（1500年）像高（サンピエトロ寺院）（1m74cmH×1m95cmW）
1m80cm	幔幕（紅白幕・白黒幕）高さ [06-❹]
	銀閣寺向月台高さ [07-❸]
	ホンダスーパーカブ長さ [08-❻]
1m86cm	ロダン「考える人」像高（1880年）（上野西洋美術館）
1m90cm	コリント式柱頭高さ [06-❺]
	自転車長さ [09-❹]
1m91cm	京間畳長辺 [12-❹]（1m91cm×95.5cm×5.5cmD）

【2m〜】

2m	ストレッチャー長さ
	コスタリカの最大石球直径（25トン）
2m4cm	ミロのヴィーナス像高 [10-❷]
2m15cm	グレゴール・ザムザ氏（毒虫）想定体長（カフカ『変身』）* [06-❸]
2m26cm	ル・コルビュジエの「モデュロール」人間の手を上げた高さ [08-❸]
2m27cm	マルセル・デュシャン「大ガラス」（1923年）高さ（フィラデルフィア美術館）[12-❺]（2m27cmH×1m35cmW）
2m30cm	スペースシャトルエンジン噴射口直径 [15-❹]
	ボストーク1号カプセル直径
2m40cm	1馬身
2m50cm	ダチョウ体高 [07-❷]
	ホルスタイン牛体長 [15-❷]
2m55cm	競技用鉄棒高さ [07-❶]
2m57cm	金鯱高さ（オス）（名古屋城）（8尺5寸）
2m97cm	ミゼットMP（三輪軽トラック）全長 [13-❶]（2m97cmL×1m45.5cmH）
3m	ヘラジカ体長 [23-❺]
	シーラカンス全長 [31-❶]
	本鮪全長 [09-❸]
	磯玉網長さ [04-❶]
3m20cm	ベラスケス「ラスメニナス（侍女たち）」（1657年）高さ（プラド美術館）[13-❽]（3m20cmH×2m80cmW）
	NASA火星探索ローヴァー全長 [11-❸]（3m20cmL×2m80cmW×1m50cmH）
3m30cm	サモトラケのニケ像高 [12-❽]
3m40cm	ロータススーパーセブンS2全長 [13-❷]
	X34ランドスピーダー全長（映画「スターウォーズ」）* [20-❶]
	「リトルネリー」（映画「007」の小型ヘリコプター）全長*（3m40cmL×1m60cmH）
	トヨタスポーツ800全長（1960年代後半）
3m50cm	棕櫚樹高（一般）[09-❽]
	オルデンバーグの「プールボール」直径 [26-❹]
	ポセイドン像高（アテネ考古学博物館）[31-❹]
	マンモス体高
	フィアット500全長
	ピカソ「ゲルニカ」（1937年）高さ（ソフィア王妃芸術センター）[15-❸]（3m50cnH×7m80cmW）
3m80cm	流線型列車「シーネンツェッペリン」ノーズプロペラ径 [17-❸]
	シトロエン2CV全長
3m90cm	アポロ司令船カプセル直径（3m90cmΦ×3m20cmH）
4m	ピラルク全長（最大淡水魚）[04-❾]

103

	競技用スラロームカヌー長さ [13-❸]	
	処刑機械の高さ（フランツ・カフカ『流刑地にて』）（想定）* [16-❷]	
	ジェリコ（エリコ）の壁高さ	
4m8cm	新幹線0系高さ [09-❻]（4m8cmH×3m38cmW）	
4m20cm	ポルシェ911（空冷型）全長 [10-❸]	
	ダ・ヴィンチ「最後の晩餐」（1498年）高さ（サンタ・マリア・デッラ・グラツィエ修道院）[19-❿]（4m20cmH×8m80cmW）	
4m30cm	ミケランジェロ「ダヴィデ」（1504年）像高（アカデミア美術館）[08-❽]	
4m50cm	ユングマン広場のチェコキュビスムの街灯高さ [15-❶]	
	手漕ぎボート長さ [34-❷]	
4m55cm	大相撲土俵の直径 [21-❸]	
	飛龍の鐘高さ（熊本蓮華誕生寺）（4m55cmH×2m88cmΦ）	
4m56cm	オースチンFX（ロンドンタクシー）全長（4m56cmL×1m74cmW×1m81cmH）	
4m70cm	SAAB900 ターボ全長 [20-❷]	
4m90cm	ランボルギーニ・チータ（ML002）全長 [14-❼]	

【5m～】

5m	80トン型テトラポッド高さ [13-❺]	
5m30cm	阿弥陀如来像高さ（浄土寺浄土堂）	
5m50cm	岡本太郎「明日の神話」高さ [22-❻]（5m50cmH×30mW）	
5m95cm	帝国海軍「秋水」J8M（ロケット推進戦闘機）全長 [12-❻]	
6m	インドニシキヘビ全長（最長個体）[14-❷]	
	テラーニのアントニオ・サンテリア幼稚園の高さ（コモ）[15-❺]	
	能の本舞台1辺（京間3間四方）[22-❸]	
	海上コンテナ（20フィート型）長さ [23-❸]（6mL×2m35cmW×2m40cmH）	
7m	ボクシングリング外径1辺 [21-❼]	
7m20cm	F.L.ライトのジョンソン・ワックス社マッシュルームコラム高さ [11-❶]（7m20cmH×6mΦ [柱頭部]）	
	キングコングの身長* [11-❷]	
7m32cm	サッカーゴール幅 [12-❶]（7m32cmW×2m44cmH）	
7m35cm	X180装甲車全長（フィンランド国連大隊）	
7m62cm	追跡戦闘車（SPV）全長（TV「キャプテンスカーレット」）* [20-❸]	
8m	グエル公園人工地盤大広場階高（バルセロナ）[19-❸]	
	アンコールトム城壁高さ	
8m15cm	T34戦車（旧ソ連軍）全長（8m15cmL×3m50cmH）	

8m20cm	すばる反射望遠鏡主鏡口径（ハワイ島）	
8m50cm	蕨野の棚田石積み高さ（佐賀）	
9m	小型練習用ヘリコプター全長 [14-❽]	
	サンダーバード4号（水中救助機）全長 (TV「サンダーバード」)* [25-❷]	
	銀座「和光」時計塔高さ（下屋のぞく）[30-❶]	
	九一式魚雷長さ（9mL×63cmΦ）	
9m20cm	サンフランシスコの路面ケーブルカー全長	
9m50cm	「しんかい6500」全長	
9m66cm	「ゼウスの大祭壇」高さ（ベルリン、ベルガモン博物館）	

【10m～】

10m	日本最古のコンクリート電柱高さ（函館）	
	メッサーシュミット108（独軍）全長	
	ミグ15（旧ソ連軍）全長	
	モケーレ・ムベンベ（コンゴの幻獣）全長*	
10.4m	ソリングヨットマスト高 [17-❶]	
	パルテノン神殿柱の高さ（基壇のぞく）	
10.5m	銀閣寺（慈照寺）高さ（10.5mH×8.2m×7m）	
11m	AS35ヘリコプター全長 [43-❺]	
11m50cm	「鳥獣戯画」巻物長さ [02-❷]（11m50cmL×30.5cmW）	
12m	サルコスクス（古代鰐）全長 [10-❶]	
	アマルガサウルス全長 [26-❺]	
	熱気球風船部直径 [47-❾]	
	オリンピアのゼウス像高さ*	
12.5m	都電1両長さ [19-❷]	
	金閣寺（鹿苑寺）高さ（12.5mH×11.5m×8.5m）	
12.8m	2005年愛・地球博長久手日本館「地球の部屋」（球体映像ホール）内径	
13m	トロイの木馬高さ（トルコ）[16-❸]	
	清水寺舞台から地表までの落差（京都）[35-❶]	
13.4m	ハッブル宇宙望遠鏡長さ [20-❽]（13.4mL×4.3mΦ）	
13.5m	平等院鳳凰堂高さ（宇治）(13.5mH×47mW×35mD)	
14m	V2号（ナチスの超音速ロケット）長さ [18-❶]	
	ハリウッドボウルのステージアーチ半径（ロサンゼルス）	
	テラーニの「カサ・デル・ファッショ」ファサード高さ（コモ）[18-❷]（14mH×28mW）	
14.3m	ブルーノ・タウトのグラスハウス高さ（1914年）[17-❷]（14.3mH×8.7mΦ）	
14.4m	シーハリアー（英軍のVTOL戦闘機）全長	
	五箇山合掌造り岩瀬家高さ [19-❹]	
14.7m	箱根登山鉄道車両長さ	
14.75m	人間魚雷「回天1号」長さ [16-❶]（14.75mL×1mΦ）	
14.8m	SAAB39グリペン（多目的戦闘機）全長 [20-❻]	

15m	カルカロドン・メガロドン（新生代第三紀の古代鮫）全長（想定）[19-❾]
	ティラノサウルス全長 [23-❹]
	ヴァルデの海上灯台海面よりの高さ（カレー近郊）[39-❹]
	ルネ・ラリック「フランスの水源」高さ（1925年パリ装飾博の野外噴水）
	初代江戸の火の見櫓（1650年代）高さ
15.2m	東京モノレール車両全長
15.6m	超大型ダンプ（コマツ 960E）全長（15.6mL×9.6mW×7.37mH）
15.7m	ロッキード F35-A（ライトニング）全長
16m	厳島神社海上鳥居の高さ [19-❺]
	川越「時の鐘」高さ [28-❹]
	ル・コルビュジエの小さな家長手（レマン湖畔）[19-❽]（16m×4m）
16.5m	栄螺堂高さ（会津若松）（16.5mH×6.3m Φ）
	地下鉄大江戸線車両長さ
17m	談山神社十三重塔高さ（奈良）
17.5m	ジュピターⅡ号想定直径（TV「宇宙家族ロビンソン」）*
	V22（オスプレイ）全長 [22-❽]
17.8m	ロッキード F104（スターファイター）全長 [19-❼]
18m	大型1人用グライダー翼幅 [17-❻]
	ガンダム身長* [19-❶]
	メンデルゾーンのアインシュタイン塔高さ（ポツダム）[19-❻]
	キューバのラクダバス（CAMEYO）全長 [20-❹]
	マッコウクジラ全長 [34-❸]
	サンタマリア号全長
	マジンガーZ身長（超合金NZに換わる前）*
	鉄人28号の身長*
	足摺岬灯台高さ（高知）
18.3m	ジェットモグラ号（地中救助機）全長（TV「サンダーバード」）* [20-❺]
19m	ル・コルビュジエのサヴォイ邸1辺（ポワッシー）[21-❻]（19m×21.5m×9.4mH）
19.4m	ロッキード F117（ステルス）全長 [17-❺]（19.4mL×13.2mW×3.9mH）
19.7m	SAAB340（小型旅客機）全長 [20-❼]
20m	テアトロ・オリンピコ舞台幅（ヴィチェンツァ）[19-❿]
	ブランデンブルク門門頭天端までの高さ（ベルリン）
	民主記念塔高さ（4本）（バンコク）
	システィーナ礼拝堂インテリア天井高（ヴァチカン）（20mH×40mL×13mW）
	パルテノン神殿高さ（アテネ）[20-❾]（20mH×31mW×70mL）
21m	1970年大阪万博スイス館高さ（21mH×55m Φ）
22m	龍安寺石庭横幅 [22-❹]（22mW×10mD）
	彰化の大仏高さ（台湾）
23m	アルド・ロッシの世界劇場高さ [34-❶]
	ルクソールのオベリスク高さ [21-❶]
23.8m	An26（アントノフ26[小型輸送機]）全長 [21-❺]
	テニスコート長辺 [21-❹]（23.8mL×11mW）
24m	ヴェラ・ムキーナの彫刻「労働者とコルホージナ」高さ（1937年）（モスクワ、ヴェーデンハー）
	シャーロット・モーター・スピードウェイの巨大スクリーン高さ [26-❸]（24mH×61mW）

【25m ～】

25m	新幹線1両長さ [22-❶]
	25mプール1辺 [22-❷]
	原爆ドームの高さ（広島）[22-❼]
	ルクソール神殿パイロンの高さ（25mH×65mL）
26m	「キエフの大門」高さ（ムソルグスキー「展覧会の絵」）[26-❻]
	ローズセンタープラネタリウム球体外直径（アメリカ自然史博物館）（ニューヨーク）[47-❶]
	サンタ・マリア・ノヴェッラ教会ファサード高さ（フィレンツェ）
	潜水艦スティングレイ全長（TV「海底大戦争」）*
26.7m	YS11（戦後初の国産旅客機）全長 [23-❶]
27m	ジャイプールの「グレイト・サムラット・ヤントラ」（日時計）高さ [24-❸]
	プリモス湾の石造エディストーン灯台高さ
27.4m	野球塁間距離 [21-❷]
27.5m	ハンネス・マイヤーの「ペーター学院」計画の張り出しテラス（1926年）キャンチレバー張出し長さ（バーゼル）[23-❷]（27.5mL×32mW）
27.55m	スカイダイバー（迎撃潜水艦）全長（TV「謎の円盤UFO」）* [28-❷]
28m	神橋長さ（日光）[27-❶]（28mL×7.4mW）
28.5m	ユルゲン・マイヤーの木造「メトロポール・パラソル」高さ（セビリア）
28.8m	祇園祭の山鉾高さ（車台より）
29m	ブランクーシ「無限柱」高さ（ルーマニア、ドゥルグ・ジウ）[24-❶]
30m	バルビエの「廃墟の柱の家」高さ（デゼール・ド・レ、パリ郊外）[26-❶]
	サイモン・ロディアの「ワッツタワー」最高塔高さ（ロサンゼルス）[28-❸]
	ヴィクトル・エマヌエルⅡ世のパサージュ（ミラノのガレリア）天井高 [29-❶]
	「乙女の塔」高さ（イスタンブール）[30-❷]
	ビュットショーモン公園展望台高さ（パリ）[30-❹]

	「悪魔の橋」高さ（コルドバ）[30-❺]
	ヴェスニン兄弟の「プラウダビル」計画高さ（1923年）[35-❹]
	シバーム（イエメンの古代摩天楼都市）塔平均高さ
	オルセイ美術館中央ヴォールト天井高
30.2m	B29 エノラゲイ（空の要塞）全長 [32-❼]（30.2mL×43mW×9mH）
30.5m	キンベル美術館ヴォールト長さ（テキサス）[22-❺]（30.5mL×7mW）
31m	銀座「和光」（百尺首都市建築）高さ [30-❶]
31.5m	法隆寺西院五重塔高さ（奈良）[50-❻]
	タイタンミサイル全長
32.5m	ドーラ砲（第二次大戦ナチス開発の口径80cm列車砲）砲身長さ [24-❷]
32.7m	ブラックバード（ロッキード SR71-A）全長（32.7mL×16.9mW×6.5mH）
33m	マークⅠ型原子炉格納容器高さ [29-❷]
	ドバイ水族館のアクリル1枚パネル水槽開口部横幅 [31-❷]（33mL×8mH）
	築地本願寺高さ（33mH×87mW×56mD）
33.8m	スイカ柄球状ガスタンク直径（富里）
34m	サンダーバード1号（偵察・指令機）全長（TV「サンダーバード」）* [25-❸]
	アルゼンチノサウルス（竜脚類最大）全長 [36-❹]
	シャルトル大聖堂身廊天井高
	ロードス島のヘリオスのコロッソス（巨像）高さ*
	ハルカルナッソス霊廟高さ（小アジア、カリア王国）*
	正倉院間口 [25-❶]（34m×9m）
34.1m	薬師寺三重塔東塔高さ（奈良）
34.3m	オルデンバーグの「バットコラム」（1977年）長さ [35-❸]
34.5m	ニコライ堂高さ（神田）[23-❻]
36m	グランド・セントラル・ステーションのコンコースホワイエ天井高（ニューヨーク）（36mH×90mL×36mW）
37m	顕栄聖堂（木造教会）高さ（ロシア、キジーポゴスト）
37.2m	スペースシャトル本体ヴィークル（オービター）全長 [40-❸]（37.2mL×23.8mW×17.4mH）
38m	マラパルテ邸（屋上階段部込み）長さ（カプリ島）[31-❸]（38mL×8.5mW×7.5mH）
	ランス大聖堂の身廊天井高
38.5m	カラカラ浴場高さ（38.5mH×225mL×185mW）
39.5m	コルコバードの丘のキリスト像高さ（リオデジャネイロ）
39.7m	錦帯橋1スパン（岩国）[27-❺]
40m	初代ウルトラマンの身長* [37-❶]
	東京カテドラル高さ [46-❷]
	代々木オリンピック体育館のコンクリート主塔高さ [50-❼]
	C.N. ルドゥの「ショー理想都市」内球形墓地構想内径
	ナダール「巨人号」（巨大熱気球、1863年）高さ
	プランバナン寺院高さ（ジャワ島）
	リカベトウス半円形野外劇場の半径（ギリシャ）
	ニューヨークグッゲンハイム美術館渦巻き径（上～下）[42-❶]（40m～30m）
	レンゾ・ピアノのIBM移動式ガラスヴォールト展示館長さ（40mL×9.6mW）
42m	ハドリアヌス廟（サンタンジェロ城）高さ（ローマ）（42mH×90mΦ）
	インド門高さ（デリー）
	コルサバードのジッグラト高さ（アッシリア）
43m	パンテオンドーム内法直径＝天井高さ [28-❶]
44m	ヴァンドーム広場のトラヤヌス記念柱高さ（パリ）[43-❽]
	トラファルガー広場のネルソン提督記念柱高さ（ロンドン）
	ウィーンのナチ対空監視塔高さ（第二世代L型）[32-❶]（44mH×50m×23m）
44.5m	ルードヴィッヒ大公結婚記念塔高さ（ダルムシュタット芸術村）[26-❷]
45m	東大寺大仏殿（金堂）高さ [32-❺]
46m	福島第一原発3号機原子炉建屋高さ [32-❹]
	自由の女神像本体高さ（台座別）[32-❷]
	メッカ・ロイヤル・クロックタワー時計直径（サウジアラビア）
47m	ボーイング727全長（機材差あり）[40-❹]
48m	リアルト橋長さ（ヴェネチア）[27-❷]
	幻の出雲大社（平安期）高さ [37-❺]
48.5m	高野山金剛峯寺根本大塔高さ
49m	ポン・デュ・ガール高さ（ニーム）[35-❷]
	出雲ドーム（大規模木造ドーム）高さ（49mH×141mΦ）

【50m～】

50m	初代ゴジラ身長* [35-❻・43-❾]
	エトワールの凱旋門高さ（パリ）[36-❷]
	菊竹清訓の「出雲大社庁の舎」軒大梁長さ [37-❼]
	アクロポリス高さ（アテネ）[42-❺]
	バスチーユ記念柱高さ（パリ）
	姫路城高さ
	プラハ城高さ
	キューガーデンのパゴダ高さ（ロンドン郊外）
	クノッソス宮殿の中庭長手（クレタ島）（50m×25m）

50.8m	興福寺五重塔高さ（奈良）	70m	岡本太郎の「太陽の塔」高さ［32-❸・46-❹］
52	凌雲閣高さ（浅草）［42-❸］		シャンゼリゼ幅員［36-❶］
	A. シュペーアの1937年パリ万博ドイツ館高さ（52mH×15mW×125mL）		ボーイング747全長（機材差あり）［36-❸］
			ヴェルサイユ宮殿「鏡の間」長さ
53m	H2ロケット全長［19-⓬］		スペイン階段水平長さ（ローマ）
	ソフィスカヤ大聖堂高さ（ハルピン）		出島（江戸期）短辺（長崎）（東辺／西辺／北辺／南辺）［43-❶］（70m／190m／233m）
54	サマラのミナレット高さ（イラク）［29-❸］		
	ディズニーワールドEPCOTセンターの「宇宙船地球号」球体直径（オーランド）［47-❷］		ブリュッセルのグランプラス（中央広場）短手（70m×100m）
			モヘンジョダロの遺跡短手［45-❼］（70m×110m）
54.8m	東寺五重塔高さ（京都）	72m	シュルデシュティ木造教会尖塔高さ(ルーマニア)
55	ピサの斜塔高さ［32-❻］	73m	エアバスA380全長［37-❷］
	ビルバオグッゲンハイム美術館高さ［42-❷］		スフィンクス像全長（エジプト）
	エデンプロジェクトの「ヒューミッド・トロピクス・ドーム」高さ（イギリス、コーンウォール）（55mH×100m×200m）		聖橋長さ（お茶の水）［27-❼］（73mL×22mW）
			ニューオータニホテル本館高さ
55.4m	マクダネル・ダグラスDC10全長［41-❹］	73.4m	客家円形土楼「二宜楼」4階建て、1770年）直径（福建省）（73.4m Φ×16mH）
56	アヤソフィア寺院ドーム外形高さ［33-❶］	74m	ワット・アルン大塔高さ（バンコク）
	スペースシャトル発射ロケット高さ［33-❷］		スパスカヤ（救世主）塔高さ（モスクワ、クレムリン）
	マジックキングダムのシンデレラ城高さ（オーランド）［44-❺］		
		75m	ツェッペリンNT（次世代飛行船）全長［31-❺］
57.5m	カミロ・ジッテによる欧州の「平均的大型広場」短手［45-❿］（57.5m×140.9m）		1912年当時の通天閣高さ（大阪）［37-❽］
60m	ローマのカンピドリオ広場長軸径［40-❶］	76m	サンダーバード2号（重量輸送機）全長（TV「サンダーバード」）＊［35-❺］
	シドニーオペラハウス高さ［44-❻］		
	1939年ニューヨーク万博の球体テーマ館ペリスフィア直径［47-❸］		ロッキードギャラクシーC5（巨人輸送機）全長
		80m	南京の陶塔高さ＊
	武道館直径［48-❶］		大阪万博フジパビリオン（空気膜）長さ［46-❸］（80mL×25～32mH）
	江ノ島展望塔高さ		
	コロンブス記念塔高さ（バルセロナ）		明石海峡大橋のコンクリートケーソン径［27-❽］（80m Φ×70mD）
	平壌の凱旋門高さ（北朝鮮）		
	京都駅ビル高さ	81m	初代ラドンの翼開張＊［46-❽］
	サンジミニアーノの最高塔高さ		イワン大帝の鐘楼高さ（モスクワ、クレムリン）
	ヘルシンキの岩盤内地下教会堂内径		法勝寺八角九重塔高さ（京都、1342年焼失）
	フィギュアスケートリンク長径（60m×30m）	82m	1967年モントリオール万博アメリカ館フラードーム直径［47-❹］
61.7m	コンコルド全長［38-❶］		
	（61.7mL×25.6mW×11.3mH）		ジオットーの塔高さ（フィレンツェ）
65m	プラーター公園の観覧車直径（ウィーン）［38-❸］	83m	サクレクール寺院高さ（パリ、モンマルトル）（83mH×50mW×100mD）
	ガラタ塔高さ（イスタンブール）		
	アンコールワット中央塔高さ（カンボジア）	84m	ポンテ・ヴェッキオ長さ（フィレンツェ）［27-❹］
	カイマルク地下都市の深さ（カッパドキア）		An255（アントノフ・ムリーヤ、大型重量輸送機）全長［43-❸］（84mL×88.74mW）
	タージ・マハル霊廟高さ（アグーラ）		
	国会議事堂中央塔高さ	88m	ブルージュの鐘塔高さ（ベルフォルト）
	ミースの新ナショナルギャラリー地上1辺（ベルリン）（65m×65m×10mH）	90m	サンダーバード3号（宇宙船）全長（TV「サンダーバード」）＊［40-❺］
	ティオティワカン太陽のピラミッド高さ（メキシコシティ）		バビロンの城壁高さ＊
		93m	自由の女神像高さ（ニューヨーク）
66.7m	エンパイヤステートビルアンテナ長さ［30-❸］	94m	ピョートル大帝像高さ（モスクワ）
67m	UボートⅦ-C型長さ［34-❹］	95m	W. グロピウスのバウハウス校舎長手立面長さ（デッサウ）［41-❸］
69m	崇聖三塔の「千尋仏塔」（16層）高さ（雲南大理）		

	カンポ広場マンジアの塔高さ（シエナ）
96m	東京メトロ銀座線 6 両全長 [43-❻]
98m	ヒラルダの塔高さ（セビリア）
99m	シュエダゴンパゴダ高さ（ミャンマー）

【100m ～】

100m	ストーンヘンジの直径（ソールズベリー）[38-❷]
	ナスカ高原のハチドリの地上絵・花の地上絵長さ [40-❼・53-❼]
	ガントリークレーン（超大型）高さ [44-❸]
	ハンネス・マイヤーの「国際連盟案」高層棟高さ [46-❶]
	ブルネレスキのドゥオモ高さ（フィレンツェ）[46-❻]
	イワン・レオニドフのレーニン研究所構想球体オーディトリアムの想定直径 [47-❼]
	浜岡原発排気筒高さ（静岡）
	ミレニアムドームのマスト高（ロンドン）
	カンポ広場短手（シエナ）[45-❸]（100m×120m）
	ル・コルビュジエのバベル型「ムンダネウム」（世界美術館）構想高さ（ジュネーヴ）（100mH×200m×200m）
	駒沢オリンピック公園広場幅（100mW×200mL）
102m	アトミウム高さ（ブリュッセル）[38-❹]
103m	通天閣高さ（大阪）[37-❾]
106m	横浜マリンタワー高さ [39-❷]
108m	国際宇宙ステーション（ISS）長手 [40-❷]（108m×74m）
109m	相国寺七重塔高さ（京都、1400 年焼失）
	1970 年大阪万博ソ連館尖塔高さ
110m	ディスカバリー号（映画「2001 年宇宙の旅」の木星探査機）想定全長* [40-❻]
	サターン V ロケット全長
	日本丸 II 世全長
111m	グリヴィツェの木造ラジオ塔高さ（ポーランド）
	セントポール大聖堂高さ（ロンドン）
112m	ドム教会塔高さ（ユトレヒト）
115.7m	東京国際空港管制塔高さ（羽田）
119m	ラサのポタラ宮高さ（チベット）（119mH×350mW×270mD）
120m	三十三間堂外形長さ（京都）[41-❶]
	3 号玉花火打ち上げ高度 [55-❷]
	牛久大仏の高さ（台座込み）
	初島人工島の直径（大牟田）
	ジュピター神殿前のフォーラム長手（ポンペイ）[45-❽]（120m×40m）
	ボロブドール平面 1 辺（インドネシア）[41-❺]
	エッフェル塔地表開脚部 1 辺 [48-❹]（120m×120m）

	ヴァンドーム広場短辺（パリ）[43-❽]（120m×140m）
	ビオランテ（植獣形態）体長*
126m	最大風力発電風車羽根長さ（エネルコン E126）
127m	エキスポタワー高さ（千里、2003 年解体）
130m	エフェソスのアルテミス神殿長さ（トルコ）*（130mL×70mW×18mH）
131m	京都タワー高さ [39-❸]
133m	サンピエトロ寺院高さ（ローマ）[47-❻]
133.5m	ノアの方舟長さ（3 階建て）*（133.5mL×22.5mW×13.3mH）
134m	アレクサンドリアの大灯台高さ* [39-❶]
135m	ロンドンアイ（観覧車）高さ [38-❺]
136m	「メスキータモスク」の内部空間（柱 1600 本）短手（コルトバ）（136m×138m）
	メガフロート長辺 [39-❼]（136mL×46mW×3mH）
139m	エラスムス橋のジグザグ単一主塔高さ（ロッテルダム）
140m	ウフィッツィギャラリー長さ（フィレンツェ）[41-❷]
	レマン湖噴水高さ
	1970 年大阪万博アメリカ館長手
	ロカ岬海面からの高さ（リスボン郊外）
	伊勢神宮殿地長手 [51-❶]（140m×130m）
147m	ギザのピラミッド高さ（エジプト）[50-❸]
	札幌 TV 塔高さ
150m	海底軍艦「轟天号」（小松崎茂製作）全長* [42-❹]
	シャーボロフスカヤのラジオ塔高さ（モスクワ）
	ポンピドゥーセンター長さ（パリ）[37-❸]（150mL×50mW×50mH）
	ヴォージュ広場 1 辺（パリ）[45-❷]（150m×150m）
152m	モンサンミッシェル海面から尖塔までの高さ [33-❸]
157m	ケルン大聖堂双塔高さ
160m	軍艦島（端島）横幅（東西×南北）[51-❺]（160m×480m）
161m	ウルム大聖堂西塔高さ
165m	イージス艦全長（「あたご」型）[43-❷]
169m	ワシントン記念塔高さ（ワシントン D.C.）
170m	ロイヤルクレセント横幅（バース）[45-❺]
	ガウディのサグラダファミリア教会中心塔高さ（未完）[46-❺]
	ルーヴル宮殿東面ファサード長さ [49-❶]
172.8m	タイフーン型原潜全長（旧ソ連）[37-❹]
176.5m	ラテンアメリカタワー高さ（メキシコシティ）
180m	サンマルコ広場長手長さ（ヴェネチア）[45-❻・51-❸]
	モスラ幼虫長さ* [53-❻]
	京王プラザホテル本館高さ（西新宿）

	ノーマン・フォスターの「スイス・リ本社」タワー高さ	
	横浜スタジアム直径	
	ル・コルビュジエ「輝く都市」「ヴォワザン計画」の十字型摩天楼構想平面1辺 [46-❼] (180m×180m×240mH)	
182m	アルド・ロッシのガララテーゼ集合住宅（ミラノ郊外）長さ [43-❼]（182mL×12mW×14mH）	
186m	黒部ダム堤高	
190m	古代オリンピアのスタジアムの長さ	
192m	ゲートウェイアーチ高さ（セントルイス）[44-❹]	
200m	国会議事堂長手正面長さ	
	シャルル・ド・ゴール空港第一ターミナルビル直径（パリ）	
	ティルタガンガ（水の離宮）長手（バリ島）（200m×100m）	
	九龍城長手（香港）[51-❷]（200m×150m）	
208m	魯山大日如来大仏高さ（河南省）	
210m	トライロン高さ（1939年ニューヨーク万博シンボルタワー）	
220m	バベルの塔高さ（『バルク黙示録』による）* [39-❺]	
	防衛省通信塔高さ（市ヶ谷）	
221m	フーバーダム落差	
230m	E.L. ブーレーのニュートン記念堂球体直径（計画）[47-❺]	
240m	ナヴォナ広場長手（ローマ）（240m×65m）	
243m	東京都庁第一庁舎高さ	
244m	東京ドーム直径 [48-❸]	
245m	ヒンデンブルク号（旅客飛行船）長さ [47-❽]	
	JRセントラルタワーズ高さ（名古屋）	
246m	勝鬨橋長さ（246mL×22mW）	

【250m～】

250m	シェンブルン宮殿本館ファサード長さ（オランジェリのぞく）[49-❸]	
	アメ横中心見世路地長さ（上野）[51-❻]	
	雷門仲見世通り長さ（浅草）[51-❹]	
	モスラの翼開張* [53-❻]	
	グム百貨店ファサード長さ（モスクワ）	
	ソカロ（中央広場）長手（メキシコシティ）（250m×200m）	
	アンコールワット短辺（カンボジア）[45-❹]（250m×300m）	
260m	ロックフェラーセンターGEビル高さ（ニューヨーク）	
280m	ペンタゴン1辺（ワシントンD.C.）[48-❻]	
292m	大阪万博お祭り広場大屋根長手 [46-❹]（292mL×108mW×40mH）	
293m	クィーンエリザベスⅡ世号全長 [34-❺]	

300m	A. シュペーアの第三帝国人民ホールドーム構想高さ [50-❹]	
	ピョートル大帝「夏の離宮」大宮殿ファサード長（ペテルゴフ）	
	キングギドラ全長*	
	スフェヘニンゲン海上ピア長さ（デン・ハーグ）	
310m	ポントカサステの19連アクアダクト長さ（ウェールズ）	
311m	初代余部鉄橋長さ（1912年）（兵庫）	
313m	ノルマンディー号全長 [52-❸]	
314m	乾ドック長さ（呉）（314mL×45mW×11mD）	
	タリンTV塔高さ（エストニア）	
319m	クライスラービル高さ [39-❻]	
320m	イゾラ・ベッラ庭園島長手（イタリア、マジョーレ湖）（320mL×80mW）	
	マラカナンスタジアム長径（リオデジャネイロ）（320m×280m）	
324m	エッフェル塔高さ [55-❻]	
329m	ストラトスフィア高さ（ラスベガス）	
330m	辰野金吾の東京駅駅舎横幅 [52-❶]	
	尺玉花火打ち上げ高度 [55-❸]	
	27万トンクラスタンカー全長	
333m	東京タワー高さ [52-❷]	
340m	マリーナベイサンズホテルのスカイパーク長さ（シンガポール）	
343m	ミヨー橋第2主塔高さ（フランス）	
350m	ゼロエックス号想定全長（映画「サンダーバード」の火星探索機システム）* [44-❷]	
355m	新吉原画地長辺（355m＝180間×266m＝135間）	
368m	ベルリンタワー高さ	
380m	ツェッペリンフェルトの桟敷建屋部横幅 [53-❷]	
381m	エンパイヤステートビル高さ	
391m	ハートランドの寄棟屋根橋長さ（カナダ）	
396m	パン・デ・アスカールの岩山高さ（リオデジャネイロ）[54-❷]	
400m	シャルル・フーリエ「ファランステール」中心共同施設のファサード長さ [49-❹]	
	ワールドトレードセンター高さ（ニューヨーク）[50-❷]	
	広島平和記念陳列館～原爆ドーム [53-❶]	
	アスプルンドの「森の火葬所」ゲート～十字架裏マウンド（ストックホルム）[53-❸]	
	シェンブルン宮殿本館～グロリエッテ [53-❹]	
	新幹線16両全長 [53-❺]	
	タトリンの第三インターナショナル記念塔構想の高さ [55-❺]	
	ツェッペリンフェルト式典場1辺（ニュルンベルク）[45-❾]（400m×400m）	

		屋久島一枚岩長手（千尋の滝）（400m×200m）	850m	ビーバーのつくるダム最大長さ
404m		スエズ運河橋支柱間長さ	900m	ロツイ山高さ（モーレア島）
411.5m		硫黄島ロランタワー高さ（1993年解体）	914m	エル・キャピタン高さ（ヨセミテ公園の世界一の一枚御影石）
420m		エキバストス第二発電所の煙突高さ（カザフスタン）[54-❶]	960m	紫禁城長辺 [57-❷]（960m×760m）
425m		ジブラルタルの岩山高さ [54-❸]	979m	エンジェルの滝落差（ギアナ高地）
443m		シアーズタワー高さ（シカゴ）		
448m		エッフェル設計のガラビ鉄道橋長さ（ルィーン）[27-❺]	【1000m〜】	
450m		上野不忍池長手 [57-❺]（450m×300m）	1000m	銀座長さ（1丁目〜8丁目）（東京）[57-❹]
452m		ペトロナスツインタワー高さ（クワラルンプール）		ヴァチカン市国長手（1000m×500m）
455m		対馬オメガ塔高さ [50-❺]	1100m	梅田地下街1辺（大阪）（1100m×1100m）
457m		ジョン・ハンコック・センタービル高さ（シカゴ）	1280m	ゴールデンゲートブリッジ橋脚スパン（サンフランシスコ）[57-❻]
468m		上海東方明珠電視塔高さ [55-❼]	1300m	大井川川幅
490m		1867年パリ万博長円形ガラス主会場長径（シャン・ド・マルス）（490m×386m）		小樽運河長さ（1300mL×80mW）
497m		ロングホール長さ（ペブルビーチゴルフコース18番）	1600m	ピラミッド状タイレル社高さ（映画「ブレードランナー」）*
				F.L.ライトの「マイルハイ摩天楼」高さ（構想）
【500m〜】			1650m	ヴェルサイユ宮苑大運河主軸長さ [56-❸]（1650mL×62mW）
500m		横浜大桟橋長さ（通商護岸より先の突堤部）	1700m	1970年大阪万博会場長手（1700m×1500m）
		カルナック神殿の神域1辺（500m×500m）	1800m	ブルックリン橋長さ（ニューヨーク）
		シャン・ド・マルス短辺 [45-❶]（500m×1000m）	1850m	オスカー・ニーマイヤーのブラジリア新都心ゾーン長手（1850m×1000m）
508m		101ビル高さ（台北）	2000m	ティオティワカンの死者の道長さ（月のピラミッド〜ケツァルコワトル神殿）（メキシコシティ）
516m		幕張メッセ国際展示ホール長手 [48-❷]（516m×105m）	2300m	三峡ダム堤頂長さ（湖北省）
535m		最小天体イトカワ最大幅（535m×294m×209m）	2400m	サンスーシ庭園東西長さ（ポツダム）
537m		オスタンキノタワー高さ（モスクワ）		イパネマ・レブロンビーチ長さ（リオ）[56-❹]
550m		日比谷公園長手 [48-❺]（550m×300m）		EUR（ローマ万博）画地長手（未完）[57-❶]（2400m×1700m）
		ル・コルビュジエ「輝く都市」の都市屈曲住棟パターン単位 [49-❺]（550m×400m）	2700m	アウシュヴィッツ・ビルケナウ強制収容所画地長手 [57-❸]（2700m×1100m）
564m		1851年ロンドン万博「クリスタルパレス」長さ [50-❶]	3000m	ワイキキビーチ長さ（ハワイ）
600m		ヴェルサイユ宮殿ファサード長さ [49-❷]		モナコ公国長手（3000m×700m）
		30号玉花火打ち上げ高度 [55-❹]	3200m	ヴァチカン市国の城壁周長
		モノリス長辺（小説版『2001年宇宙の旅』）* [55-❾]（600mL×226mW×67mD）	3500m	マラケシュのメディナ長手 [56-❶]（3500m×2400m）
		京都御所短辺（東西×南北）（600m×1100m）	3600m	ウルル（エアーズロック）長径（オーストラリア）（3600m×2400m）
634m		東京スカイツリー高さ [55-❽]	4000m	マンハッタン島の幅 [58-❻]（4000m×21km）
640m		キルクス・マクシムス長径（古代ローマの楕円形戦車競技場）（640m×120m）		ハーバーブリッジ長さ（シドニー）
646m		ワルシャワラジオ塔高さ（1991年倒壊）	5km	第三帝国ベルリンメイン街路長さ（未完）
710m		ニンフェンブルク宮殿ファサード長さ（ミュンヘン）		ラパス空港滑走路長さ（ボリビア）
750m		山下公園長辺（横浜）（750m×95m）	9km	アグア・デ・ラプラタ総水路長さ（エヴォラ）
800m		セントラルパーク短辺（ニューヨーク）[56-❷]（800m×4000m）	9.6km	長安長手（東西×南北）（9.6km×8.7km）
828m		ブルジュ・ハリファビル高さ（ドバイ）	【10km〜】	
833m		カラグプール駅プラットホーム長さ（インド）	10km	ケープ・カナベラル短手幅（東西×南北）

	[58-❽]（10km×55km）		310km	オンタリオ湖長手（東西×南北）（310km×85km）
	釧路湿原短手（東西×南北）（10km×35km）		322km	マジノ線長さ
11km	パーム・ジェメイラ三日月型防波堤長さ（ドバイ）		450km	瀬戸内海長手（東西×南北）（450km×55km）
11.27km	セブンマイルブリッジ長さ（フロリダ）		570km	マダガスカル島横幅（東西×南北）
12km	パリ市内を流れるセーヌ川長さ			（570km×1600km）
	フィッシャーマンズワーフ長さ（サンフランシスコ）		600km	スペースシャトル周回軌道高度
			636km	バイカル湖長手（南北×東西）（636km×79km）
12.3km	瀬戸大橋全長		800km	日本海溝長さ
13km	多摩ニュータウン長手（東西×南北）（13km×3km）			
13.8km	ラルプ・デュエズ坂長さ（ツール・ド・フランスの平均勾配7.9%のステージ）		【1000km〜】	
			1250km	バハ・カリフォルニア半島長さ
14km	香港島長手（東西×南北）（14km×11km）		2000km	グレイトバリアーリーフ長手（ゴールドコースト）（2000km×145km）
16km	フォートワース空港敷地中心軸最長部長さ（ダラス）[58-❼]			
	筑波研究学園都市北端から南端まで		3476km	月の直径 [59-❷・60-❷]
	マイアミビーチ長さ		3500km	地中海長手（東西×南北）[59-❶]
20km	積乱雲雲頂高さ（赤道付近）			（3500km×1700km）
24km	ムルロア環礁長手（フレンチポリネシア）		5000km	マリネリス渓谷長さ（火星）
	（24km×13km）			（5000kmL×700kmW）
33km	パリ環状線周長		6200km	オランダの運河・水路総延長
33.5km	丹下健三「東京計画1960」東京湾にまたがる都市軸長さ（33.5kmL×2.1kmW）		6500km	アマゾン川長さ
			6700km	ナイル川長さ
34.5km	JR 山手線一周 [58-❶]		8000km	ムー大陸想定長手（東西×南北）*
41.6km	青島膠州湾大橋長さ			（8000km×5000km）
42km	シンガポール島長手（東西×南北）[58-❸]		8900km	最長国境線（アメリカ／カナダ、アラスカ含む）
	（42km×23km）			
43km	玉川上水長さ（羽村取水堰〜四谷大木戸）		【1万km〜】	
50km	コモ湖長手		1万2756km	地球の直径（赤道部）[60-❶]
65km	九十九里浜長さ		1万5000km	スタニスワフ・レム「ソラリスの海」の想定直径*
67km	ランギロア島環礁ラグーン長手（67km×23km）			
80km	阿蘇山カルデラ一周 [58-❷]		2万200km	GPS衛星の軌道高さ
			3万3900km	日本列島海岸線総延長
【100km〜】			3万6000km	静止衛星軌道高さ（地球同期軌道）
118km	ハドリアヌスの長城長さ（イングランド北部）		4万75km	地球赤道周長
130km	チクシュルーブクレーター（ユカタン半島、6500万年前）リム直径		5万km	太陽の黒点直径
155km	ベルリンの壁長さ		【10万km〜】	
165.5km	スエズ運河長さ（165.5kmL×160mW）		14万2800km	木星の直径 [60-❸]
196km	四万十川長さ（高知）		38万4000km	地球から月まで
200km	チチカカ湖長手（ボリビア／ペルー）[58-❺]			
	（200km×80km）		【100万km〜】	
	シュヴァルツヴァルト（ドイツの「黒い森」）長手（200km×40〜80km）		140万km	太陽の直径 [60-❹]
248km	朝鮮半島38度線非武装中立東西ライン長さ（248kmL×4kmW）		【1000万km〜】	
			1400万km	ハレー彗星イオンの尾の長さ [60-❺]
250km	琵琶湖周長 [58-❹]			
300km	オニールの「スペースコロニー」（1000万人居住、1969年構想）長さ（300kmL×6kmΦ）		【1億km〜】	
			1億4959万7879km	地球の公転軌道長半径（1AU）
	コスタ・デル・ソル長さ（アルメリア〜タリファ）		118億3000万km	太陽系直径
			9兆4600億km	1光年（6万AU）

[著者略歴]

彦坂 裕（ひこさか ゆたか）
東京都出身・在住　建築家・環境デザイナー／株式会社スペースインキュベータ主宰
北京徳稲教育機構（DeTao Masters Academy）大師　日本建築家協会会員
著書：『シティダスト・コレクション――テクノロジーと空間神話』（勁草書房）、『Japon des Avant Gardes』（共著、Editions du Centre Pompidou）、『建築の変容』（INAX 叢書）、『空間のグランド・デザイン』（作品社）、『バロック的』（共著、洋泉社）、『二子玉川アーバニズム』（鹿島出版会）、『音の百科事典』（共編・共著、丸善）、『Internationales Holzbau-Forum 11』（共著、Fraunhofer IRB Verlag）、『69 个梦』（共著、上海文芸出版社）、『彦坂裕大師作品集』（中国発展出版社）ほか

[出典]

DAIDALOS Berlin: Architectural Journal 11, Bertelsmann Fachzeitschriften GmbH, 1984
DAIDALOS Berlin: Architectual Journal 17, id., 1985
DAIDALOS: Architektur Kunst Kultur 61, id., 1996
Denis Bablet et Marie-Louise Bablet, *Adolphe Appia 1862-1928 acteur-espace-lumière*, Editions L'Age d'Homme, 1981
Françoise Choay, *THE MODERN CITY : PLANNING IN THE 19TH CENTURY*, George Braziller, 1969
Herschel Levit, *VIEWS OF ROME THEN AND NOW*, Dover Publications, Inc., 1976
Le Corbusier, *THE RADIANT CITY*, Faber and Faber Limited, 1933
LEONARDO DA VINCI Engineer and Architect, The Montreal Museum of Fine Arts, 1987
Marcel Duchamp, Georg Heard Hamilton and Richard Hamilton, *THE BRIDE STRIPPED BARE BY HER BACHELORS, EVEN*, Edition Hansjörg Mayer, 1976
Philip and Phylis Morrison and The Office of Charles and Ray Eames, *POWERS OF TEN*, Scientific American Library, 1982
Terence Riley, *The International Style : Exhibition 15 and The Museum of Modern Art*, Rizzoli International Publications, Inc., 1992
都市デザイン研究体『日本の都市空間』（彰国社）
アンドレ・ブルトン『秘法十七番』（宮川淳訳、晶文選書2）
イタロ・カルヴィーノ『見えない都市』（米川良夫訳、河出文庫）
ルイス・キャロル『不思議の国のアリス』（山形浩生訳、文春文庫）
ベンヤミン・コレクション6『断片の力』（浅井健二郎編訳、久保哲司・岡本和子・安徳万貴子訳、ちくま学芸文庫）
ランボウ『地獄の季節』（小林秀雄訳、岩波文庫）
ホルヘ・ルイス・ボルヘス、マルガリータ・ゲレロ『幻獣辞典』（柳瀬尚紀訳、晶文社）

夢みるスケール　スケール・寸法・サイズの博物誌
2013年3月30日　第1版　発　行

著　者　彦　坂　　　裕
発行者　下　出　雅　徳
発行所　株式会社　彰　国　社
　　　　162-0067　東京都新宿区富久町8-21
　　　　電話　03-3359-3231（大代表）
　　　　振替口座　00160-2-173401

著作権者との協定により検印廃止

自然科学書協会会員
工学書協会会員

Printed in Japan

© 彦坂 裕　2013年

印刷：三美印刷　製本：ブロケード

ISBN 978-4-395-02601-2　C3052　http://www.shokokusha.co.jp

本書の内容の一部あるいは全部を、無断で複写（コピー）、複製、および磁気または光記録媒体等への入力を禁止します。許諾については小社あてご照会ください。